U0115913

2018 Annual Report of
Renminbi Internationalization

人民幣國際化報告2018
結構變遷中的宏觀政策國際協調

中國人民大學國際貨幣研究所◎著

〈上冊〉

編委名單

導論

　　人民幣國際化是人民幣逐漸從中國的主權貨幣發展成為主要國際貨幣的過程。在當前「一超多元」的國際貨幣格局下，人民幣想要打破國際市場對美元、歐元的使用慣性、路徑依賴，獲得廣泛使用的網路效應，最終實現與中國經濟和貿易地位相匹配的貨幣地位，仍然需要經歷一個漫長而曲折的歷史過程，必須久久為功，不懈努力。

　　中國人民大學國際貨幣研究所自 2012 年以來，每年定期發佈《人民幣國際化報告》，忠實記錄人民幣國際化的發展足跡，深度研究各個階段的重大理論問題、政策熱點以及機遇和挑戰，及時總結人民幣國際化中的規律，致力於為推動人民幣國際化的實踐提供理論依據。本研究團隊率先編制了人民幣國際化指數 （RII），通過這個綜合量化指標，客觀描述人民幣在貿易結算、金融交易和官方儲備等方面執行國 際貨幣功能的發展動態，便於準確把握人民幣在國際經濟活動中的實際使用程度，為國內外研究和分析人民幣國際化問題奠定了技術基礎。

　　2017 年，我國經濟新動能不斷增強，對外開放新格局加快形成，人民幣國際化 在經歷一輪週期性回落後強勢反彈。2010 年年初，RII 只有 0.02，人民幣在國際市 場上的使用幾乎完全空白。由於跨境業務和離岸市場的成長，人民幣國際化在初期呈現爆發式增長，到 2015 年三季度 RII 已經攀升至 3.60。之後在國內外金融市場深度調整的大形勢下，人民幣匯率預期逆轉，國際支付中的人民幣份額有所下降，離岸金融市場上套利性、投機性的人民幣頭寸加速消失，到 2017 年一季度 RII 深度回 調至 1.49。 而在「泡沫」被充分擠出後，人民幣國際化回歸服務實體經濟的本源，並且隨著加入 SDR 貨幣籃子的制度

紅利逐步釋放，人民幣的國際使用徹底扭轉前期疲弱態勢，觸底後鞏固回升。截至 2017 年四季度，RII 已升至 3.13，同比提高 44.8%，基本上回到 2015 年的高峰水準，與日圓、英鎊的國際化水準十分接近。從結構上看，全球貿易的人民幣結算份額為 1.79%，同比有所回落；包括直接投資、國際信貸、國際債券與票據等在內的國際金融人民幣計價交易綜合占比為 6.51%，創歷史新高。特別是在貿易保護主義帶來嚴重不確定性、全球直接投資規模大幅度萎縮的情況下，人民幣直接投資的全球占比顯著上升，為全球經濟穩定增長提供了動力。目前，全球已有 60 多個國家將人民幣納入官方儲備。人民幣在國際貨幣基金組織（IMF）可識別外匯儲備中占比達 1.07%，同比上升 0.23 個百分點，表明人民幣資產在全球市場的吸引力顯著提高，人民幣全球儲備貨幣地位獲得進一步實質性確認。

今年是全球金融危機爆發 10 周年。在過去的 10 年裡，國際貿易、直接投資、國際貨幣格局無疑已經發生了重大變化，而結構變遷意味著國與國之間、區域之間、區域內部必須進行國際分工重塑和利益格局調整。這勢必引發方方面面的摩擦與衝突，導致貿易保護主義盛行，甚至爆發局部戰爭。這種逆全球化行徑嚴重干擾了世界經濟復甦進程。亟須加強國際政策協調，避免對抗升級，尤其要防止局部戰爭擴大化，為全球經濟的穩健發展營造必要條件。

2018 年也是中國改革開放 40 周年。改革開放是過去幾十年中國實現長期高速增長的政策法寶。進入新時代後，要實現經濟高品質發展，推進人民幣國際化，仍然離不開改革開放，尤其是要實現更大格局、更高水準的開放。開放意味著打開大門，讓資金、技術、人才、商品在國內外自由流動，實現優化配置，從而提高人民福祉和獲得感。如果沒有多層次、全方位的政策溝通和協調，沒有良好、友善的國際環境，即使中國設立更多的自貿區，對外經濟合作也無法順利開展，自由貿易、經濟全球化的好處就只能是空中樓閣，難以落到實處。

鑑於當前貿易保護主義嚴重威脅世界經濟健康發展，主要發達國家貨幣政策轉向導致流動性緊縮，衝擊國際金融穩定，增大發展中國家金融脆弱性和危機發生概率。當前以及未來相當長的時間裡，我們都不得不面對來自國外

宏觀政策負面溢出效應的嚴重衝擊。而這些衝擊會威脅到我國高品質經濟發展目標的實現，並將削弱人民幣國際化的經濟基礎。為此，需要未雨綢繆，深入研究宏觀政策分化的外部性和傳導機制，探討實現宏觀政策國際協調的總體框架和有效路徑，最大限度減輕我 國經濟發展遭遇外部政策衝擊的負面影響，為順利實現 2020 年全面建成小康社會的第一階段目標營造良好的國際環境。

今年還是中國提出「一帶一路」倡議 5 周年。在此期間，我們對內確立了「創新、協調、綠色、開放、共享」的新發展理念，指導中國經濟進行全面、深入的供給側結構性改革；對外秉持區域經濟合作「共商、共建、共享」的基本原則，積極 探索具有跨區域、跨文化、跨經濟發展階段等鮮明特徵的國際協調新模式。儘管國 際政治經濟局勢動盪不安、令人沮喪，但「一帶一路」倡議贏得的廣泛讚譽和積極反響卻令人歡欣鼓舞。隨著更多專案落地和技術標準等合作規則相繼出臺，這一由中國主導的糾正世界經濟失衡的國際協調機制創新已初見成效，必將為推動全球經濟更加公平、均衡、穩健發展做出更大的「中國貢獻」。

基於上述考慮，2018 年《人民幣國際化報告》的主題確定為「結構變遷中的宏觀政策國際協調」。課題組在借鑒歷史經驗和理論研究的基礎上，充分論證了人民幣國際化進入發展新階段後加強宏觀政策國際協調的必要性與緊迫性，探索我國在國際政策協調中的目標定位和實現路徑，並就國際協調的頂層設計、現實突破口、機制建設等給出了具體分析。我們認為：全面高效的宏觀政策國際協調是人民幣國際化的必然要求；要將貿易、貨幣政策作為短期協調的重點內容，將結構改革、宏觀審慎政策納入協調範疇，從而完善國際政策協調框架； 要重視多層次國際組織在協 調中所體現的平臺功能，積極尋求在新興國際協調平臺上發揮引領作用。報告強調，要在 「一帶一路」上開展內容豐富的區域合作機制創新，為國際協調理論和實踐提供新樣本、新模式；妥善處理中美貿易摩擦和政策分歧，這是實現無危機可持續發展和人民幣國際化的關鍵，也是當前我國進行國際政策協調需要解決的主要矛盾。

現行國際貨幣體系下的國際政策協調是由美國、 英國等主要發達國家主

導的，較少關心廣大發展中國家的利益。這種協調機制存在非常強的外部性和「發達國家優先」特徵，發展中國家在國際協調中幾乎沒有話語權，只能被動承受發達國家的協調結果。

2008 年全球金融危機爆發之後，避免危機擴散、促進世界經濟復甦需要發達國家和以新興國家為代表的發展中國家通力合作。二十國集團（G20）會議協調機制以及一批區域性合作組織就此嶄露頭角，在國際協調中發揮一定作用，對原有協調機制的弊端進行糾正。

歷史經驗表明，宏觀政策國際協調的內容並非一成不變，協調機制也需不斷與時俱進。隨著世界經濟格局和貨幣格局的變遷，原有協調機制難以取得實際效果，必須進行改革和完善，並在各方力量的推動下逐漸形成新的協調機制。過去 200 年間，國際貨幣格局經歷了英鎊由盛轉衰、美元主導地位確立和歐元誕生等一系列重大改變，國際協調機制也從由軍事力量主導的政治利益協調，轉為國際組織牽頭下的多方協調，再轉為不斷興起的區域協調。不難發現，每一次主要國際貨幣的更替都導致國際政策協調的發展演變，新興貨幣都擁有自己主導的國際政策協調機制和平臺。任何處於上升期的新興國際貨幣，都要接受傳統國際政策協調機制的「考驗」，不合格的只能被迫退出國際貨幣競爭；倖存者還必須積極打造新的國際協調機 制以贏得先發優勢，為本幣國際化構建制度基礎。實際上，創新協調機制的成敗，決定了新興國際貨幣在新格局中的地位高低。顯然，人民幣國際化進程也必須服從 這一歷史規律。

宏觀政策國際協調與人民幣國際化是相輔相成的關係。人民幣國際化是改革和 完善國際貨幣體系的結果，有助於豐富國際政策協調內容，提高協調機制的運行效 率；同時，有效的國際政策協調能夠營造人民幣國際化所需的外部政策環境，確保其在「天時、地利、人和」的環境中水到渠成。 一國貨幣的國際地位由該國經濟規模、經濟穩定性、產業競爭力、金融發展水準和金融深度決定。 為實現經濟穩定增長、產業結構優化、國際競爭力提升等目標，制定和實施的貨幣政策、財政政策宏觀審慎政策、經濟結構轉型政策等，毫無疑問，為推進貨幣國際化奠定了必要的 經濟和制度基礎。但是，在經濟全球化背景下，

主要國家宏觀經濟政策的負面溢出效應可能極大地削弱了我國政策效果；單純考慮自身經濟發展目標而制定的經濟政策也很有可能對周邊國家或其他國家造成較大的負面影響，引發經濟衝突，不利於人民幣國際化目標的實現。加強同世界其他國家的政策溝通和協調，可以在一定程度上減輕政策溢出效應帶來的負面影響和不確定性，有力保障宏觀政策實現預期效果，為人民幣國際化鋪路，助推國際貨幣體系多元化目標實現，形成更加穩健、平衡的國際貨幣新格局。

還應當強調的是，經濟和金融大國的宏觀政策——尤其是主要國際貨幣輸出國的政策——有更強的溢出效應，對世界經濟發展和國際金融穩定往往產生決定性影響。所以，加強大國之間的政策溝通和協調至關重要。換言之，推動國際政策協調機制的不斷健全和完善，是大國的責任擔當和不可推卸的義務。

具體地，我們得出以下幾個核心結論和建議。

第一，在新的發展階段，要實現中國經濟高品質發展，獲得人民幣國際化必需 的國際網路效應，迫切需要全方位、高效的國際經濟政策協調。為了在2020 年建成全面小康社會，必須加強國際產能合作，取得供給側結構性改革的實效，並打贏防範重大風險尤其是金融風險的攻堅戰。由於中國選擇了與西方國家完全不同的經濟發展模式，政府在經濟運行和管理中發揮重要的指導、管理作用，客觀上容易產生 與主要發達國家的經濟政策分化和價值理念分歧，難免受到國外政策溢出的負面影響，而且難以在現行的國際協調機制中維護自身的正當利益。不僅如此，人民幣構建國際使用的網路效應，勢必要打破國際貨幣體系對美元、歐元等關鍵貨幣的路徑依賴，導致貿易、金融交易規則方面的變化，並由此產生新的摩擦，對全方位、高效率國際政策協調的需要已經非常緊迫。

第二，中美貿易摩擦和政策分歧是中國進行國際政策協調需要解決的主要矛盾，應妥善處理。中美兩國經濟制度、發展模式、發展階段、文化和價值觀不同，經濟週期不同步，產生政策分歧和貿易摩擦原本很正常，不足為奇，中國受到政策溢出效應的負面影響也在意料之中。人民幣國際化是加速現行「一超多元」 國際貨幣格局調整的重要推手，有可能威脅到美元的國際鑄幣稅收

益，中美之間的貨幣競爭必然導致中國受到來自美國的全方位政策遏制。必須處理好與美國的政治經貿關係，管控住風險，守住底線，為中國經濟發展、人民幣國際化贏得必要的時間和空間。中美兩國對世界經濟增長的貢獻超過世界所有其他各國的總和，國際社會也期望中美履行大國責任，為雙方經濟乃至全球經濟平穩發展創造必要的條件。應該加強中美戰略與經濟對話機制下的多層次政策溝通和協調，照顧雙方的核心利益和眼下關切，避免兩敗俱傷的貿易戰升級。

第三，根據不同國際組織的功能定位及自身的地位和影響力，有的放矢，積極參與多層次國際組織建設。中國要在一些新興國際協調平臺上發揮引領作用，營造良好的國際環境和政策氛圍。國際組織是各國政策溝通、經濟合作、經驗交流的平臺，是實現政策協調的主要機制。 對於 IMF、世界銀行、世界貿易組織（WTO）等中國沒有多大話語權的主要國際組織，中國要積極參與治理，努力提升影響力。對於中國有一定話語權的國際組織，例如 G20，中國應該積極貢獻智慧和方案，進一步增大中國的影響力。對於中國主導建立的亞洲基礎設施投資銀行（亞投行）、絲路基金等國際組織，應該創新國際政策合作機制與政策協調模式，秉持公平、合作、共贏原則，鞏固中國的領導地位。值得注意的是，需要重視非官方管道和市場力量，加強民間交流對話，搭建民心相通的國際平臺，為官方平臺和政策協調成果的落實清除障礙。

第四，「一帶一路」已成為多領域、強有力、高效率的新型國際平臺，為國際經濟政策協調提供了新模式和新樣本。中國應在此框架下積極探索建立自己主導的國際產業分工格局和次循環體系。作為中國提出的世界經濟發展與再平衡方案，「一帶一路」倡議將政策溝通列為「五通」的首要任務，推動沿線各國開展更大範圍、更高水準、更深層次的區域合作和政策協調。 重點要做好以下幾個方面的工作：一是依託新的國際產業分工格局和中國消費升級後的巨額需求，及時調整國際收支戰略，加強貿易和資本項目人民幣結算的互動協調。 二是提高金融服務「一帶一路」國家的能力，讓資金融通為設施聯通、貿易暢通提供加速器。 三是深化「一帶一路」區域金融和貨幣合作機制，與

更多參與國簽署本幣互換協定，擴大雙邊貨幣直接兌換和交易，建立人民幣清算安排。 四是構建龐大的人民幣的海外資產池，保持人民幣匯率的相對穩定，奠定人民幣在次循環體系中的中心地位，發揮其作為區域貨幣避風港的功能。

第五，發揮獨特的市場和制度優勢，率先實現關鍵技術突破，為解決影響人類 共同命運的重大難題打下中國烙印，為人民幣國際化提供「硬支撐」。科技進步是長期經濟增長的核心動力，科技創新決定著全球經濟結構調整的成敗。歷史經驗表明，誰擁有更強的創新能力，誰擁有更多的高科技，誰就在全球經濟治理、國際協調中擁有更大的自主性和主導權。中國必須抓住目前國際經濟結構和產業分工調整的窗口期，充分發揮自身產業種類齊全、市場大、區域發展差異大的經濟優勢，以及能夠集中資源幹大事的制度優勢，加速科技進步和創新驅動，深化供給側結構性改革。以經濟高品質發展為指引，著眼中國在未來國際產業價值鏈的長遠定位，制定有針對性的創新政策，集中人力物力，實現關鍵技術的率先突破，確立中國的國際競爭優勢，為人民幣國際化行穩致遠夯實經濟基礎，提供持久和強有力的支撐。

第六，保持人民幣國際化的定力，宣導本幣優先，堅持服務實體經濟導向，加強政策、設施、機制配套，破除人民幣跨境使用的現實障礙。經歷了第一輪調整後，我們更加清醒地認識到：人民幣國際化是一項長期的系統工程，具有波浪式發展特徵。需要堅定目標，保持足夠的定力和耐心。做到不驕不躁，不妄自菲薄，按照貨幣國際化的規律，苦練內功，提升實體經濟的效率和國際競爭力。更要加強政策、設施和機制的配套建設，為人民幣國際化掃清前進道路上的障礙。應當重點抓好以下工作：一是以服務實體經濟為根本出發點，有效配合「一帶一路」倡議，增強人民幣的支付貨幣功能。二是以統籌兼顧、風險可控為基本底線，循序漸進推動利率市場化、匯率形成機制改革和人民幣資本項目可兌換，完善跨境人民幣使用政策框 架與支付清算體系建設。三是以國內金融市場雙向開放為重要驅動力，完善在岸與 離岸互聯互通機制，提高境外主體參與人民幣金融交易的便利性，深化人民幣的投 資貨幣和儲備貨幣功能。四是以貨幣合作為基本政策協調方式，強化雙邊本幣互換在貿易、投資和金融

穩定方面的作用，在國際貨幣博弈與動盪中打造人民幣安全網，夯實人民幣儲備貨幣功能。

　　人民幣國際化任重而道遠。在成長為主要國際貨幣的道路上，總會遇到這樣或那樣的困難與挑戰。但我們相信，風雨過後就會迎來溫暖的陽光和絢麗的彩虹。

目　錄

第一章

人民幣國際化指數

2017 年，人民幣國際化穩步推進，跨境與離岸使用量止跌回升，波動中頻現亮點，在全球貨幣體系中的地位進一步鞏固。全球經濟扭轉多年來的疲態，貿易與投資企穩，在外部環境好轉、供給側改革有序推進的背景下，中國經濟穩中有進，新舊動能深度轉換，超預期實現 6.9% 的 GDP 增長。人民幣匯率穩中有升，雙向浮動特徵更加明顯，國際收支趨於平衡，宏觀審慎調控取得良好效果。在貿易計價結算、金融計價交易、國際儲備等領域，人民幣使用扭轉前期下滑表現，步入止跌回升、夯實基礎、穩步推進的回歸階段。歷經第一個波動週期，人民幣國際化調整鞏固，人民幣國際化指數（Renminbi Internationalization Index, RII）強勢反彈。人民幣國際化是一個戰略目標和長期動態過程，需要保有決心、耐心與信心，新時代將有新作為，在服務實體經濟發展方面發揮更為積極的作用。

1.1 人民幣國際化指數及變動原因

1.1.1 人民幣國際化指數的現狀

2017 年，全球經濟形勢復甦向好，貿易與投資回暖，發達經濟體增長勢頭鞏固，新興市場企穩回升。我國經濟在轉型升級的強壓下保持穩健，新動能

更加強勁，增長表現好於預期，國際貨幣基金組織（IMF）一年內連續四次上調我國 GDP 增速預測。綜合國力提升，改革開放有序推進，夯實了人民幣國際化發展的基礎。市場需求鞏固回升，擺脫「恐慌」回歸理性，為人民幣國際化提供了原動力。在此基礎上，跨境人民幣使用政策體系以及基礎設施進一步完善，為人民幣跨境與離岸使用創造了便利條件。總體來看，2017 年人民幣國際化逐漸消化前期負面衝擊與預期，在波動中顯著回升，在全球貨幣體系中保持穩定地位。截至 2017 年四季度，RII 為 3.13（見圖 1—1），同比上升44.80%，強勢反彈，接近 2015 年的水準。

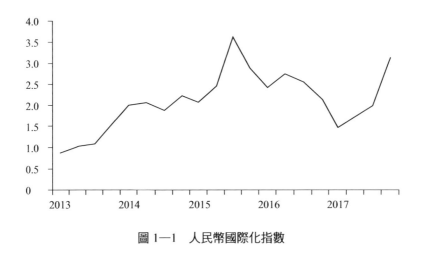

圖 1—1　人民幣國際化指數

1.1.2　人民幣國際化的主要動力

2017 年，我國經濟穩健增長，匯率企穩回升，「一帶一路」倡議全面推進，國際合作有序開展，金融開放再下一城，市場信心顯著增強，為人民幣國際化夯實基礎、觸底反彈提供了強勁動力。

第一，中國經濟穩健增長，新動能注入新活力。2017 年，面對內外部複雜局勢，我國經濟實現穩健增長，景氣情況明顯上升，超預期實現 6.9% 的GDP 增速。全球經濟同步復甦改善了外部需求，供給側改革進一步緩解了過剩

產能，推動了結構優化、動力轉換和品質提升，經濟活力、動力和潛力不斷釋放，穩定性、協調性和可持續性明顯增強。新動能逐漸成為我國發展的重要引擎，不斷推動經濟品質和效益提升，對 GDP 增長的貢獻超過 30%，對城鎮新增就業的貢獻超過 70%。一批重大科技成果加速湧現，新興消費增速達 32%，戰略性新興產業、高技術產業、裝備製造業增加值增速均保持在 10% 以上，分享經濟、數字經濟、平臺經濟迅速成長，市場主體的積極性得到充分調動。在創新戰略引領下，我國新舊動能持續深度轉換，實體經濟煥發出新活力，2017 年對全球經濟貢獻率約為 1/3，位居世界首位，為人民幣國際化長遠健康發展奠定了堅實的基礎。

第二，人民幣匯率企穩回升，市場預期回歸理性。2017 年，在美元走弱、我國經濟基本面向好等因素作用下，人民幣對美元即期匯率（CNY）和離岸價格（CNH）分別上漲 6.7% 和 7.0%，扭轉前期單邊貶值態勢與市場恐慌情緒。同時，人民幣匯率形成機制更加完善，調整報價參考時段，引入「逆週期因子」，進一步穩定匯率預期，緩解跨境資本流出壓力。相較於美元、歐元、日圓等主要貨幣，人民幣匯率保持基本穩定，CFETS 人民幣匯率指數在 92～95 區間窄幅波動，為貿易、投資發展創造了良好條件。總體來看，2017 年人民幣匯率波動體現了較強的穩定性，市場擺脫恐慌情緒，回歸雙向波動的理性預期，微觀主體匯率風險管理意識與能力均有所增強，人民幣國際使用信心顯著反彈，境外機構與個人持有人民幣金融資產規模再度回升至 2015 年「8‧11」匯改前的水準。

新時代中國對外開放新格局

　　以習近平同志為核心的黨中央，綜合分析國際國內形勢和我國發展條件，將 2020 年到 21 世紀中葉這 30 年分成兩個階段來做出戰略安排：第一個階段，從 2020 年到 2035 年，在全面建成小康社會的基礎上，再奮鬥 15 年，基本實現社會主義現代化；第二個階段，從 2035 年到 21 世紀中葉，在基本實現現代化的基礎上，再奮鬥 15 年，把我國建成富強、民主、文明、和諧、美麗的社會主義現代化強國。2020 年全面建成小康社會、2035 年基本實現社會主義現代化、2050 年把我國建成富強、民主、文明、和諧、美麗的社會主義現代化強國。中國特色社會主義進入了新時代，這是我國發展新的歷史方位。在新時代提升對外開放水準，推動形成中國全面開放新格局，對於實現「兩個一百年」奮鬥目標、實現中華民族偉大復興的中國夢、推動構建人類命運共同體具有重大意義。

　　黨的十九大把習近平新時代中國特色社會主義思想確立為我們黨的指導思想，實現了黨的指導思想又一次與時俱進。習近平總書記著眼國際國內形勢新變化，不斷推動對外開放理論和實踐創新，形成了科學完備的對外開放思想理論體系，這是習近平新時代中國特色社會主義思想的重要組成部分，也是我們推動形成全面開放新格局的科學指引和基本遵循。對外開放是我國的基本國策。黨的十九大報告強調，要推動形成全面開放新格局。推動形成全面開放新格局，不僅意味著擴大開放的範圍、拓寬開放的領域、加深開放的層次，還意味著創新方式、優化佈局、提升品質。為此我們需要準確把握國際國內發展大勢，明確新時代的開放佈局、開放方式、開放重點，加強發展的內外聯動，實施更加積極主

動的開放戰略，堅定不移提高開放型經濟水準，堅定不移完善對外開放體制機制，增強發展活力、拓展發展空間。

實現從貿易大國到貿易強國的轉變。十九大報告指出，推進貿易強國建設。我們要加快對外貿易的轉型升級，打造中國品質、中國品牌、中國服務，培育外貿競爭新優勢，提升中國在國際貿易中總的定價權，推動外貿從量的擴張到質的提升，使中國在全球價值鏈中實現從中低端向高端的轉變，做強一般貿易，提升加工貿易，發展其他貿易，培育貿易新業態、新模式，促進服務貿易創新發展。到 2020 年前，進一步鞏固我國作為經貿大國的地位；到 2035 年前，基本建成經貿強國；到 2050 年前，全面建成經貿強國，為實現「兩個一百年」奮鬥目標做出更大貢獻。

進一步推動「一帶一路」國際合作。十九大報告指出，積極促進「一帶一路」國際合作。我們要遵循共商、共建、共享原則，加強同相關國家的政策溝通和戰略對接，商談優惠貿易安排和投資保護協定，提升貿易投資便利化水準。推動人民幣在「一帶一路」沿線的使用，便利貿易計價結算，防範匯率風險。推動互聯互通和產業對接，做優做精重大專案。加強創新能力開放合作，培育貿易新增長點，拓展投資領域，推動「一帶一路」建設再上新臺階。

優化區域開放佈局。十九大報告指出，優化區域開放佈局，加大西部開放力度。我們要堅持推動完善西部口岸、跨境運輸等開放基礎設施，建設好國家級經濟技術開發區、邊境經濟合作區、跨境經濟合作區等區域開放平臺，努力打造平等協商、廣泛參與、普遍受益的區域合作框架；促進自由貿易區建設，提升貿易投資自由化、便利化水準；主動參與和推動經濟全球化進程，引導經濟全球化朝著更加開放、包容、普惠、平衡、共贏的方向發展，為建設開放型世界經濟增添動力。

積極參與全球經濟治理，打造人類命運共同體。十九大報告指出，中國將繼續發揮負責任大國的作用，積極參與全球治理體系改革和建

設，不斷貢獻中國智慧和力量。過去我們只是被動適應國際經貿規則，現在則要主動參與和影響全球經濟治理；要積極參與國際經貿規則制定、爭取全球經濟治理的制度性權利，積極參與國際經貿規則制定，貢獻中國智慧、提出中國方案，努力在經濟全球化中搶占先機、贏得主動，建設開放型世界經濟，促進共同發展。特別是在當下全球發展失衡的情況下，我國日益走近世界舞臺中央，我們更好地統籌國內國際兩個大局，奉行互利共贏的開放戰略，鼓勵和支持其他國家搭乘我國發展的「順風車」，幫助廣大發展中國家參與並融入全球價值鏈，促進包容性增長和共享型發展，為構建人類命運共同體做出中國貢獻。

人民幣國際化有助於構建全面開放新格局，提升中國在國際金融治理中的話語權，構建新型國際關係，打造人類命運共同體。人民幣國際化戰略要把握歷史機遇，實現「一帶一路」建設和人民幣國際化聯動，共同促進中國經濟對外開放和升級轉型。認清在「一帶一路」地區推進人民幣國際化的阻力和優勢，鼓勵人民幣「走出去」，強化人民幣在沿線國家貿易中的計價結算功能、投資功能，提供公共物品，服務「一帶一路」國家和企業發展，實現沿線國家經濟的共同發展。

基於習近平新時代中國特色社會主義思想，人民幣國際化進程將實現新「三步走」戰略：第一步，到 2020 年，人民幣成為最主要的三大貨幣之一，進一步鞏固人民幣國際貿易計價結算職能，推動人民幣對外直接投資，以大宗商品計價為突破口發展人民幣金融計價職能，深化央行間的國際合作，構建新型國際關係，發展人民幣的儲備職能，使人民幣國際地位與中國的實體經濟地位相匹配；第二步，到 2035 年，中國建設成貨幣強國，人民幣的國際地位與中國的綜合國力相匹配，金融安全度大幅提高；第三步，到 2050 年，人民幣成最重要的國際貨幣之一，中國擁有國際金融話語權和貨幣治理權，金融安全獲得制度保障。

第三，「一帶一路」建設全面推進，成為人民幣融通使用的關鍵板塊。「一帶一路」倡議涉及基礎設施建設、國際產能合作等眾多領域，承載了龐大的貿易、投融資需求，為人民幣的國際使用提供了強大的動力支援。「一帶一路」國際合作高峰論壇進一步凝聚全球共識，一系列重大專案開工建設，對外開放新格局日益鞏固，為人民幣國際化向更深層次、更高水準發展搭建了使用與流通的廣闊平臺。2017 年，我國對「一帶一路」沿線國家和地區直接投資金額達 144 億美元，雙邊貿易規模為 7.4 萬億元，同比增長 17.8%。隨著「一帶一路」區域合作的深化，我國在沿線 6 個國家建立了清算安排，哈薩克等沿線國家和地區人民幣使用呈現較快增長勢頭，逐漸形成資本輸出與貿易回流的良性通道。同時，我國通過貨幣互換機制向沿線 21 個經濟體提供人民幣流動性支援，對沿線小貨幣直接報價交易增多，人民幣的錨貨幣職能顯著增強。

専欄1—2

「一帶一路」高峰論壇凝聚全球共識

　　「一帶一路」倡議自提出以來取得了重要進展，全球 100 多個國家和國際組織積極支援回應，聯合國大會、聯合國安理會等重要決議也納入「一帶一路」建設內容。中國共產黨第十九次代表大會將「一帶一路」寫入黨章。2017 年，「一帶一路」建設進入全面推進之年，「一帶一路」國際合作高峰論壇召開進一步凝聚共識。

　　2017 年 5 月，「一帶一路」國際合作高峰論壇舉辦，這是「一帶一路」框架下最高規格的國際活動，也是 1949 年以來由中國首倡、中國主辦的層級最高、規模最大的多邊外交活動。來自 29 個國家的國家元首、政府首腦與會，來自 130 多個國家和 70 多個國際組織的 1 500

多名代表參會，形成了76大項、270多項具體成果。中國政府與蒙古國、巴基斯坦、尼泊爾、克羅埃西亞、黑山、波黑、阿爾巴尼亞、東帝汶、新加坡、緬甸、馬來西亞簽署了政府間「一帶一路」合作諒解備忘錄；加大對「一帶一路」建設資金支持，向絲路基金新增資金1 000億元人民幣，鼓勵金融機構開展人民幣海外基金業務，規模預計約3 000億元人民幣；積極同「一帶一路」建設參與國發展互利共贏的經貿夥伴關係，促進同各相關國家貿易和投資便利化，建設「一帶一路」自由貿易網路；加強創新合作，啟動「一帶一路」科技創新行動計畫，開展科技人文交流、共建聯合實驗室、科技園區合作、技術轉移4項行動；在未來3年向參與「一帶一路」建設的發展中國家和國際組織提供600億元人民幣援助，建設更多民生項目。此外，中國還將向「一帶一路」沿線發展中國家提供20億元人民幣緊急糧食援助，向南南合作援助基金增資10億美元，在沿線國家實施100個「幸福家園」、100個「愛心助困」、100個「康復助醫」等專案。作為最大發展中國家和全球第二大經濟體，中國展現了合作誠意，擔當起大國責任。

「一帶一路」建設與人民幣國際化相容契合，相互促進。政策溝通、設施聯通、貿易暢通、資金融通、民心相通是「一帶一路」建設的重點。作為資金融通的組成部分，人民幣國際化的積極作用正在「一帶一路」建設中逐步體現，極大地便利了中國與沿線國家和地區的貿易投資。隨著人民幣國際使用程度的穩步提高，主要商業銀行和政策性銀行開始拓展「一帶一路」沿線業務，開展國際貿易結算、跨境人民幣和外匯資金等業務，為「一帶一路」建設提供了一系列投融資和跨境金融服務，有效緩解了幣種錯配問題，控制了匯率風險，服務於中國產品出口和企業「走出去」。國內金融市場的穩步開放和投資便利性的穩步提高，為「一帶一路」沿線配置人民幣資產創造了有利條件。

「一帶一路」建設是一個長期、複雜的全球性戰略過程，需要各國開展全方位的深入合作。我們也應進一步發揮人民幣國際化與「一帶一

路」倡議的相互促進作用，深化中國與沿線國家的經貿合作。進一步發揮人民幣在「一帶一路」建設中的跨境貿易計價結算功能，推動涉外經濟活動統計使用人民幣計價，支持我國大宗商品進口以人民幣計價；發揮人民幣在「一帶一路」建設中的投融資功能，發揮債券市場融資功能；發揮人民幣「一帶一路」建設中的資產配置功能，加強基礎設施建設，推動與有條件的國家和地區的金融市場互聯互通；發揮離岸人民幣市場在支援「一帶一路」建設中的積極作用；深化與「一帶一路」沿線國家的貨幣金融合作。一方面可以為多邊貿易投資更便利的跨境清算支付服務，節省換匯成本，便利貿易投資，提升國內金融業對國際貿易投資等實體部門的跨境金融服務能力和水準，另一方面也可以為「一帶一路」建設的相關投融資活動提供便利，通過使用本幣開展對外投融資並形成合理回報來調動當地儲蓄資源和全球資金，提升與沿線國家貨幣金融合作的層次和水準，共同維護區域金融穩定。

第四，金融市場開放穩步推進，人民幣作為國際貨幣的吸引力上升。金融市場開放是貨幣國際化的重要條件之一，不僅有助於增強人民幣貿易計價結算職能，而且是實現人民幣金融交易功能、鞏固儲備貨幣地位的關鍵一環。2017年，我國多措並舉，在防控風險的基礎上穩步推進金融開放。債券市場開放取得突破性進展，「債券通」正式上線運行，實現內地與香港債券市場互聯互通。同時，國家外匯管理局發佈《國家外匯管理局關於銀行間債券市場境外機構投資者外匯風險管理有關問題的通知》，規定人民幣對外匯衍生品業務向銀行間債券市場境外機構投資者開放，為外資投資境內債券市場提供了完善的風險管理管道。我國債券市場位列全球第三，基於實體經濟、利率水準與安全性，對國際各類投資者具有較強吸引力，將大大增強人民幣國際金融計價交易職能。另外，放寬金融機構外資持股限制，穩妥推進金融業對外開放。我國決定將單個或多個外國投資者直接或間接投資證券、基金管理、期貨公司的投資比例限制放寬至51%，3年後該比例不受限制；取消對中資銀行和金融資產管理公司

的外資單一持股不超過 20%、合計持股不超過 25% 的比例限制，實施內外一致的銀行業股權投資比例規則；3 年後將單個或多個外國投資者投資設立經營人身保險業務的保險公司的投資比例放寬至 51%，5 年後投資比例不受限制。金融開放的廣度與深度進一步拓展，為人民幣國際化注入了新能量。

1.1.3　人民幣國際化面臨的主要障礙

2017 年，在外部環境上，全球貨幣政策醞釀變局，金融脆弱性上升，貨幣競爭加劇，人民幣國際化面臨較大挑戰。在內部條件上，人民幣金融產品體系與市場體系有待完善，資本流動管理保持趨嚴基調，國際支付基礎設施建設取得了一些進展，但仍相對滯後，制約了人民幣國際化的長遠發展。

第一，全球貨幣政策醞釀變局，金融市場波動性與溢出效應上升。全球主要經濟體貨幣政策面臨轉向，美聯儲開啟加息和縮表進程，歐洲央行、日本央行等退出極度寬鬆貨幣政策的預期上升，將對匯率、利率以及資產價格產生較大影響，短期資金流動的不確定性上升。特別是當前全球金融資產相對單一，風險傳染性和溢出效應增大，金融脆弱性顯著上升，貨幣「競爭」加劇。美元波動性加大，依託核心貨幣地位，仍是影響全球金融市場的關鍵因素；隨著經濟復甦、政局落定，歐元大幅攀升，奪回部分原有份額；在諸多不確定因素面前，作為避險貨幣，日圓國際需求旺盛。全球金融風險上升、貨幣競爭加劇，在一定程度上對人民幣跨境與離岸使用形成了阻礙。

第二，人民幣金融產品尚不豐富，金融市場體系有待健全。一方面，離岸人民幣市場建設進入成長階段，需要足夠多樣、足夠規模、交易活躍的產品來啟動與發展。然而，2017 年離岸人民幣資金池仍處於萎縮低位，香港人民幣存款較 2014 年高峰幾近腰斬，流動性收緊，離岸人民幣利率飆升，點心債形勢低迷，對人民幣國際化產生了明顯的抑制作用。另一方面，由於市場規模、流動性、開放度等因素影響，境內人民幣金融產品體系較美元、歐元等仍存在一定差距，特別是匯率風險管理手段難以滿足國際社會的需要。我國金融市場的成熟度、管理水準與美國等發達經濟體仍有距離，非居民缺乏充足便捷的人民

幣使用管道和使用方式，對人民幣跨境使用產生了負面效應。

第三，資本流動管理「寬進嚴出」，跨境資金流動通暢度有待提高。在全球金融形勢複雜多變的背景下，我國加強資本項下管理。1 月 26 日，國家外匯管理局發佈多項措施推進外匯管理改革，完善真實合規性審核，奠定了 2017 全年資本帳戶管理趨嚴的總基調，在防範金融風險的同時，不免對人民幣跨境流動形成一定障礙。資金進出境手續增多，難度加大，人民幣跨境流動不通暢，對人民幣跨境與離岸使用造成了負面影響。

第四，人民幣國際支付基礎設施建設相對滯後，國際化程度較低。目前，人民幣國際支付基礎設施建設滯後於我國經濟金融發展水準與人民幣國際使用需求。人民幣跨境支付系統（CIPS）處理業務量不及預期，業務種類相對單一，證券清算結算體系存在割裂問題，證券交易流程與資產服務缺乏與國際慣例統一對接的流程與政策。儘管報文規範注重與國際對接，但在和其他境內系統聯通時則面臨轉換問題。此外，與國際先進支付基礎設施相比，在貨幣政策傳導、資金周轉優化、金融監管和經濟預測等方面存在明顯「短板」。

1.2　人民幣國際化指數變動的結構分析

根據人民幣國際化指數的計算方法，人民幣在貿易結算、金融交易和國際外匯儲備中所占比例變化均會對 RII 產生影響。2017 年，貿易項下人民幣國際化企穩，資本金融項下亮點頻現，儲備貨幣地位進一步鞏固。

1.2.1　貿易項下人民幣國際化企穩

跨境貿易人民幣結算是人民幣國際化發展的起點與基礎。自 2009 年試點以來，跨境貿易人民幣結算金額累計突破 32 萬億元。2017 年，跨境人民幣收付金額合計達 9.19 萬億元，同比下降 6.7%，其中，實收金額為 4.45 萬億元，實付金額為 4.74 萬億元。人民幣國際貿易結算全球占比仍有回落。然而，從季

度資料來看，跨境貿易人民幣結算正在企穩回升。2017 年四季度跨境貿易人民幣結算金額分別為 0.99 萬億元、1.16 萬億元、1.08 萬億元和 1.13 萬億元，呈穩中向好態勢（見圖 1—2）。

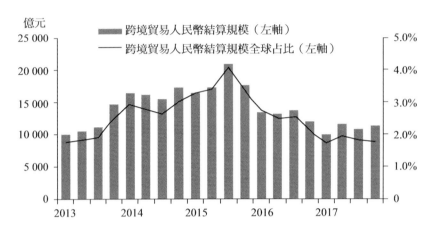

圖 1—2　國際貿易人民幣計價結算功能

2017 年，跨境貿易人民幣結算占比徘徊在相對低位主要有三方面的原因：一是全球貿易競爭加劇，在一定程度上壓低了中國企業的議價能力；二是人們對 2015—2016 年人民幣匯率貶值仍「記憶猶新」，影響微觀主體市場預期，匯率風險管理體系有待完善；三是離岸人民幣資金池萎縮，投融資管道減少，管理成本上升，不利於人民幣國際接納度的提高。然而，值得注意的是，人民幣連續 7 年成為我國跨境收支第二大貨幣，在經常項下結算使用中呈現出新特徵，即貨物貿易結算占比下降，服務貿易和其他經常專案結算占比上升。2017 年，服務貿易及其他經常項下人民幣結算金額為 1.09 萬億元，在經常項下人民幣結算中占比上升 3.8 個百分點。

1.2.2　資本金融項下人民幣使用取得突破性進展

2017 年，人民幣國際金融計價交易功能得到夯實，頻現亮點。海外人民

幣資金池走出低谷，「債券通」推出進一步加快我國資本市場開放步伐。人民幣直接投資回歸理性，在全球直接投資逐季度萎縮的背景下穩中有升，成為拉動 RII 反彈的主要力量之一。2017 年四季度，人民幣國際金融計價交易綜合占比達 6.51%，創歷史新高（見圖 1—3）。

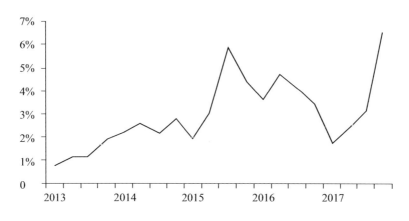

圖1—3　人民幣國際金融計價結算綜合指標

1. 人民幣直接投資逆勢攀升

人民幣直接投資由人民幣對外直接投資（人民幣 ODI）和人民幣外商直接投資（人民幣 FDI）兩部分構成。2017 年，人民幣直接投資規模累計達 1.64 萬億元，同比下降 33.5%。其中，人民幣對外直接投資金額為 4 568.8 億元，同比下降 57.0%；人民幣外商直接投資金額為 11 800 萬元，同比下降 15.6%。然而，在全球直接投資逐季度萎縮的大背景下，人民幣直接投資受到的衝擊總體較小，在全球直接投資中的占比呈快速攀升態勢。2017 年四季度，人民幣直接投資全球占比或為 18.51%，在管理中回歸理性、有序水準，在全球範圍內逆勢上升（見圖 1—4）。

2017 年，人民幣直接投資出現回落主要有四點原因。一是外部環境更加複雜嚴峻。逆全球化風潮出現，貨幣政策面臨轉向，貿易摩擦增多，國際市場不確定性加劇，部分國家進一步加強投資審核與外資管理，直接投資風險與成

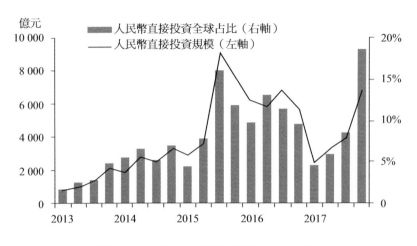

圖1—4　人民幣直接投資規模及全球占比

本顯著上升。二是前值過高的理性回落。2015年下半年至2016年，我國直接投資出現爆發式增長，一度出現直接投資無序盲目的局面，既離不開國家經濟實力增強、企業積極參與「全球價值鏈」重塑的動力驅使，也有資本外流因素影響。三是國家完善直接投資管理。2017年，國家外匯管理局發佈多項措施加強境外直接投資真實性、合規性審核，要求境內機構辦理境外直接投資登記和資金匯出手續時，向銀行說明投資資金來源與用途，並提交其他證明材料。隨即2017年一季度人民幣直接投資大幅跳水，環比下降58.3%。同年8月，國務院發文限制境內企業開展與國家和平發展外交方針、互利共贏開放戰略以及宏觀調控政策不符的境外投資，包括房地產、酒店、影城、娛樂業、體育俱樂部等境外投資，放緩了資金「走出去」的步伐。四是人民幣匯率企穩回升，也在一定程度上減弱了資金外流意願。

2. 人民幣國際信貸走出低谷

離岸資金池是人民幣國際使用的金融基礎，保持一定規模的離岸資金池對於人民幣國際化推進具有重要作用。截至2017年年末，人民幣國際信貸全球占比為0.60%，同比增長了1.01%，呈現止跌回升態勢（見圖1—5）。其中，我國金融機構人民幣境外貸款金額同比上升1.09%，主要離岸市場人民幣存款

規模同比增加 3.18%。

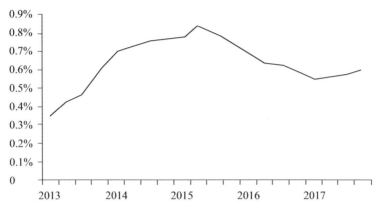

圖 1—5　人民幣國際信貸全球占比

　　人民幣國際信貸歷經兩年低迷期開始走出低谷，不同離岸市場表現有所差異。主要離岸市場人民幣存款總規模雖然仍處於相對低位，但正在止跌向好，為未來離岸人民幣市場再度繁榮拉開了序幕。2017 年全球利率波動劇烈，不同離岸人民幣市場表現有所差異。香港人民幣存款金額為 5 591 億元，同比上升 2.27%；臺灣人民幣存款金額為 3 223 億元，同比上升 3.55%；澳門人民幣存款金額為 321 億元，同比下降 12.09%；韓國人民幣存款金額為 73 億元，同比下降 21.86%；新加坡人民幣存款金額為 1 520 億元，同比上升 20.63%；英國人民幣存款金額為 585.48 億元，同比上升 1.35%

3. 人民幣國際債券領域取得重大進展

　　債券市場是國際金融市場的重要組成部分，國際債券市場的份額是衡量一國貨幣國際使用程度的重要指標之一。截至 2017 年四季度，人民幣國際債券與票據餘額為 1 033.47 億美元，全球占比為 0.43%，較 2016 年四季度的 0.52% 仍有一定回落（見圖 1—6）。儘管人民幣在全球債券市場中的份額較低，影響力相對有限，但在點心債發行、國際債券產品體系建設、國內債券市場開放等方面取得了諸多成果，2017 年人民幣國際債券領域積聚潛能，呈現向好跡象。

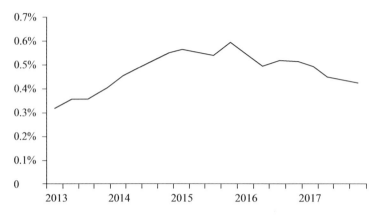

圖1—6　人民幣國際債券與票據餘額全球占比

　　離岸人民幣債券市場開始回暖。隨著離岸人民幣匯率企穩、利率波動減小，2017年人民幣點心債市場出現回暖跡象。2017年11月30日，財政部在香港市場順利發行70億元人民幣國債；香港交易所推出5年期中國財政部國債期貨合約正式交易，成為首支在離岸市場交易的內地國債期貨，也是全球首支對離岸投資者開放的在岸利率產品，進一步豐富了離岸人民幣債市的內涵。

　　熊貓債市場穩步向前，產品體系創新完善。2017年，我國熊貓債發行規模為719億元，產品體系更加豐富，發行主體更加多元。3月，俄羅斯鋁業聯合公司發行首期10億元公司債券，成為「一帶一路」沿線國家企業在我國發行的首單熊貓債；5月，中國電力新能源發展有限公司第一期綠色非公開定向債務融資工具在銀行間市場成功發行，成為國內首單境外非金融企業綠色熊貓債；7月，匈牙利國家經濟部宣佈在中國銀行間債券市場發行10億元人民幣3年期熊貓債，成為首單通過「債券通」管道面向境內外投資者完成簿記發行的外國主權政府人民幣債券。

　　作為資本市場開放的重大舉措，「債券通」正式上線運行。2017年6月21日，央行公佈《內地與香港債券市場互聯互通合作管理暫行辦法》。「債券通」的「北向通」於7月上線運行，標誌著中國債券市場對外開放步伐大大加

快。開通首日共有 19 家報價機構、70 家境外機構達成 142 筆金額總計為 70.48 億元的交易，體現出旺盛的投資熱情。交易券種涵蓋國債、政策性金融債、政府支持機構債券、同業存單、中期票據、短期融資券和企業債等各種類型。

1.2.3　人民幣國際儲備功能不斷鞏固

隨著中國經濟實力增強，市場開放度提高，匯率預期回歸理性，人民幣國際儲備貨幣職能進一步鞏固增強。2017 年以來，中國人民銀行先後與紐西蘭儲備銀行、蒙古銀行、阿根廷央行、瑞士央行以及香港金管局續簽了雙邊本幣互換協定，累計規模達 6 600 億元。目前，中國人民銀行已累計與 36 個國家或地區的貨幣當局簽署了貨幣互換協議，總額度達 2.3 萬億元。「入籃」後，人民幣資產在全球市場的吸引力顯著上升。截至 2017 年四季度末，全球官方持有人民幣外匯儲備為 1 228.02 億美元，在可識別外儲中占比達 1.07%，較 2016 年年末的 0.85% 上升了 0.23 個百分點，受到越來越多國家和地區的認可，人民幣全球儲備貨幣地位獲得進一步實質性確認。

1.3　主要貨幣的國際化指數比較

國際貨幣多元化是一個動態發展過程，國際貿易格局、國際金融市場的變化都會導致國際貨幣格局發生相應的調整，表現為一些貨幣的國際使用程度上升，另一些貨幣的國際使用程度下降。為了客觀評估國際貨幣格局的發展變化，動態反映人民幣與主要貨幣國際化水準之間的差距，本報告編制美元、歐元、英鎊、日圓的國際化指數（見表 1—1）。

表 1—1　主要貨幣國際化指數

	美元	歐元	英鎊	日圓	合計
2016Q1	54.85	23.68	4.58	3.92	87.02
2016Q2	56.69	20.31	4.20	4.02	85.21
2016Q3	55.56	22.42	4.25	4.50	86.73

	美元	歐元	英鎊	日圓	合計
2016Q4	54.42	23.25	5.06	4.17	86.90
2017Q1	55.58	22.68	3.85	4.68	86.79
2017Q2	54.84	22.09	3.87	4.26	85.07
2017Q3	54.50	24.07	5.02	4.42	88.01
2017Q4	54.85	19.90	3.92	4.73	83.39

說明：2016Q1 表示 2016 年一季度，其他類同，後文不再一一說明。

2017年，全球經濟復甦力度增強，扭轉多年來疲弱態勢，工業生產、貿易、投資等總體回升，地緣政治風險有所緩解，全年經濟增速達到 3.3%，為六年來最高水準。美國經濟保持溫和增長，貨幣政策正常、有序推進，儘管美元指數回檔，但美元的國際貨幣地位依然穩固堅挺；歐元區擺脫頹勢，經濟全面復甦，政局基本落定，歐元在年內收復部分國際使用份額失地，但四季度直接投資萎縮拖累歐元國際化指數表現；受脫歐不確定性影響，英國經濟表現不及預期，英鎊國際地位有所動搖；隨著外需形勢轉好，日本經濟強勁增長，日圓匯率波動走強，國際避險貨幣地位鞏固提升。

1.3.1 美元國際化指數變動分析

2017 年，美元穩定保持全球第一大貨幣地位，四季度國際化指數為 54.85，同比增長 0.79%。新總統川普正式任職後，經濟政策日趨明朗，美國經濟表現先抑後揚，全年增速為 2.3%，較上一年提高 0.8 個百分點。加大基建支出、減稅、放鬆金融監管等政策意向，有效改善了市場預期與交易信心。消費穩步增長，失業率持續走低，薪資收入與物價水準有所回升。美聯儲全年加息 3 次，並正式啟動縮表計畫，促使美元流動性收緊。2017 年，美元指數走弱，年內下跌近 10%，顯著回檔。

川普保護主義、資本市場上揚以及歐元回升，成為影響 2017 年美元國際水準的重要因素。受川普激進保護主義與政策不確定性影響，美國貿易增速放緩，外商直接投資規模回落，加之美元指數走弱，致使美元在國際貿易中的使用份額同比降低 1 個百分點，四季度美元直接投資規模較年初下降 28%。然而，

基本面改善、企業預期利潤增長，催生資本市場上揚，極大地增強了美元國際金融交易職能，抵消了部分負面影響。2017 年四季度，國際債券與票據中美元計價份額同比增長 1 個百分點。歐元回升對美元國際地位產生了一定的衝擊，在國際官方外匯儲備中美元占比為 62.7%，較上年年末減少了 2.6 個百分點，跌至 2014 年水準，但仍然占據絕對優勢地位。

1.3.2 歐元國際化指數變動分析

2017 年，歐元國際地位一度扭轉前期「美進歐退」局面，但受制於年末直接投資環境急劇逆轉，四季度國際化指數意外下降至 19.90，但依然保持全球第二大主要貨幣地位。從基本面來看，2017 年歐元區逐步擺脫頹勢，經濟超預期復甦，各項指標表現亮眼。私人消費表現強勁，貿易、投資顯著增長，政府赤字與債務水準有所改善。失業率持續下降至金融危機以來最低點，進一步與收入、消費形成良性互動。儘管通脹指標並未達到目標水準，但已明顯回升，全年歐元區通脹率為 1.5%。可喜的是，2017 年，歐元區全員正增長，德國表現穩定，中東歐國家顯著復甦，希臘形勢向好，西班牙有望恢復至危機前水準。歐洲政治格局基本落定，馬克宏、梅克爾相繼勝選，加泰隆尼亞危機得到抑制，為經濟穩步復甦提供了有效保障。2017 年，歐洲復甦步伐更加強勁，分佈愈加廣泛，歐元區 GDP 增長 2.5%，創近十年來最高增速，這為歐元國際地位回升奠定了堅實基礎。

2017 年，歐元在國際貿易與官方儲備中的使用均穩步回升，收復前期部分失地，但直接投資年末快速萎縮拖累了歐元國際化指數整體表現。伴隨全球週期性回暖，歐元區貿易形勢顯著改善，在全球範圍內達成多項貿易協定，促使歐元國際貿易結算占比同比增長 0.7 個百分點。在國際債券與票據市場中，歐元傳統優勢開始恢復，四季度歐元計價債券和票據餘額占比為 39.06%，同比回升 1.58 個百分點。在國際儲備中，受益於基本面向好、匯率攀升，歐元持有占比在近兩年內首次回到 20% 以上。隨著歐洲經濟復甦步伐加快，政治風險緩解，國際資金開始回流歐洲，三季度外商直接投資流入環比上漲 0.6 倍，但四

季度外商直接投資和對外直接投資意外大幅下降，銳減近 94%，對歐元國際化指數反彈產生嚴重拖累效應。儘管 2017 年歐元國際地位一度回升，但仍處於歷史相對低位，未恢復至危機前水準。

1.3.3 英鎊國際化指數變動分析

2017 年，英鎊國際使用水準下降，四季度國際化指數為 3.92，較上年年末縮水逾 1 個百分點，為日圓所趕超。受脫歐不確定性衝擊，英國經濟增速放緩至 5 年來最低水準。英國國家統計局資料顯示，2017 年英國 GDP 增速初步統計為 1.8%，是 2012 年以來增長最慢的一年。受制於脫歐帶來的相關不確定性因素，全球經濟增長加速等大環境改善，並未使英國經濟充分提升，英國表現遜於其他發達經濟體。據國際貨幣基金組織預測，2018 年英國 GDP 增速為 1.5%，規模將被印度所趕超，跌出全球 5 大經濟體之列。在貨幣政策方面，英國通脹水準持續上升，11 月通脹率觸及近 6 年的高位 3.1%，英國央行進行首次加息，開啟緊縮步伐。2017 年，英鎊匯率雖然小幅回升，但仍徘徊在歷史低位，國際地位有所動搖。

英鎊作為國際融資貨幣的職能大幅下滑，成為其國際化指數走弱的主要原因。 在貿易結算、直接投資等方面，英鎊總體表現良好。2017 年四季度，英鎊國際貿易結算占比與上年基本持平。然而，受宏觀基本面預期不明、脫歐談判不確定性以及匯率波動等因素影響，英國直接投資規模全球份額同比萎縮 10.9 個百分點。英鎊在國際信貸與債券市場上的表現黯淡，不僅較美元、歐元、日圓存在差距，也不復自身前期水準。在全球官方儲備中，英鎊份額穩中有升，保持在 4.5% 左右，但已經為日圓所趕超，滑落至儲備貨幣第 4 位。

1.3.4 日圓國際化指數變動分析

2017 年，日圓作為主要避險貨幣，國際地位穩中有升，四季度國際化指數達 4.73，較上年年末提高了 0.5 個百分點。隨著全球經濟回暖，外部貿易環境改善，日本經濟較為強勁地增長，2017 年 GDP 增速達 1.6%，連續 8 個季度

實現正增長。失業率下降，工資水準穩步增長，進一步帶動了私人消費，提升了企業投資意願。儘管日本經濟表現向好，但通脹水準依然較低，核心 CPI 增長率低於 2% 的目標，日本央行在短期內不會退出量化寬鬆政策（QQE）。2017 年，在美元走弱、金融市場震盪的大背景下，日圓避險貨幣功能進一步凸顯，日圓對美元匯率全年升值 3.8%，提振了日圓國際地位。

貿易強勁增長、匯率穩步走強、避險情緒增強、融資成本較低等，是日圓國際地位上升的主要原因。2017 年，日本貿易表現強勁，出口同比增長 9.2%，進口同比增長 13.0%，經常專案盈餘達到多年來高位，在一定程度上助力日圓國際貿易結算份額增長。在資本金融項下，日圓國際使用占比穩中有升。日本吸引外商投資金額顯著上升，促使全球直接投資中日圓份額同比增加了 2.3 個百分點。由於環境長期寬鬆、融資成本低廉，日圓在國際信貸領域保持著傳統優勢，使用份額超過英鎊，達 3.89%。在國際債券與票據市場上，四季度日圓計價份額達 1.9%，較上年年末增長 0.4 個百分點。隨著避險情緒升溫、匯率上升，日圓在全球外匯儲備中占比逐步上升，四季度份額達 4.9%，同比增加 0.9 個百分點，超過英鎊成為全球第三大儲備貨幣。

圖 1—7 列出了美元、歐元、英鎊、日圓的國際化指數的變化趨勢。

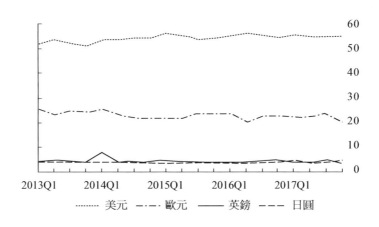

圖 1—7　世界主要貨幣國際化指數變化趨勢

1.4　人民幣在國際貨幣格局中的動態比較

1.4.1　SDR 中的人民幣

特別提款權（SDR）是國際貨幣基金組織（IMF）支援創造的一種重要的國際補充儲備資產。自 1969 年創設以來，特別是金融危機期間，SDR 在為全球經濟體提供流動性和補充各國儲備資產方面發揮了積極作用。2016 年 10 月 1 日，人民幣正式納入 SDR 貨幣籃子，成為除美元、歐元、日圓和英鎊以外的第 5 種貨幣。加入 SDR 是一個里程碑，開啟了人民幣邁向全球主要儲備貨幣舞臺的新階段。比較人民幣在 SDR 貨幣籃子中的份額及相關指標變化，不僅有助於了解掌握人民幣國際化的動態發展，對於下一次定值審查、管理人民幣國際化進程也具有現實意義。

SDR 籃子構成權重由各貨幣在世界貿易和金融體系中的相對重要性決定，以定值審查的形式每 5 年調整一次。在最近一次審查中（2015 年），依託一系列指標與評判標準，人民幣在 SDR 貨幣籃子中權重為 10.92%，僅次於美元（41.73%）、歐元（30.93%），高於日圓（8.33%）、英鎊（8.09%），位居第三大貨幣地位（見表 1—2）。

表 1—2　SDR 貨幣籃子構成權重（%）

	2000 年	2005 年	2010 年	2015 年
美元	45	44	41.9	41.73
歐元	29	34	37.4	30.93
日圓	15	11	9.4	8.33
英鎊	11	11	11.3	8.09
人民幣	—	—	—	10.92

資料來源：國際貨幣基金組織。

人民幣加入 SDR 有助於平衡貨幣格局，2017 年人民幣在 SDR 貨幣籃子中的相對份額略有上升。每次定值審查後，SDR 貨幣籃子中的構成權重是固定的，但各構成貨幣的相對份額則是動態變化的，即升值的貨幣相對份額上升，貶值的貨幣相對份額減少。人民幣加入 SDR 前，美元與其他貨幣相對份額的

差距持續擴大；人民幣加入 SDR 後，在一定程度上平衡了 SDR 貨幣籃子的組成份額，降低了美元對 SDR 的估值影響。截至 2017 年年末，SDR 貨幣籃子中，美元依然占據絕對主導地位，相對份額為 40.90%；伴隨經濟復甦、匯率走強，歐元相對份額升至 32.55%；英鎊相對份額持續下行至 8.15%，脫歐陰霾依然籠罩；日圓相對份額先揚後抑，總體穩定在 7.43%（見圖 1—8）。人民幣在 SDR 中的相對份額波動幅度較大，前八個月震盪下跌，相對份額普遍低於 10.92% 的固定權重，而後重新上升至 10.96%（見圖 1—9）。

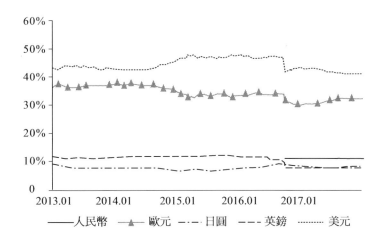

圖 1—8　SDR 貨幣籃子中貨幣相對份額變動

資料來源：國際貨幣基金組織。

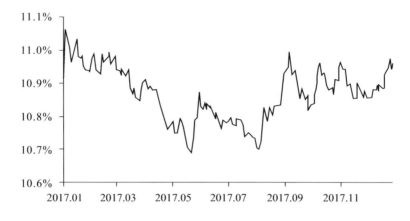

圖1—9　人民幣在 SDR 貨幣籃子中相對份額變化

資料來源：國際貨幣基金組織。

人民幣納入 SDR 平衡了貨幣籃子中各貨幣的權重。雖然短期內人民幣相對份額波動較大，但是總體上呈現了逐步回升的態勢，側面反映出在世界經濟格局變動和中國經濟一系列的改革措施之後，人民幣在國際貿易、國際債券以及儲備資產等方面的重要性得到鞏固和提升。預計在下一次審查（2021 年 9 月 30 日）中，人民幣在 SDR 中的權重有望得到進一步的提升。

1.4.2　全球支付交易中的人民幣

2017 年，人民幣在全球支付交易中的使用份額總體穩定，未來發展潛力巨大。據環球銀行金融電信協會（SWIFT）統計，2017 年 12 月，人民幣成為全球第 5 大支付貨幣，市場占有率為 1.61%，全年先跌後升，維持基本穩定。香港仍是最大離岸人民幣清算中心，約占市場份額的 75.68%；英國排名第 2 位，占據 5.59% 的市場份額；新加坡、韓國、美國緊隨其後，分列第 3 至 5 位，清算份額分別為 4.41%、2.99% 和 2.59%。隨著人民幣國際清算中心和清算系統逐步完善，全球開展人民幣支付業務的金融機構數量穩步上升，人民幣的國際影響力有了很大的提升。在「一帶一路」沿線人民幣業務增長前景逐漸明晰的情況下，人民幣在國際支付交易方面具有巨大的潛力。

然而，相較於其他主要貨幣，人民幣國際支付使用仍存在一定差距。2017 年 12 月，在全球支付交易中，美元與歐元處於主體地位，二者總計占據 70% 以上的市場份額。美元穩居首位，全球支付交易占比為 39.85%，但較歐元的領先差距正在逐漸縮小。隨著宏觀基本面向好，歐元全球支付份額回升至 35.66%，同比增加了 13.93%。受經濟復甦勢頭減緩、脫歐風險等拖累，英鎊全球支付交易份額持續下滑至 7.07%。日圓國際支付排名總體穩定在第 4 位，2017 年 12 月市場份額為 2.96%（見表 1—3）。

表 1—3　人民幣在國際支付貨幣中的份額（%）

幣種	2013 年 12 月		2014 年 12 月		2015 年 12 月		2016 年 12 月		2017 年 12 月	
	份額	排名	份額	排名	份額	排名	份額	排名	份額	排名
美元	39.52	1	44.64	1	43.89	1	42.09	1	39.85	1
歐元	33.21	2	28.30	2	29.39	2	31.30	2	35.66	2
英鎊	9.13	3	7.92	3	8.43	3	7.20	3	7.07	3
日圓	2.56	4	2.69	4	2.78	4	3.40	4	2.96	4
人民幣	1.12	8	2.17	5	2.31	5	1.68	6	1.61	5

資料來源：SWIFT。

1.5　人民幣國際化展望

自啟航以來，人民幣國際化經歷了一個較為完整的週期。發端於美國的這場全球性金融危機改變了世界經濟和金融格局。2009—2010 年，為了在不確定的國際經濟環境中維護本國正當利益，免受現行不合理的國際貨幣體系的侵害，實現中國經濟的穩健增長，中國做出了一系列政策調整和制度安排，以貿易結算為起點，推進跨境人民幣使用，人民幣國際化邁入起步階段。2011—2014 年，中國宏觀經濟穩定增長，人民幣匯率持續上行，全球處於量化寬鬆階段，隨著人民幣國際化相關政策陸續推出，跨境與離岸人民幣使用在一段時間內出現爆發式倍數增長。2015 年至 2016 年，我國結構性問題凸顯，人民幣匯率波動下行，全球貨幣政策開始轉向，人民幣國際化進入低迷調整期，直至

2017 年再度企穩。人民幣國際化是一個長期過程，不應以結算交易量的短期下降進行評判。隨著我國經濟實力增強，改革開放推進，在市場力量居於主導的環境下，人民幣國際化必將呈現波動前進的局面，應客觀看待、穩步發展。

2018 年，人民幣國際化步入新階段。儘管全球保護主義勢頭上升，對美貿易摩擦升溫，但人民幣國際化的總體發展環境向好，內外部動力充足。全球經濟持續復甦，美元處於相對弱勢，為人民幣國際使用創造了良好的條件與窗口期。中國經濟穩中向好，人民幣匯率保持基本平穩，金融風險有效緩解，資本專案、金融市場加速開放。特別是十九大以後，在習近平新時代中國特色社會主義思想的指導下，隨著綜合國力提升，改革開放深入推進，人民幣國際使用的市場需求和原動力將進一步夯實與釋放。2018 年年初中國人民銀行工作會議再提推進人民幣國際化，1 月 5 日發佈《關於進一步完善人民幣跨境業務政策促進貿易投資便利化的通知》，奠定了良好的政策基調。德國、法國以及越來越多的新興市場經濟體將人民幣納入外匯儲備，對人民幣國際化投下信任票。人民幣計價原油期貨在上海國際能源交易中心掛牌交易、中國鐵礦石期貨引入境外交易者，A 股納入 MSCI，CIPS 二期正式運行，積極跡象不斷顯現，相關產品、機制與設施日益完善，人民幣國際化正在回歸 2.0 快車道。

第二章

人民幣國際化現狀

　　隨著我國經濟穩中向好、對外開放新格局的進一步推進、人民幣匯率預期更加穩定、重點領域防範風險的措施加強，2017 年人民幣國際化呈現企穩回暖的趨勢。儘管跨境貿易人民幣結算規模連續 2 年下降，但同比降幅收窄；跨境直接投資人民幣結算規模 2010 年以來首次出現年度下降，但是人民幣跨境流通也在擠出「泡沫」，不真實、不理性的人民幣跨境收支正在減少。離岸市場上，香港、臺灣人民幣存款規模企穩回升。在加入 SDR 之後，人民幣在全球央行外匯儲備配置中的占比有所提高。我國在推動全球綠色金融主流化方面和移動支付領域都占得先機，有利於提高人民幣在國際市場的接受程度。

2.1　跨境貿易人民幣結算

1. 規模企穩，結算占比震盪下行

　　2017 年，跨境貿易人民幣結算規模穩中下降，全年跨境貿易人民幣結算業務累計發生 4.36 萬億元，創 2012 年以來最低水準，較 2016 年減少 0.87 萬億元，同比下降 16.63%，為連續第二年下降，但降幅較 2016 年有所收窄。跨境貿易人民幣結算規模占中國貨物及服務貿易總額（國際收支口徑）的13.93%，較 2016 年降低 5.03 個百分點。

2017年，世界經濟溫和復甦，外部需求有所回暖，我國經濟穩中向好，「一帶一路」倡議穩步推進，外貿穩增長政策效應顯現等多方面因素，共同推動我國外貿進出口結束兩年負增長的態勢，實現了兩位數的恢復性增長。同時，我國外貿發展的品質和效益進一步提升。外貿領域堅定推進供給側結構性改革，轉方式、調結構取得積極進展，進出口由高速增長階段轉向高品質發展階段。

2017年人民幣在跨境貿易結算中的使用仍處於相對調整期，但相對2016年的大幅下降而言，跨境貿易人民幣結算逐漸企穩。2017年年初，人民幣兌美元匯率一度下降至6.90，導致一季度人民幣跨境貿易結算規模降至9 942億元，其中2月更是創下四年以來最低水準。5月，人民幣兌美元匯率中間價定價機制引入「逆週期因子」，扭轉市場對於人民幣持續貶值的預期，人民幣兌美元匯率由跌轉升，外國投資者持有人民幣資產的意願重新增強。此外，為了抑制人民幣貶值與資本外流之間的相互強化作用，監管層加強跨境資本流動管理。2017年中後期人民幣國際化進程開始回暖，人民幣在跨境貿易結算中的使用也逐漸企穩。下半年以來，跨境貿易人民幣結算規模穩定在3 000億～4 000億元，且同比降幅逐漸收窄，至12月已經出現2016年1月以來首次同比上漲（見圖2—1）。

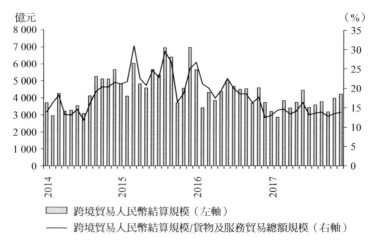

圖2—1　跨境貿易人民幣結算規模

資料來源：中國人民銀行、商務部、國家外匯管理局。

2. 貨物貿易結算為主，服務貿易結算首現下降

跨境貿易人民幣結算的結構持續優化，貨物貿易仍然是人民幣跨境結算的主流。2017 年，以人民幣進行結算的跨境貨物貿易累計發生 3.27 萬億元，創 2012 年以來最低水準，同比下降 20.63%，為連續第二年下降，但降幅較 2016 年的 35.5% 有所收窄，占跨境貿易人民幣結算的 75%；以人民幣進行結算的服務貿易累計發生 1.09 萬億元，創 2015 年以來最低水準，同比小幅下降 1.80%，為 2009 年以來首次出現年度下降，占跨境貿易人民幣結算的 25%（見圖 2—2 和圖 2—3）。2017 年我國服務進出口總額 46 991.1 億元，同比增長 6.8%，服務進出口規模有望連續 4 年保持全球第二。其中服務出口增幅達 10.6%，是 2011 年以來出口的最高增速，比進口高 5.5 個百分點，為 7 年來我國服務出口增速首次高於進口。

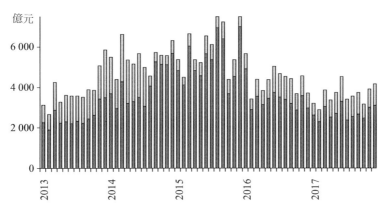

圖 2—2　以人民幣進行結算的跨境貨物貿易和跨境服務貿易規模

資料來源：中國人民銀行。

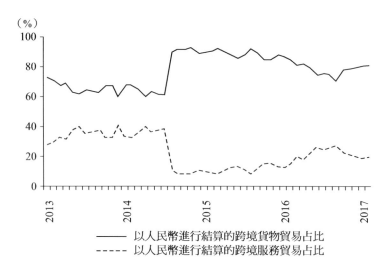

圖 2—3　以人民幣進行結算的跨境貨物貿易和跨境服務貿易占比

資料來源：中國人民銀行。

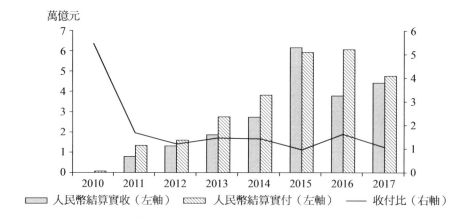

圖 2—4　跨境貿易人民幣結算收付比

資料來源：中國人民銀行。

3. 跨境人民幣收付差額有所縮小，實付略微大於實收

2017 年，跨境人民幣收付金額合計 9.19 萬億元，較 2016 年減少 0.66 萬億元，同比下降 6.7%，為連續第二年下降，但降幅較 2016 年的 18.6% 有所收窄。實收 4.45 萬億元，較 2016 年增加 0.66 萬億元，同比增加 17.41%；實付 4.74萬億元，較 2016 年下降 1.32 萬億元，同比下降 21.78%。跨境人民幣收付逆差縮小，收付比從 2016 年的 1：1.6 降至 1：1.07。

2.2 人民幣金融交易

2.2.1 人民幣直接投資

1. 人民幣境外直接投資

2017 年，我國的境外投資規模顯著下滑，人民幣境外投資規模隨之大幅下降。據商務部統計，2017 年，我國境內投資者全年共對全球 174 個國家和地區的 6 236 家境外企業新增非金融類直接投資，累計實現投資 8 107.5 億元人民幣（折合 1 200.8 億美元），較 2016 年下降 28.2%，非理性對外投資得到切實有效的遏制。其中，以人民幣結算的對外直接投資規模為 4 569 億，創2014 年以來最低水準，同比下降 57.0%，為 2010 年以來首次出現下降。

2017 年，我國對外直接投資呈現總量放緩、結構優化、用匯平穩的發展態勢。在防範重點領域風險的背景下，相關部門推出一系列政策措施規範對外投資。人民幣跨境流通也在擠出「泡沫」，不真實、不理性的人民幣跨境收支正在減少，前些年，人民幣跨境流動的「虛火」正在被撲滅，業務發展更趨於理性和健康。

一方面，境內企業對外直接投資逐漸回歸理性，對外直接投資整體穩定有序進行。11 月、12 月當月我國非金融類對外直接投資同比分別增長 34.9% 和49%，連續兩個月實現正增長，帶動 2017 年全年對外投資降幅進一步收窄。從外匯局統計的用匯資料看，2017 年對外直接投資資本金購匯比 2016 年下降

12%，顯示用匯平穩。

另一方面，對外直接投資結構進一步優化。對外投資主要流向租賃和商務服務業、批發和零售業、製造業以及資訊傳輸、軟體和資訊技術服務業，占比分別為 29.1%、 20.8%、15.9% 和 8.6%。房地產業、體育和娛樂業對外投資沒有新增項目。同時，2017 年我國企業對「一帶一路」沿線的 59 個國家有新增投資，合計 143.6 億美元，占同期總額的 12%，比上年同期增加 3.5 個百分點。

與此同時，我國金融機構境外佈局更趨合理，2017 年對外投資穩步增加。2017 年全年，我國境內金融機構對境外直接投資流出 943.43 億元人民幣，同比下降 24.0%，流入 752.61 億元，同比增加 23.8%，淨流出 190.83 億元。全年淨流出規模較 2016 年同比減少 443.08 億元，同比下降 69.9%。我國境內金融機構對境外直接投資存量為 15 319.35 億元人民幣。圖 2—5 列出了以人民幣結算的對外直接投資占中國對外直接投資的比重。

2. 人民幣外商直接投資

2017 年，我國實際使用外資金額 8 775.6 億元人民幣（折合 1 310.4 億美元），較 2016 年增加 643.4 億元，同比增長 7.9%。過去 5 年，我國圍繞探索實行准入前國民待遇加負面清單管理制度，深入推進外資領域「放管服」改革，管理體制實現重大變革，利用外資規模穩定增長，品質和水準穩步提升。2017 年，全年利用外資規模創歷史新高。以人民幣結算的外商直接投資在 2017 年繼續回落，規模為 1.18 萬億元，創 2015 年以來最低水準（見圖 2—6），同比下降 15.6%，為連續第二年下降，且降幅較上年的 11.9% 有所擴大。

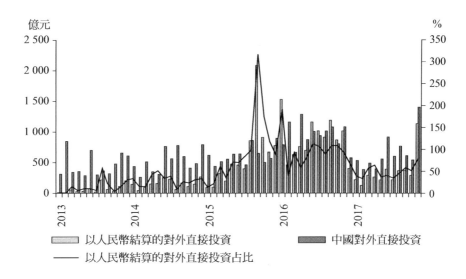

億元   %

圖2—5　以人民幣結算的對外直接投資占中國對外直接投資的比重

資料來源：中國人民銀行、商務部。

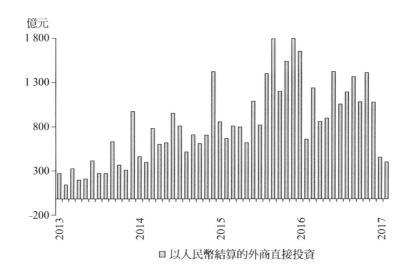

億元

圖2—6　以人民幣結算的外商直接投資

資料來源：中國人民銀行。

跨境人民幣業務回歸理性，呈現四大特徵

自 2009 年我國推出跨境貿易人民幣結算試點以來，跨境人民幣結算已經由開始的貨物貿易拓展到服務貿易、對外直接投資、境外信貸等對外經濟交往的各個方面。在近 10 年的發展過程中，跨境人民幣結算業務呈現出四大特徵。

第一，跨境人民幣結算業務減速運行，平穩發展。伴隨著跨境人民幣結算業務和人民幣離岸市場的快速發展，人民幣跨境結算規模就開始快速發展，在 2015 年達到峰值。2015 年，以人民幣計價的貿易結算額約為 1.7 萬億美元，接近中國全年貿易量的 1/4。但隨後受人民幣匯率波動、跨境資金流動風險防範和中國外貿整體表現低迷等因素影響，2016 年人民幣在跨境結算中的使用規模明顯下滑。2016 年跨境貿易與直接投資人民幣結算規模合計達 7.69 萬億元，相比 2015 年的 9.55 萬億元下降 19.5%，相比 2014 年的 7.60 萬億元略增長 1.2%。其中 2016 年跨境貿易人民幣結算業務發生 5.23 萬億元，同比大幅下降 27.7%，為 2009 年跨境貿易人民幣結算試點開展以來首次出現下降。2016 年跨境直接投資人民幣結算業務發生 2.46 萬億元，同比增長 2.9%，增幅較 2015 年的 121.56% 大幅收窄。2017 年，跨境貿易人民幣結算規模連續第二年下降，但同比降幅收窄；跨境直接投資人民幣結算規模 2010 年以來首次出現年度下降。

第二，跨境人民幣結算業務更加真實，套利活動減少，反映更多真實需求。2017 年隨著我國經濟穩中向好、對外開放新格局進一步推進、人民幣匯率預期更加穩定、重點領域防範風險措施加強，人民幣跨境流通也在擠出「泡沫」，不真實、不理性的人民幣跨境收支正在減少。跨境貿易一直是人民幣國際化進程的主導動力，我國經濟從高速增長轉為

中高速增長，不論經濟規模總量，還是經濟增長速度與品質，尤其是目前中國的貿易量都成為世界第一，這些方面已經能夠支撐跨境貿易人民幣結算。從對外直接投資來看，在對外開放的新格局下以及人民幣資本項目下進一步開放的背景下，跨境直接投資人民幣結算也將為人民幣國際化增添新的動力。

第三，「一帶一路」倡議將為跨境人民幣業務注入新活力。2017年5月，國家主席習近平在「一帶一路」國際合作論壇上宣佈，中國將從2018年起舉辦中國國際進口博覽會。首屆中國國際進口博覽會定於2018年11月5日至10日在上海舉行，釋放了中國建設和維護開放型世界經濟的積極信號，同時也是中國新一輪對外開放的標誌性工程，更是深入推進「一帶一路」建設的重要舉措之一。同時，中資企業亟須擴大人民幣對外直接投資，加強「一帶一路」國際產能合作，發掘沿線國家的市場潛力。

第四，金融科技正在推動跨境人民幣業務的「最後一公里」連通。過去3年中，中國協力廠商支付業務呈現兩位數增長。支付寶和微信支付的廣泛使用正成為世界各地更多使用人民幣的驅動因素。以支付寶、微信支付等為代表的中國協力廠商支付領域領軍者正不斷提升自身的全球影響力和覆蓋面。目前，歐洲、北美洲、東亞和東南亞26個市場逾12萬家實體店接受支付寶，而微信支付已可以在15個國家和地區提供12種貨幣的支付服務。借助協力廠商支付平臺，人民幣支付正日益擴大到中國境外的電子商務領域、教育等其他服務性出口行業。通過協力廠商支付機構，消費者就能直接用人民幣「海淘」，國內企業也能直接用人民幣開展跨境業務。這為便利跨境貿易、擴大人民幣跨境使用又增添了重要機遇。

2.2.2　人民幣證券投資

1. 國際債券和票據市場

2017 年人民幣國際債券和票據存量繼續減少，年末存量為 1 033.47 億美元，較 2016 年減少 73.31 億美元，同比下降 6.6%（見圖 2—7）。2017 年國內面臨金融嚴監管和去槓桿，國際上美聯儲加息步伐加快，面臨國內外的複雜局勢，我國貨幣政策維持中性，債券市場面臨資金緊平衡。受多種因素影響，年初債券發行和交易規模同比下降，推遲或取消發行債券的企業數量和規模創下新高。全年我國境內債券市場收益率上行明顯。債券市場制度不斷完善，「債券通」擴大了債市開放，投資者結構日趨多元，市場創新品種不斷豐富，債券融資主體類型的廣度和深度增加。

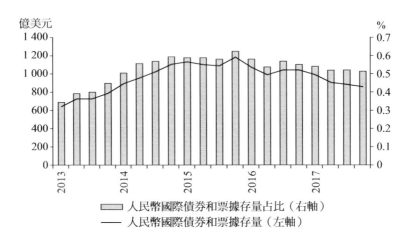

圖 2—7　人民幣國際債券和票據存量及其占比

資料來源：國際清算銀行。

在境內債券融資成本較高的情況下，不少中資企業在 2017 年轉向境外發行非人民幣債券。全年，我國境內發行人在境外發行的非人民幣債券總額超過 2 000 億美元，占歷史發行量的 33%，相較 2016 年增長超過 900 億美元，且分別在 4 月和 11 月達到峰值。

與目前主流國際貨幣相比，人民幣在國際債券市場的份額依然較低，2017年年末降至 0.43%。

　　離岸人民幣債券發行規模繼續大幅縮水。受離岸人民幣融資成本較高等客觀因素影響，2017年，共有107家機構發行144支離岸人民幣債券，較上年減少221支，發行規模總計達477.45億元，同比大幅下降52.2%。其中，2017年前11個月香港離岸人民幣債券（點心債）發行規模達126億元，同比下降66.6%。截至2017年12月末，點心債託管餘額為1 961.36億元，同比下降29.8%。2017年全年，點心債二級市場累計成交規模達2 113.43億元，同比下降38.1%。2017年臺灣離岸人民幣債券（寶島債）發行規模達23.66億元，同比下降70.5%。2017年，財政部在境外共發行140億元人民幣國債，中國銀行發行首支非洲離岸人民幣債券（彩虹債），均獲國際投資者追捧。

　　在經歷了2016年的井噴式增長之後，受融資成本上升、跨境資本流動管理加強、房地產企業發債受限等因素影響，熊貓債券發行規模在2017年出現了明顯下滑。2017年，共有25家主體累計發行35支熊貓債券，發行規模共計719億元，發行數量和發行規模同比分別下降47.0%和45.5%。其中，銀行間債券市場共發行熊貓債券26支，發行規模603億元，占發行總數量和發行總規模的比例均超過70%；交易所債券市場共發行熊貓債券9支，發行規模116億元，發行數量和發行規模均同比大幅下降超過75%。截至2017年年末，境外發行人在中國境內累計發行熊貓債券118支，發行規模達2 229.40億元。

　　2017年，熊貓債券的發行主體類型包括外國政府、境外金融和非金融企業。其中，非金融企業的發行數量和規模占比仍然最高，主要為註冊地在境外的有中資背景的企業。外國發行人占比呈上升趨勢，新增馬來西亞、匈牙利、俄羅斯等國家的發行主體，且多集中於「一帶一路」沿線地區。

國債成為境外投資者青睞的人民幣資產

　　自 2009 年 9 月 28 日中國財政部首次在港發行人民幣國債以來，人民幣本幣國債在港發行已成為一項長期的制度安排。2009—2016 年，中國財政部在香港累計發行人民幣國債共計 1 640 億元。其中，2009 年、2010 年、2011 年分別發行了 60 億元、80 億元和 200 億元人民幣國債，包括 2 年期、3 年期、5 年期、7 年期和 10 年期等主要期限品種；2012 年及 2013 年香港人民幣國債的規模均達到 230 億元人民幣，2014—2016 年每年均增加至 280 億元人民幣，並且增加了 15 年期、20 年期及 30 年期的長期限債券，更好地適應了機構投資者的期限偏好。

　　2017 年人民幣國債發行規模為 140 億元人民幣。2017 年 6 月發行的 3 年期離岸人民幣國債利率為 3.99%；5 年期中標利率為 4.10%，創 2009 年人民幣國債在港首發以來新高；相比之下，中債境內國債的到期收益率，3 年期品種為 3.51%，5 年期品種為 3.73%。2017 年 11 月發行的 2 年期離岸人民幣國債利率為 3.90%；5 年期中標利率為 4.10%；10 年期中標利率為 4.15%。面向有關國外中央銀行和地區貨幣管理當局發行國債 5 億元，包括 2 年期國債 3 億元、5 年期國債 2 億元，發行利率為同期限國債中標利率。

　　2016 年 5 月，中國財政部在倫敦發行 30 億元 3 年期離岸人民幣國債，發行利率為 3.28%，這是中國財政部首次在香港以外的離岸市場發行人民幣計價國債。

　　財政部通過多年持續在離岸市場發行人民幣國債，已經初步形成了比較完整的人民幣國債收益率曲線，為海外人民幣資產定價、風險管理等提供了重要參考。

同時，隨著「債券通」的開通，中國債市的開放程度得到進一步提升。利用這個管道參與人民幣債券投資的海外主體已經越來越多。2017年全年，境外機構共增持人民幣債券 3 477 億元，持有總量首次超過萬億元，年末存量達到 1.15 萬億元，創歷史新高。「債券通」也首次實現了境外投資者直接參與境內的債券發行認購。金融債、非金融企業債務融資工具、人民幣熊貓債券、外國主權政府人民幣債券、資產支持證券等各類債券陸續通過「債券通」機制成功發行。

離岸人民幣資產的基準利率曲線的形成以及中國債券市場的進一步開放將為國際資本流入中國資產、促進人民幣國際化提供重要支援。

2. 股票市場

2017 年，股票市場整體呈穩中有升走勢，上證綜指創 2016 年以來新高。年末股票市價總值（A、B 股）共計 56.75 萬億元，較 2016 年年末增加 5.92 萬億元，增幅為 11.65%。2017 年年末股市流通市值為 44.91 萬億元，較 2016 年年末增加 5.58 萬億元，增幅為 14.20%。股票交易活躍度進一步萎縮，成交量走低。2017 年滬、深兩市累計成交 112.5 萬億元，較 2016 年減少 14.9 萬億元，降幅達 11.71%（見圖 2—8）。日均成交 4 641 億元，較 2016 年減少 562.9 億元，降幅達 10.82%。2017 年，上證綜合指數一度突破 3 400 點，創 2016 年以來新高，最後收於 3 307.17 點，較上年年末上漲 6.56%；深圳成分指數收於 11 040.45 點，較上年年末上漲 8.48%。

2017 年中國股票市場的融資功能明顯增強。共有 436 家新公司上市（其中包括深交所上市 222 家，上交所上市 214 家），創下歷史新高，其中主機板上市公司有 214 家，中小板上市公司有 81 家，在創業板上市的公司有 141 家。新上市公司共通過 A 股融資 2 186.10 億元。已上市公司定向增發的金額有所減少，全年增發金額為 12 871.15 億元，較 2016 年減少 4 107.1 億元，降幅為 24.19%（見表 2—1）。這是繼 2015 年之後定增規模連續達萬億元以上後的首次下滑。

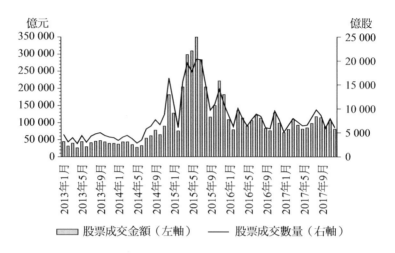

圖 2—8　中國股票市場交易情況

資料來源：中國證券監督管理委員會。

表 2—1　中國股票市場籌資金額　　　　　　　　　　　　　　　　　（單位：億元）

時間	首次發行金額			再籌資金額						
	A 股	B 股	H 股	A 股				B 股	H 股	
				公開增發	定向增發（現金）	配股	權證行權			
2013	0.00	0	694.89	80.42	2 246.59	475.75	0	0	370.99	
2014	668.89	0	789.19	18.26	4 031.30	137.98	0	0	1 305.37	
2015	1 578.08	0	1 467.05	0	6 709.48	42.33	0	0	1 422.53	
2016	1 633.56	0	1 078.8	0	16 978.28	298.51	0	0	953.32	
2017	2 186.10	0	488.14	0	12 871.15	156.56	0	0	1 341.93	

資料來源：中國證券監督管理委員會。

3. 衍生品市場

中國的衍生品金融市場發展滯後，規模偏小，與發達國家相比仍然存在較大的差距，人民幣衍生產品尚未被國際清算銀行單獨統計。

利率互換交易增長較快。2017 年，人民幣利率互換市場達成交易 13.84 萬筆，同比增長 57.6%；名義本金總額約為 14.4 萬億元，同比增長 45.3% 左右。從期限結構來看，1 年及 1 年期以下交易最為活躍，名義本金總額達 11.1 萬億元，占總量的 77% 左右。從參考利率來看，人民幣利率互換交易的浮動端參考利率主要包括 7 天回購定盤利率和 Shibor，與之掛鉤的利率互換交易名義本金占比分別為 79.0% 和 20.6%。銀行間市場利率互換交易額如表 2—2 所示。

表 2—2　銀行間市場利率互換交易額　　　　　　　　　　　（單位：億元）

年份	一季度	二季度	三季度	四季度
2013	7 375.83	7 960	5 697.8	6 011.25
2014	8 044.5	8 908.53	9 569.63	13 778.11
2015	16 596.91	19 319.37	22 519.47	23 635.7
2016	20 066.68	23 617.65	25 778.24	29 714.44
2017	26 830.53	28 493.92	36 541.63	51 596.19

資料來源：CEIC 中國經濟資料庫、中國證券監督管理委員會。

2017 年，海外人民幣金融產品的豐富程度提升，迎合了人民幣國際化穩步推進之下日益增長的投資者需求。其中港交所離岸人民幣匯率衍生品交易主平臺延續了 2015 年以來的高速增長態勢。2017 年全年，港交所美元兌人民幣（香港）期貨合約累計成交 732 569 張，較上年增長 36%，年末未平倉合約 45 635 張，較上年減少 46.35%。此外，港交所還分別於 2017 年 3 月 20 日和 7 月 10 日推出人民幣期權——美元兌離岸人民幣貨幣期權和人民幣（香港）黃金期貨及美元黃金期貨。自推出以來，人民幣期權交易量穩步增長，合約累計成交 10 473 張，2017 年年末未平倉合約為 3 113 張。而截至 2017 年年末，人民幣（香港）黃金期貨累計成交 110 763 張，年末未平倉合約為 186 張。

2017 年 4 月 10 日，港交所還推出了中國財政部 5 年期國債期貨合約試點，為離岸市場首個以中國政府債券為標的的期貨產品。但由於市場交易活躍度不

夠等原因，港交所隨後於 8 月 9 日宣佈暫停國債期貨試點計畫，並表示將於 2018 年根據監管框架，適時推出新的人民幣利率產品。

2017 年是期貨市場的「監管年」，十九大、全國金融工作會議、國務院金融穩定發展委員會第一次會議以及中央經濟工作會議的召開，奠定了期貨業全面從嚴監管、服務實體經濟、防範重大金融風險的總基調。

2017 年 2 月 16 日和 9 月 15 日股指期貨迎來了「二度鬆綁」，投資者的交易從 10 手擴大到 20 手，股指期貨各合約保證金由目前合約價值的 20% 調整為 15%，各合約平今倉交易手續費標準由成交額的 0.92‰ 調整為 0.69‰。雖然在開倉數量、交易保證金占比及平倉交易手續費上有了明顯放寬，但市場流動性仍有待提升。2017 年股指期貨累計成交總量僅占全國份額的 0.32%，成交額占全國份額的 5.59%，與昔日股指期貨的盛況不可同日而語。

國債期貨方面，自 2017 年 11 月中旬以來，5 年期、10 年期國債收益率均出現了不同程度的回落，顯示出金融去槓桿對金融市場的衝擊正在逐步消化。受全球經濟持續復甦、美聯儲多次加息、國內經濟基本面超預期、央行三次上調政策利率以及中央推動經濟去槓桿、加強金融監管、防範化解重大風險等多重利空因素影響，2017 年國債期貨價格整體呈現振盪下跌走勢。

2017 年滬深 300 股指期貨共成交 4.51 萬億元，比 2016 年增加了約 0.5 萬億元，增幅達 12.33%。2017 年 5 年期國債期貨成交額為 2.75 萬億元，比 2016 年下降了 0.8%，降幅大大縮小。

4. 非居民投資人民幣金融資產

截至 2017 年年末，合格境外機構投資者（QFII）累計獲批 288 家，較 2016 年增加 10 家，累計可投資額度 971.59 億美元，較 2016 年的 873.09 億美元增加 98.5 億美元。截至 2017 年 12 月末，國家外匯管理局共批准 196 家境外機構累計獲得人民幣合格境外投資者（RQFII）投資總額度 6 050.62 億元。其中，2017 年境外機構 RQFII 投資總額度增加 765.87 億元，共有 19 家境外機構首次獲批投資額度。

截至 2017 年 12 月末，共有 617 家境外機構獲准進入中國銀行間債券市場，較上年年末增加 210 家。2017 年全年，境外機構通過合格境外機構投資者、人民幣合格境外投資者、境外機構直接進入銀行間債券市場（CIBM）和「債券通」等管道共增持人民幣債券 3 477 億元，持有總量首次超過萬億元，年末存量達到 1.147 4 萬億元，創歷史新高。境外機構在中國境內債券市場整體中的占比也由 2016 年年末的 1.26% 提高至 1.99%。在境內銀行間債券市場，2017 年全年境外機構成交量共計 14.38 萬億元，同比下降 11.4%（見圖 2—9）。

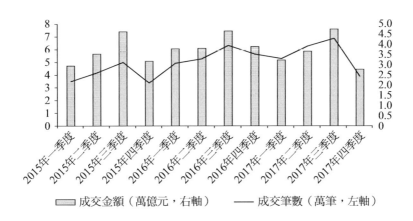

圖 2—9　境外機構參與銀行間債券市場現券交易

資料來源：中國外匯交易中心。

2017 年 7 月 3 日，「債券通」的「北向通」正式開通，境外投資者可以通過「債券通」直接投資內地銀行間債券市場。截至 2017 年年末，247 家境外機構投資者通過「債券通」進入銀行間債券市場，分別來自 19 個國家和地區，類型涵蓋商業銀行、基金公司、資產管理公司、證券公司、保險公司及基金和資管產品等，交易券種以國債、政策性金融債、同業存單為主，交易活躍度不斷提升。內地一級市場共發行了 178 支「債券通」題材的債券，「債券通」超過 50% 的投資者來自國際資本市場。「債券通」日均交易額已由初期的數億元人民幣增加至 20 ～ 30 億元人民幣。

2017 年，滬股通和深股通買入成交總金額 12 325.30 億元，賣出成交總金額 10 327.93 億元，淨買入 1 997.37 億元；港股通買入成交總金額 11 238.04 億元，賣出成交總金額 8 288.75 億元，淨買入 2 949.29 億元。

截至 2017 年年末，境外機構和個人持有境內人民幣金融資產餘額增至 4.28 萬億元，較 2016 年年末增加 12 522.57 億元，同比增幅達 41.3%。這是 3 年來境外機構和個人首次增持境內人民幣金融資產。

其中，境外機構和個人持有的股票市值為 11 746.70 億元，同比增長 80.9%；境外機構和個人持有的債券託管餘額為 11 988.32 億元，同比增長 40.6%；境外機構和個人對境內機構的貸款餘額為 7 390.00 億元，同比增長 19.9%，2016 年為同比下降 27.6%；境外機構和個人在境內銀行的人民幣存款餘額為 11 734.72 億元，同比增長 28.2%，2016 年為同比下降 40.5%。

表 2—3 列出了 2014—2017 年各季度境外機構和個人持有境內人民幣金融資產的情況。

表 2—3　境外機構和個人持有境內人民幣金融資產　　　　　　　　（單位：億元）

時間	股票	債券	貸款	存款
2014 年一季度	3 192.87	5 123.49	7 468.43	19 839.82
2014 年二季度	3 641.98	5 593.11	8 938.23	20 451.30
2014 年三季度	4 624.84	6 341.42	8 604.74	22 371.53
2014 年四季度	5 555.41	6 715.80	8 190.46	23 721.80
2015 年一季度	7 384.13	7 127.95	8 769.16	20 248.02
2015 年二季度	7 844.00	7 640.82	9 242.10	21 203.45
2015 年三季度	5 285.15	7 645.78	9 357.07	16 641.77
2015 年四季度	5 986.72	7 517.06	8 515.55	15 380.65
2016 年一季度	5 709.51	6 799.50	7 782.72	12 744.50
2016 年二季度	6 012.05	7 639.82	7 474.17	12 529.38
2016 年三季度	6 562.34	8 059.58	7 081.93	11 307.15
2016 年四季度	6 491.85	8 526.24	6 164.35	9 154.73
2017 年一季度	7 768.23	8 301.621	6 995.5	9 242.47
2017 年二季度	8 680.4	8 920.99	8 176.64	11 809.68

續前表

時間	股票	債券	貸款	存款
2017 年三季度	10 210.27	11 041.92	7 806.87	11 338.44
2017 年四季度	11 746.7	11 988.32	7 390	11 734.72

專欄2—3

綠色金融與人民幣國際化相互促進

2016 年以來，中國通過在不同層面、多平臺上開展國際多邊和雙邊合作，在全球綠色金融領域的影響力日益提升。在 2016 年二十國集團峰會上，中國作為輪值主席國，歷史性地將綠色金融列為二十國集團議題，並提議設立了中英擔任共同主席的二十國集團綠色金融研究小組。該小組提出的推動全球發展綠色金融的多項倡議寫入了 2016 年二十國集團杭州峰會公報和 2017 年漢堡二十國集團行動計畫，為綠色金融的主流化提供了重要動力。中國還深度參與了可持續發展目標（SDG）、《巴黎協定》等重大國際議題，與國際多邊組織和雙邊組織展開了綠色金融領域合作。中國積極推動中歐綠色債券標準一致化的研究，旨在推動跨境綠色資本流動，加強中國和歐洲在綠色債券、綠色金融領域的合作。中國正在努力為國際綠色金融發展搭建一個更具有廣泛性和普適性的基礎設施框架。中資發行人在國際綠色債券市場上的影響力也在進一步提高。自 2015 年以來，中國農業銀行、中國銀行、中國工商銀行、國家開發銀行、金風科技、吉利控股、中廣核集團分別在倫敦、盧森堡、巴黎、香港、新加坡等地區發行符合國際標準的綠色債券，受到國際投資者的踴躍認購，有效推動和引領了全球綠色債券的發展。與此同時，中國國內的綠色金融市場也取得了快速進展，在激勵措施、地方試點、綠色債券、綠色產業基金、環境壓力測試、綠色評估與認證等領域走在

了世界前列。自 2016 年中國綠色債券市場啟動以來，截至 2017 年年末，中國境內和境外累計發行綠色債券 184 支，發行總量達到 4 799 億元，約占同期全球綠色債券發行規模的 27%。其中，境內發行 167 支，發行總量超過 4 000 億元，達到 4 097 億元。綠色金融和人民幣國際化都是重要的國家戰略，這兩個國家戰略體現的都是改革創新和對外開放的結合。兩個戰略的實施，也一定要通過持續的改革創新和對外開放落地。人民幣國際化過程中很重要的部分是資本市場的進一步開放，比如 A 股納入 MSCI、「債券通」等，又能夠為中國綠色金融的發展帶來新的活力。隨著對外開放的不斷發展，人民幣綠色資產為全球提供更有價值的投資標的。綠色金融正在全球範圍內迅速發展，中國通過在國際綠色金融領域展現出來的影響力，促進了綠色金融的全球治理。以綠色金融為切入點，中國從規則的被動接受者轉為規則的制定者，從政府層面積極推動國際經濟和金融合作，進而逐步提升在全球經濟金融治理中的話語權，這對於推動人民幣國際化同樣具有重要意義。中國大力發展的綠色金融符合大趨勢，有利於提高人民幣在國際市場的接受程度。

綠色發展與綠色金融也被明確列為「一帶一路」倡議的主要發展方向。通過「一帶一路」倡議增加貿易和投資，將加快人民幣用作全球貿易、融資和投資貨幣的步伐。以「一帶一路」沿線國家長遠可持續發展為根本，通過大力宣導綠色信貸、綠色股票、綠色債券、綠色基金等，不斷提升合作專案的綠色化水準，打造綠色金融合作的樣板工程，為長期穩定的金融貨幣合作奠定了良好的基礎。可見，人民幣國際化、「一帶一路」和綠色金融將攜手共進。

2.2.3　人民幣境外信貸

截至 2017 年年末，境內金融機構人民幣境外貸款餘額達 4 421 億元，較 2016 年增長 1.1%。新增人民幣境外貸款 48 億元，比 2016 年少增加 1 172.3 億元。人民幣境外貸款占金融機構貸款總額的比重為 0.37%，較 2016 年略有下降（見圖 2—10）。

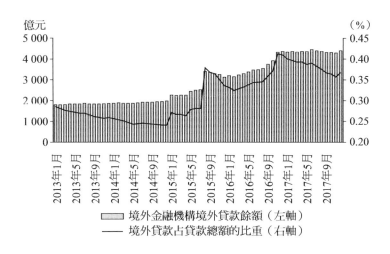

圖 2—10　中國金融機構人民幣境外貸款餘額及占比

資料來源：中國人民銀行。

2.2.4　人民幣外匯交易

2017 年，世界經濟溫和復甦，國內經濟穩中向好，推動我國全年外貿進出口持續增長，銀行結售匯總額同比增加，境外機構持有境內人民幣資產同比上升。2017 年，銀行間外匯市場成交量保持穩步增長，全年成交 182 萬億元人民幣，同比增長 46.5%。其中，人民幣外匯市場、外幣對市場、外幣拆借市場成交額分別為 137.1 萬億元、0.8 萬億元、44 萬億元。

2017 年，人民幣外匯即期成交 6.4 萬億美元，同比增長 8.0%，增速比上年低 13.9 個百分點；人民幣外匯掉期交易累計成交金額折合 13.4 萬億美元，

同比增長 34.1%，其中隔夜美元掉期成交 7.8 萬億美元，占掉期總成交額的 58.2%；人民幣外匯遠期市場累計成交 1 034 億美元，同比減少 32.4%。2017 年，「外幣對」累計成交金額折合 1 188 億美元，同比增長 2.5%，其中成交最多的產品為美元對歐元，占市場份額的比重為 34.4%。表 2—4 列出了 2017 年銀行間外匯即期市場人民幣對各幣種交易情況。

表 2—4　　2017 年銀行間外匯即期市場人民幣對各幣種交易量　　　　　（單位：億元）

幣種	交易量	幣種	交易量
美元	417 442.21	歐元	5 804.69
日圓	3 009.48	港元	2 304.04
英鎊	523.39	澳元	1 019.08
紐西蘭元	217.8	新加坡元	128.91
瑞士法郎	160.09	加拿大元	542.73
林吉特	37.96	盧布	98.46
蘭特	9.79	韓元	394.16
迪拉姆	1.01	里亞爾	7.7
丹麥克朗	27.54	瑞典克朗	46.98
挪威克朗	12.42	里拉	0.31

資料來源：中國外匯交易中心。

匯率衍生品市場重要性持續提升。2017 年，匯率衍生品成交 13.9 萬億美元，同比增長 33.3%；外匯即期成交 6.4 萬億美元，同比增長 8.5%（見圖 2—11）。匯率衍生品在銀行間外匯市場占比（不含外幣拆借）從上年的 63.2% 進一步提升至 68%，與國際外匯市場即期與衍生品市場交易量之比約為 1：2 的格局已基本一致。外匯市場交易主體進一步擴展。截至 2017 年年末，共有即期市場會員 645 家，較上年年末增加 48 家。遠期、外匯掉期、貨幣掉期和期權市場會員各 194 家、192 家、163 家和 116 家，即期市場做市商 32 家，遠掉期市場做市商 27 家。

截至 2017 年年末，參與中國境內銀行間外匯市場的境外機構總數達 81 家，同比增長 37.3%。其中境外清算行 20 家、境外參加行 28 家、境外央行類機構

33 家，較上年同期分別增加 2 家、14 家和 6 家。參與境內銀行間本幣市場的境外機構及其產品總數達 865 家（支），同比增長 113.6%。其中央行類機構 65 家、商業銀行 194 家、非銀行類金融機構 93 家、中長期機構投資者 21 家、金融機構發行投資產品 492 支，較上年同期分別增加 9 家、82 家、65 家、16 家和 288 支。

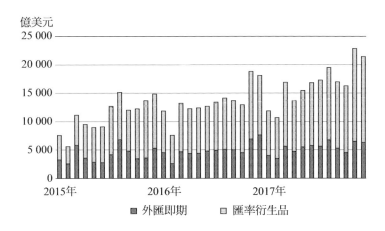

圖 2—11　外匯即期與匯率衍生品成交額的比較

資料來源：中國外匯交易中心。

　　2017 年，在境內銀行間外匯市場，境外機構成交量共計 5 262.4 億元人民幣，同比增長 21.2%。其中，外匯即期成交量為 2 307.6 億元，同比下降 16%；外匯衍生品成交量為 2 954.8 億元，同比增長 85.3%。

　　2017 年 12 月，中國外匯交易中心推出美元對人民幣即期撮合交易。撮合交易是以雙邊授信為基礎，按照「價格優先、時間優先」原則，以訂單匹配或點擊成交方式達成的交易，支援限價、市價、冰山等多種訂單類型。撮合交易是銀行間外匯市場交易模式的進一步豐富，及外匯市場基礎設施的進一步完善，有利於提高外匯交易效率和公平性，提升境內人民幣匯率定價權，深化外匯市場對外開放。

2.3 全球外匯儲備中的人民幣

2.3.1 官方儲備中人民幣份額的發展變化

2017 年 3 月，國際貨幣基金組織（IMF）發佈擴展了貨幣範圍的「官方外匯儲備貨幣構成」（COFER）報告，首次單獨列出人民幣外匯儲備。截至 2017 年年末，人民幣全球外匯儲備規模增至 1 228.0 億美元，較 2016 年年末增加 320.2 億美元，在整體已分配外匯儲備中占比 1.23%，2016 年四季度末為 1.08%。2017 年以來，繼歐洲央行宣佈增加等值 5 億歐元的人民幣外匯儲備後，德國央行和法國央行也決定將人民幣資產納入外匯儲備；瑞士央行和英國央行已經持有人民幣資產；比利時央行和斯洛伐克央行均表示已經購買了人民幣資產。目前，全球 60 多個國家和地區將人民幣納入外匯儲備。

2.3.2 央行之間的人民幣貨幣互換

2017 年，中國人民銀行先後與香港金融管理局、瑞士央行、阿根廷央行、蒙古銀行、紐西蘭儲備銀行續簽了雙邊本幣互換協定，協定總金額達 6 600 億元人民幣。

2018 年 1 月，中國人民銀行與泰國中央銀行續簽了雙邊本幣互換協定，規模保持為 700 億元人民幣。3 月，中國人民銀行與澳洲儲備銀行續簽了中澳（大利亞）雙邊本幣互換協定，協定規模仍為 2 000 億元人民幣 /400 億澳元。

截至 2018 年 3 月末，中國人民銀行已與 36 個國家和地區的中央銀行或貨幣當局簽署了雙邊本幣互換協定，協定總金額超過 3.3 萬億元人民幣。其中，中國人民銀行與 13 個境外貨幣當局的雙邊本幣互換協議已經到期，尚未續簽，包括烏茲別克斯坦共和國中央銀行、巴西中央銀行、阿爾巴尼亞銀行、印尼銀行、斯里蘭卡中央銀行、韓國銀行、俄羅斯聯邦中央銀行、卡達中央銀行、加拿大中央銀行、哈薩克共和國國家銀行、巴基斯坦國家銀行、蘇利南中央銀行及亞美尼亞中央銀行。若剔除上述未續簽金額，則中國人民銀行與境外貨幣

當局簽署的雙邊本幣互換協議總金額為 22 770 億元人民幣。圖 2—12 列出了 2009—2017 年中國人民銀行與其他貨幣當局的貨幣互換餘額。

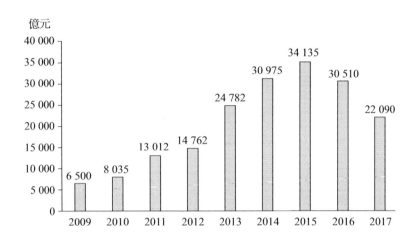

圖 2—12　中國人民銀行與其他貨幣當局的貨幣互換餘額

資料來源：中國人民銀行。

　　2017 年年末，在中國人民銀行與境外貨幣當局簽署的雙邊本幣互換協議下，境外貨幣當局動用人民幣餘額為 221.50 億元，中國人民銀行動用外幣餘額折合 16.14 億美元，對促進雙邊貿易投資發揮了積極作用。

　　2017 年，中國人民銀行未指定新的境外人民幣業務清算行。2017 年，中行紐約分行處理人民幣清算業務量接近 1.6 萬億元人民幣。2018 年年初，中國人民銀行宣佈授權摩根大通銀行擔任美國人民幣業務清算行。指定首家非中資人民幣清算行是人民幣國際化邁出的重要一步，有助於在美國引入更多人民幣產品和服務，通過降低交易成本和進一步參與中國資本市場，進一步彰顯了中國開放市場的決心，向投資者和機構提供了前所未有的人民幣交易、清算和結算便利。在美國如此廣闊的市場指定兩家人民幣清算行將進一步推動人民幣國際化在全球的進程。

　　截至目前，人民幣清算安排已在 23 個國家和地區建立，覆蓋東南亞、西歐、中歐、中東、北美、南美、大洋洲和非洲等地。

近年來，加入「人民幣結算俱樂部」的央行成員繼續增加。伊朗央行於 2015 年宣佈在與外國進行交易時停止使用美元結算，使用人民幣、歐元、盧布等貨幣簽訂外貿合同。從 2016 年開始，阿爾及利亞逐步使用人民幣與中國進行雙邊貿易結算。2017 年 9 月，委內瑞拉石油部網站首次以人民幣計價的方式公佈委內瑞拉原油價格。據非官方機構不完全統計，目前已有 28 個國家和地區可使用人民幣作為結算貨幣。

2.4 人民幣匯率及中國資本帳戶開放

2.4.1 人民幣匯率制度改革

2017 年，人民幣匯率形成機制改革再進一步，「收盤匯率＋一籃子貨幣匯率變化＋逆週期因子」的匯率形成機制有序運行。2017 年 2 月，中間價對一籃子貨幣參考時段由報價前 24 小時調整為前一日收盤後到報價前的 15 小時，避免美元匯率日間變化在次日中間價中重複反映。5 月 26 日，考慮到外匯市場主體易受非理性預期影響，忽視基本面向好對匯率的支持作用，增大市場匯率超調的風險，外匯市場自律機制「匯率工作組」決定在中間價中加入「逆週期因子」，將報價模型調整為「收盤價＋一籃子貨幣匯率變化＋逆週期因子」。從運行情況看，新機制有效抑制了外匯市場上的羊群效應，增強了宏觀經濟等基本面因素在人民幣匯率形成中的作用。年初至新機制公佈前，美元指數貶值 5.06%，但人民幣對美元升值幅度僅 1.19%。新機制公佈後至年末，美元指數貶值 5.08%，人民幣對美元升值幅度為 5.46%。

2017 年下半年以來，人民幣匯率預期趨於分化，企業結匯意願增強，跨境資本流動和外匯市場供求趨於平衡，人民幣對美元匯率雙向波動，彈性明顯增強，對一籃子貨幣匯率保持基本穩定，此前外匯市場上存在的順週期貶值預期已大幅收斂。央行入市干預明顯減少，外匯市場的單邊預期逐步轉變為高買低賣。

增加逆週期因子後人民幣匯率更加穩健

　　2017 年，人民幣匯率形成機制改革再進一步，「收盤匯率＋一籃子貨幣匯率變化＋逆週期因子」的匯率形成機制有序運行。在中國經濟企穩、美元走弱、中美利差擴大以及中間價機制引入「逆週期因子」等因素的助力之下，人民幣兌美元匯率創下 9 年來最大年度漲幅，結束過去 3 年連跌走勢。此外，2017 年人民幣兌一籃子貨幣匯率保持了基本穩定，CFETS 人民幣匯率指數較 2016 年年末大體持平，略漲 0.02%，全年總體在 92 ～ 95 的區間內窄幅波動，體現出了較強的穩定性。

　　同時，人民幣匯率市場化水準得到進一步提升。2017 年 5 月外匯市場自律機制匯率工作組決定在中間價報價模型的框架中引入「逆週期因子」，主要目的是適度對沖市場情緒的順週期波動，緩解外匯市場可能存在的「羊群效應」，使中間價報價更加充分地反映經濟運行等基本面因素，更真實地體現外匯供求和一籃子貨幣匯率變化。這一調整取得了較好的效果。尤其是下半年以來，人民幣匯率預期趨於分化，企業結匯意願增強，跨境資本流動和外匯市場供求趨於平衡，人民幣兌美元匯率雙向波動，彈性明顯增強，對一籃子貨幣匯率保持基本穩定，此前外匯市場上存在的順週期貶值預期已大幅收斂。此外，央行入市干預明顯減少，外匯市場的單邊預期逐步轉變為高買低賣。

　　值得注意的是，2018 年年初，人民幣中間價各報價行基於自身對經濟基本面和市場情況的判斷，陸續主動對「逆週期係數」進行了調整，使「逆週期因子」回歸中性。正如外匯市場自律機制祕書處所言，「收盤價＋一籃子貨幣匯率變化＋逆週期因子」的中間價報價模型並未改變。未來若外匯市場情緒再出現明顯的順週期波動，人民幣匯率脫離經

濟基本面，各報價行仍可能會根據形勢變化對「逆週期係數」進行動態調整，這也是在中間價報價模型中引入「逆週期因子」的應有之義。

2.4.2 人民幣匯率水準

1. 人民幣匯率中間價

2017 年以來，人民幣對美元顯著升值，特別是在 5 月，央行將「逆週期因子」加入人民幣兌美元中間價定價公式後，人民幣對美元升值速度有所加快。2017 年年末人民幣兌美元匯率中間價為 6.534 2 元，同比升值 6.16%。當年人民幣兌美元匯率中間價最高為 6.499 7（9 月 11 日），最低為 6.952 6（1 月 4 日），244 個交易日中 123 個交易日升值，121 個交易日貶值，雙向波動進一步加劇。從月度走勢來看，人民幣兌美元匯率中間價有 7 個月實現月度升值，最大單月升值幅度為 1.30%，其中 4—8 月更是連續 5 個月升值。2005 年人民幣匯率形成機制改革以來至 2017 年年末，人民幣對美元匯率累計升值 26.66%。美元整體走弱，構成 2017 年人民幣對美元走勢逆轉的基本背景，同時我國經濟企穩向好、市場利率大幅走高也為人民幣匯率轉強提供了支撐。由於港元實行聯繫匯率制度，跟隨美元，所以 2017 年人民幣對港元也升值了 7.01%。

2017 年人民幣兌歐元、日圓等其他國際主要貨幣匯率有升有貶。2017 年年末人民幣兌歐元匯率中間價為 1 歐元兌 7.802 3 元人民幣，較 2016 年年末貶值 6.35%。歐元區的經濟復甦強勁，失業率持續下降是支撐歐元的重要因素。人民幣兌日圓匯率中間價為 100 日圓兌 5.788 3 元人民幣，較上年年末升值 2.95%。具體來看，人民幣兌日圓中間價出現了先貶值後升值的走勢：1—3 月中旬略有貶值，之後則出現波動性升值趨勢。2005 年人民幣匯率形成機制改革以來至 2017 年年末，人民幣兌歐元匯率累計升值 28.35%，兌日圓匯率累計升值 26.22%。2017 年人民幣兌英鎊匯率略有貶值，幅度為 3.07%。總體看，人民幣兌英鎊中間價並沒有出現趨勢性的升值或貶值，而是呈現出雙向波動走勢，且波動幅度較大。英國經濟發展強勁，英國央行貨幣政策轉向，脫歐取得一定進展等因素對英鎊形成一定支撐。人民幣兌澳大利元、加拿大元和新加坡元匯

率則在震盪中略微貶值，年末貶值幅度分別為 1.51%、1.16% 和 1.71%。此外，人民幣兌一些發達國家貨幣匯率震盪中升值，例如，人民幣兌紐西蘭元、瑞士法郎匯率分別上漲了 4.28% 和 1.81%（見圖 2—13）。

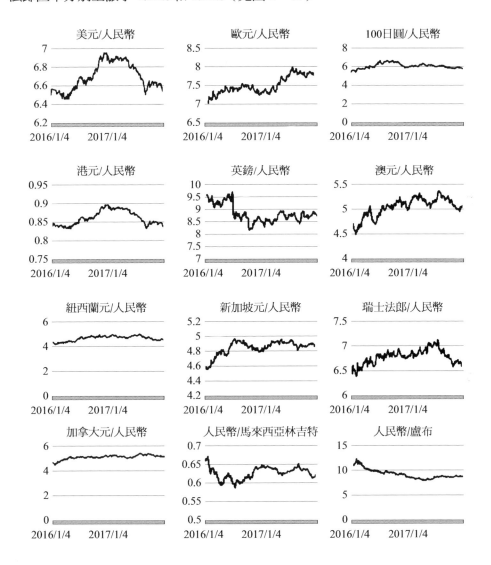

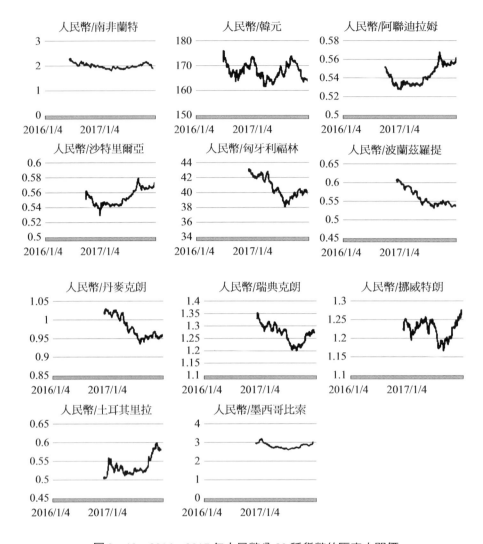

圖 2—13　2016—2017 年人民幣兌 23 種貨幣的匯率中間價

資料來源：國家外匯管理局。

　　2017 年，銀行間外匯市場人民幣直接交易活躍，流動性明顯提升，降低了微觀經濟主體的匯兌成本，促進了雙邊貿易和投資。為提高金融服務「一帶一路」建設能力，幫助市場主體規避匯率風險，促進人民幣在雙邊貿易和投資中的使用，2017 年 8 月和 9 月，中國交易中心先後推出人民幣對蒙古圖格里克

和柬埔寨瑞爾的銀行間外匯市場區域交易，區域交易貨幣對擴大至4個。此外，2017年8月1日起，暫免人民幣對新加坡元、盧布、林吉特等10個直接交易貨幣對的交易手續費，暫免期為3年，積極配合國家「一帶一路」倡議。自2018年2月5日起，銀行間外匯市場完善人民幣對泰銖交易方式，從人民幣對泰銖區域交易發展為人民幣對泰銖直接交易。

專欄2—5

人民幣與區域貨幣的直接兌換繼續擴大

　　為提高金融服務「一帶一路」建設能力，幫助市場主體規避匯率風險，促進人民幣在雙邊貿易和投資中的使用，2017年8月和9月，中國外匯交易中心先後推出人民幣對蒙古圖格里克和柬埔寨瑞爾的銀行間外匯市場區域交易，區域交易貨幣對擴大至4對。區域貨幣對交易有助於人民幣輸出，進一步推進人民幣國際化，並提升人民幣在東盟國家的「話語權」。「銀行間市場區域交易」與「直兌交易」不同。根據《銀行間外匯市場區域交易准入指引》，區域交易的貨幣對不在全國範圍內銀行間外匯市場開通，而是在指定區域內符合規定的銀行之間展開。此前，人民幣對泰銖和哈薩克堅戈銀行間區域交易已分別於2011年12月和2016年12月推出。人民幣對銀行間外匯市場區域貨幣交易可以實現人民幣對相應貨幣的直接兌換，有利於形成透明的人民幣對相應貨幣的直接匯率，代表了中國外匯市場新機制。選擇部分具有區域性交易特徵，但在全球外匯市場影響力相對較小的貨幣，開展區域貨幣對交易可以豐富人民幣外匯市場的交易主體和品種，為人民幣匯率市場化做鋪墊。未來還將引入符合條件的境外銀行參與。從地理位置看，目前區域

貨幣對交易分別在雲南、新疆、內蒙古、廣西落地，代表「一帶一路」機制的完善，能夠打破外幣兌換的中間環節，有助於節約匯兌成本，對推進中國與相應國家貿易投資本幣結算便利化，提升金融服務實體經濟水準具有重要作用和意義，也為邊境金融業服務東盟、支援區域經濟發展開闢了一條創新道路。

未來銀行間外匯市場區域交易可能發展為外匯市場准入新機制，預計「一帶一路」沿線經濟體或將以此形式陸續進入銀行間市場，便利貿易和投融資服務。與中國接壤的經濟體或「一帶一路」沿線與中國關係緊密的經濟體，雙邊貿易總額占比較大的經濟體，以及中國對外投資規模較大的經濟體，率先開通區域貨幣對交易的可能性較大。

2. 名義有效匯率和實際有效匯率

根據國際清算銀行的計算，2017 年 12 月人民幣實際有效匯率指數報 121.62，與上年同期相比下跌 0.99%。人民幣名義有效匯率指數報 117.81，與上年同期相比下跌 0.64%，兩者均連續兩年出現下跌，但跌幅較 2016 年明顯收窄（見圖 2—14）。2005 年人民幣匯率形成機制改革以來至 2017 年年底，人民幣實際有效匯率升值 45.67%，名義有效匯率升值 36.50%。

日圓、英鎊和美元的對外價值不同程度下跌。截至 2017 年年底，日圓、英鎊、美元的名義有效匯率分別為 82.69、97.78、117.84，與 2016 年同期相比，這三種貨幣的名義有效匯率分別下降了 2.62%、0.51% 和 6.11%。相反，歐元幣值走高，2017 年年底歐元的名義有效匯率為 103.53，同比上漲了 6.32%（見圖 2—15）。

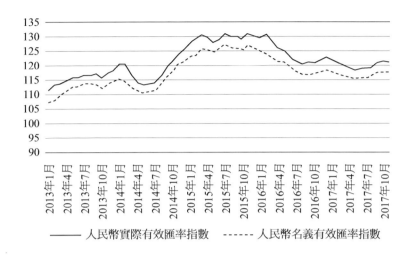

圖 2—14　人民幣有效匯率走勢

資料來源：國際清算銀行。

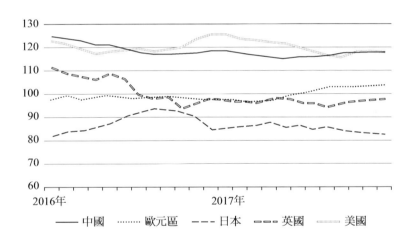

圖 2—15　5 大經濟體貨幣的名義有效匯率走勢

資料來源：國際清算銀行。

3. 人民幣匯率指數

2017 年，美元整體走弱，主要貨幣對美元多數升值，人民幣兌美元匯率也有所走升，對一籃子貨幣匯率保持基本穩定。2017 年年末，中國外匯交易中心發佈的 CFETS 人民幣匯率指數為 94.85，全年上漲 0.02%。參考國際清算銀行（BIS）貨幣籃子和 SDR 貨幣籃子的人民幣匯率指數分別為 95.93 和 95.99，全年分別下跌 0.32% 和上漲 0.51%（見圖 2—16）。

圖 2—16　人民幣匯率指數

資料來源：中國外匯交易中心。

2017 年，人民幣兌美元雙邊匯率有所升值，但與此同時，歐元、日圓、英鎊等其他 SDR 籃子貨幣和俄羅斯盧布、馬來西亞林吉特等新興市場貨幣對美元同樣升值較多，比較而言人民幣對美元升值幅度並不算大，CFETS 人民幣匯率指數全年總體在 92～95 的區間內窄幅波動。

2017 年，CFETS 人民幣匯率指數的年化波動率為 2.61%，較 2016 年的 2.80% 有所收窄，且小於人民幣兌美元匯率收盤價 3.42% 的年化波動率，人民幣兌一籃子貨幣匯率保持了基本穩定。

4. 離岸人民幣 CNH

從 2017 年全年來看，境內外人民幣兌美元即期匯率 CNY 和 CNH 走勢基本一致，呈雙向波動態勢。9 月 8 日，CNY 和 CNH 分別達全年高點 6.435 0 和 6.438 7，12 月 29 日分別報收 6.512 0 和 6.510 0，全年累計上浮 6.72% 和 7.04%。

2017 年一季度，離岸人民幣匯率持續上浮，CNH 即期匯率累計升值 1.5%。境內外人民幣即期匯率平均價差為 274 個基點，高於上年同期的 209 個基點。

2017 年二季度的三個月中，CNH 處於波動，分別貶值 0.40%、升值 2.19% 和貶值 0.26%。2017 年上半年，境內、離岸人民幣兌美元匯率保持同步震盪，窄幅波動，匯差逐漸縮小。CNH 和 CNY 上半年分別累計上浮 2.79% 和 2.38%。上半年境內外人民幣即期匯率 CNY 和 CNH 平均匯差為 189 個基點，高於去年同期的 161 個基點。

7—8 月份，境內外人民幣兌美元即期匯率 CNY 和 CNH 同步震盪上升。9 月的第一周，CNH 大幅上升。之後中國人民銀行下發通知，取消境外人民幣業務參加行在境內代理行存放存款準備金，11 日起將遠期售匯的外匯風險準備金率從 20% 調整為 0，市場預期迅速反轉，境內外人民幣兌美元即期匯率 CNY 和 CNH 開始同步下行，結束此前連續四個月上升趨勢，至月末分別報收 6.647 0 和 6.642 6，相對美元分別下浮 0.75% 和 0.78%。本季度境內外人民幣即期匯率價差平均為 67 個基點，比上半年平均縮小了 64.6%。

2017 年四季度，CNH 連續 3 個月小幅上浮，上漲幅度分別為 0.23%、0.31% 和 1.63%。CNY 和 CNH 全年平均匯差為 129 個基點，略低於上年的 134 個基點（見圖 2—17）。

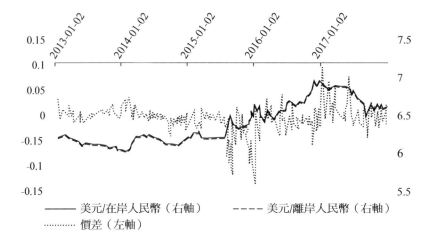

圖 2—17　2013—2017 年在岸人民幣、離岸人民幣匯率及價差

資料來源：Wind。

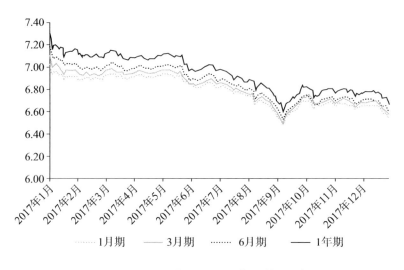

圖 2—18　2017 年人民幣 NDF 每日綜合收盤價

資料來源：Wind。

5. 人民幣無本金交割遠期合約

無本金交割遠期合約（NDF）交易從 1996 年左右開始出現，主要用於實行外匯管制國家的貨幣，常用於衡量海外市場對人民幣升值或貶值的預期。它為中國、印度、越南等新興市場國家的貨幣提供了套期保值功能，幾乎所有的 NDF 合約都以美元結算。人民幣、越南盾、韓元、印度盧比、菲律賓比索等亞洲新興市場國家貨幣都存在 NDF 市場，與這些國家存在貿易往來或設有分支機構的公司可以通過 NDF 交易進行套期保值，以此規避匯率風險。

新加坡和香港人民幣 NDF 市場是亞洲最主要的離岸人民幣遠期交易市場，該市場的行情反映了國際社會對於人民幣匯率變化的預期。人民幣 NDF 市場的主要參與者是歐美等地的大銀行和投資機構，它們的客戶主要是在中國有大量人民幣收入的跨國公司，也包括總部設在香港的中國內地企業。

截至 2017 年 12 月末，1 月期、3 月期、半年期和 1 年期的人民幣 NDF 收盤價分別為 6.539 9、6.570 9、6.607 0 和 6.665 0，與 2016 年同期相比發生了反轉，在上述 4 個期限的 NDF 交易中，人民幣兌美元匯率分別升值了 5.89%、6.24%、6.48% 和 6.89%（見圖 2—18）。

2.4.3 中國資本帳戶開放度不斷提高

  Epstein 和 Schor（1992）最早提出使用 AREAER 衡量資本管制程度，Cottarelli 和 Giannini（1997）將 AREAER 的資本管制資訊量化為二元變數[1]，進行算術平均計算出資本帳戶開放度。由於該方法過於粗略，得到的結論的可信度受到不少質疑，本報告使用目前主流的資本開放度測度方法即 4 檔約束式方法[2]，對中國的名義資本帳戶開放程度進行測量。

  按照《2017 年匯兌安排與匯兌限制年報》中對中國 2016 年度資本帳戶管制的描述，延續 2015 年的態勢，2016 年中國資本帳戶不可兌換專案有 2 大項，主要集中於非居民參與國內貨幣市場和衍生工具的出售和發行。部分可兌換的專案主要集中在債券市場交易、股票市場交易、房地產交易和個人資本交易等方面。運用四檔約束式方法進行計算，同時考慮細微變化，綜合量化《2017 年匯兌安排與匯兌限制年報》的描述，計算出中國的資本開放度為 0.690（見表 2—5）。

---

1 即 0/1 虛擬變數，若資本帳戶專案存在管制則記為 0，反之記為 1。

2 計算公式為：$open = \sum_{i}^{n} p(i)/n$，

 式中，*open* 代表資本帳戶開放的程度，從 0 到 1 取值，值越小說明資本帳戶管制程度越大，*n* 表示資本項目開放中考慮的資本交易專案總數，在此表示中國 11 個資本大項交易下的 40 個資本交易子項，$p(i)$ 表示第 i 子項的開放程度，用四檔取值法對各子項進行賦值。$p(i)=1$ 表示此資本交易專案沒有管制，是指對真實性的資本專案交易或匯兌基本沒有管制；$p(i)=1/3$ 表示有較多限制，是指對較多交易主體或大部分資本專案進行限制；$p(i)=2/3$ 表示此資本交易專案有很少管制，是指僅對個別交易主體或少數資本專案交易進行限制；$p(i)=0$ 表示嚴格管制，是指不允許或禁止進行的交易專案，包括無明確法律規定但實際操作中不允許或禁止的交易專案；另外，在 AREAER 中也有少數專案表示有管制但是沒有具體資訊，此類情況賦值為 1/2。

表 2—5　國際貨幣基金組織定義下的 2016 年度中國資本管制現狀

資本交易專案	2016 年
1. 對資本市場證券交易的管制	
A. 買賣股票或有參股性質的其他證券	
（1）非居民境內購**	QFII 和 RQFII 投資境內 A 股須符合以下條件：（1）通過 QFII 在上市公司的外國個人投資者的所有權不得超過公司股份的 10%，所有外國投資者所持一個上市公司的 A 股不能超過 30%。（2）單家 QFII 機構申請投資額度上限是其管理的資產規模的一定比例（基礎額度），但不可超過 50 億美元，超過基礎額度的投資申請需外匯局審批。（3）2016 年 2 月 4 日起，其他 QFII 的投資本金鎖定期從 1 年縮短為 3 個月。 開放式中國基金可授權其託管銀行每日根據購買和贖回的淨額進出資金，但每月累計匯回不可超過上年年末基金國內資產總額的 20%。 B 股以美元或港元計價，在證交所掛牌，外國投資者可以購買。 來自澳洲、加拿大、智利、法國、德國、香港、匈牙利、愛爾蘭、韓國、盧森堡、馬來西亞、卡達、新加坡、瑞士、泰國、阿拉伯聯合大公國、英國和美國的 RQFII 可在中國境內債券市場進行投資。 截至 2017 年 6 月底，對 RQFII 的限額是 1.74 萬億元人民幣（2014 年年底為 0.77 萬億元人民幣）。
（2）非居民境內出售或發行***	非居民可以出售 A 股和 B 股；但是非居民不能發行 A 股或 B 股。
（3）居民境外購買**	保險公司可以從事境外投資活動，數額不能超過上季度總資產的 15%。 公司在國外和國內的股權投資（上市和非上市）不得超過前一季度末總資產的 30%。 對符合條件的保險公司，其投資單一藍籌股票的比例上限為上季度末總資產的 10%。 內地和香港投資者可分別投資香港股市和滬深股市。 鑒於資本大量流出，自 2015 年年末起，中國人民銀行暫停審批 RQDII 新配額的申請。

續前表

資本交易專案	2016 年
（4）居民境外出售或發行***	境內註冊的公司在境外發行股票需要證監會批准並在國家外匯管理局註冊。
B. 債券與其他債務性證券	
（5）非居民境內購買**	QFII 和 RQFII 可以投資人民幣計價的金融工具：（1）股票、債券和交易所交易或轉讓的權證；（2）銀行間債券市場交易的固定收益類產品；（3）證券投資基金；（4）股指期貨；（5）證監會允許的其他金融工具。 以上投資都有投資限額及鎖定期限的要求。其中，除開放式基金外，其他投資本金的鎖定期不超過 3 個月。 國外人民幣清算行和參加行可在銀行間債券市場開展債券回購交易。 境外央行或貨幣當局、國際金融組織、主權財富基金可進行央行允可的其他銀行間市場交易，如債券兌付、債券回購、債券借貸、債券遠期、利率互換、遠期利率協定等交易。 2016 年 2 月 17 日起，在中華人民共和國境外依法註冊成立的金融機構，以及養老基金、慈善基金、捐贈基金等中國人民銀行認可的其他中長期機構投資者，均可投資銀行間債券市場，且無限制。
（6）非居民境內出售或發行**	在財政部、中國人民銀行和國家發改委的批准下，國際開發機構可以發行以人民幣計價的債券。在中國的外資企業也可以發行債券。 外國主權政府、境外非居民企業（包括金融機構）和國際開發機構可在中國銀行間債券市場試點發行人民幣債券。
（7）居民境外購買**	QDII 包括銀行、基金管理公司、證券公司、保險公司，在各自的外匯額度和監管限制內可購買國外債券。 符合條件的保險公司投資單一藍籌股票的餘額占上季度末總資產的比例上限為 10%。 截至 2016 年年末，已有 132 家機構獲得 QDII 資格，獲批投資額度為 900 億美元。

續前表

資本交易專案	2016 年
（8）居民境外出售或發行***	在境外發行到期日超過 1 年的債券必須提前到國家發改委備案。 國內金融機構在境外發行到期日超過 1 年的人民幣債券須獲得中國人民銀行的批准。 自 2016 年 5 月 3 日起，對所有境內成立的金融機構和企業，中國人民銀行和國家外匯管理局不實行外債事前審批，而是由金融機構和企業在與其資本或淨資產掛鉤的跨境融資上限內，自主開展本外幣跨境融資。 自 2017 年 1 月 11 日起，外資銀行境內分支機構（包括香港特別行政區、澳門特別行政區和臺灣的銀行）可在其資本或淨資產掛鉤的跨境融資上限內，自主開展本外幣跨境融資，無須事前向中國人民銀行和國家外匯管理局申請。
2. 對貨幣市場工具的管制	
（9）非居民境內購買***	QFII 可以最短的鎖定期購買貨幣市場基金。QFII 不能直接參與銀行間外匯市場的交易。鎖定期是指投資本金的匯款被禁止的時期。 外國央行和類似機構可投資銀行間債券市場，進行任何產品貿易。配額批准要求被取消，改為建立檔案管理。 自 2016 年 2 月 17 日起，在中華人民共和國境外依法註冊成立的商業銀行、保險公司、證券公司、基金管理公司及其他資產管理機構等各類金融機構，以及養老基金、慈善基金、捐贈基金等中國人民銀行認可的其他中長期機構投資者，可在銀行間債券市場開展債券現券等經中國人民銀行許可的交易。
（10）非居民境內出售或發行*	非居民不得出售或發行貨幣市場工具。
（11）居民境外購買***	QDII 可以購買規定允許的貨幣市場工具，受制於各自外匯配額和監管限制。在國內外無擔保企業類債券和國內外證券投資基金的投資分別不得超過公司上一季度末總資產的 50% 和 15%。 自 2015 年 7 月 8 日起，對符合條件的保險公司，其投資單一藍籌股票的比例上限為上季度末總資產的 10%。

續前表

資本交易專案	2016 年
（12）居民境外出售或發行***	經國家外匯管理局批准，居民可發行境外貨幣市場工具，如 1 年期以內的債券和商業票據。 建立宏觀審慎規則下基於微觀主體資本或淨資產的跨境融資約束機制，企業和金融機構均可按規定自主開展本外幣跨境融資。
3. 對集體投資類證券的管制	
（13）非居民境內購買***	QFII 和 RQFII 可投資境內封閉式和開放式基金。 保險基金、共同基金、慈善基金、捐贈基金、政府和貨幣管理當局等類型的合格境外投資者發起設立的開放式中國基金投資本金的鎖定期為 3 個月。2016 年 2 月 4 日起，其他合格境外投資者的投資本金鎖定期由 1 年縮至 3 個月。 在鎖定期末，合格投資者可以分期分批收回他們的本金和利潤，每月收回的總金額不得超過上一年其在中國的總資產的 20%。
（14）非居民境內出售或發行**	香港互認基金可委託內地銷售機構依法依規公開銷售。
（15）居民境外購買***	QDII 可在外匯配額和監管規定內，購買境外集體投資證券。 投資於境內外無擔保企業（公司）債券和證券投資基金的餘額分別不得超過該公司上季度末總資產的 50% 和 15%。 符合條件的保險公司投資單一藍籌股票的餘額占上季度末總資產的監管比例上限為 10%。
（16）居民境外出售或發行***	內地公開上市基金可在香港特別行政區銷售。
4. 對衍生工具與其他工具的管制	
（17）非居民境內購買***	QFII 和 RQFII 可以套期保值為目的，在一定規模限制內投資境內股指期貨。 境外央行（貨幣當局）、其他儲備管理機構、國際金融組織和主權財富基金可加入中國銀行間外匯市場，發起各類外匯交易。 開展代客遠期售匯業務的金融機構（含財務公司）需向央行繳納外匯風險準備金，準備金率暫定為 20%，凍結期為 1 年，利率暫定為零。
（18）非居民境內出售或發行*	此類交易不被允許。

續前表

資本交易專案	2016 年
(19) 居民境外購買**	銀監會監管的金融機構可買賣銀監會批准用於以下目的的衍生工具：（1）對沖固有資產負債表風險；（2）以營利為目的；（3）為客戶提供（包括金融機構）衍生產品交易服務。 為了客戶的利益，商業銀行通過財富管理服務開展境外理財業務不得投資於商品類衍生品。 QDII 可以在其外匯投資限額內購買境外衍生工具。 經國有資產監督管理委員會許可，央企可以開展離岸衍生產品業務。
(20) 居民境外出售或發行**	適用境外衍生工具購買的管理法規。
5. 對商業信貸的管制	
(21) 居民向非居民提供	銀行業金融機構在經批准的經營範圍內可以直接向境外提供商業貸款。
(22) 非居民向居民提供	
6. 對金融信貸的管制	
(23) 居民向非居民提供***	自 2016 年 11 月 29 日起，境內企業辦理人民幣境外放款業務前需在所在地外匯管理部門進行登記，本外幣放款餘額不得超過其所有者權益的 30%。 境內代理銀行可在一定期限內向參與境外人民幣業務的銀行提供人民幣帳戶融資。 境內母行可向境外人民幣清算行提供人民幣流動性支援。

續前表

資本交易專案	2016 年
（24）非居民向居民提供**	居民企業借入超過 1 年期的國外貸款必須經過國家發改委的審批。 金融機構和授權從事對外借款的中國參股企業，符合國家外匯管理局批准的限額，可以開展 1 年或 1 年以內短期對外借款。所有對外借款須在國家外匯管理局登記。 跨國企業集團可根據自身經營與管理需要，與國內外非金融成員企業進行人民幣現金池交易。 自 2016 年 5 月 3 日起，全國法人金融機構和企業可在與其資本或淨資產掛鉤的跨境融資上限內，自主開展本外幣跨境融資，中國人民銀行和外匯管理局不實行外債事前審批。 自 2017 年 1 月 11 日起，外資銀行境內分支機構（包括香港特別行政區、澳門特別行政區和臺灣的銀行）可在其資本或淨資產掛鉤的跨境融資上限內，自主開展本外幣跨境融資，無須事前向中國人民銀行和國家外匯管理局申請。
7. 對擔保、保證和備用融資便利的管制	
（25）居民向非居民提供***	居民向非居民提供擔保不再需要國家外匯管理局批准。 非金融類居民企業向境外非居民提供人民幣擔保，可以不經中國人民銀行批准。
（26）非居民向居民提供***	非居民向居民提供擔保不再需要國家外匯管理局批准。 國外非金融類機構可以使用其人民幣清算帳戶中的資金作為國內融資的抵押。
8. 對直接投資的管制	
（27）對外直接投資 ***	國內企業在敏感國家和地區、敏感行業的投資實行核准管理，其餘均實行備案。具體地，中央管理企業實施的境外投資項目、地方企業實施的中方投資額達 3 億美元及以上的境外投資項目，由國家發改委備案。地方企業實施的中方投資額在 3 億美元以下的境外投資項目，由省級政府投資主管部門備案。 對外直接投資資金的匯出要在經辦銀行登記。 國有企業和民營企業對外直接投資需經國家發改委和商務部審批。除設立境外特殊目的公司外，境內個人不得對外直接投資。

續前表

資本交易專案	2016 年
（28）對內直接投資**	四級分類制度影響對內直接投資:(1)鼓勵;(2)一般允許;（3）限制;（4）禁止。 只要符合有關外商投資及其他法律、法規的要求,並已取得商務部或地方商務部門的批准,非居民就可以在中國投資設立企業。 外商直接投資和境外直接投資直接在銀行辦理外匯登記（以前在國家外匯管理局）。
9.（29）對直接投資清盤的管制***	取得的上市公司 A 股股份 3 年內不得轉讓。 經營期限之前過早的清算需要初始的審查和審批機關的批准或者必須基於司法判決。
10. 對不動產交易的管制	
（30）居民在境外購買***	國內機構對國外房地產的購買按照海外直接投資執行。 保險公司在境外投資不動產不得超過公司上一季度末總資產的 15%。 國外和國內的房地產投資類型的帳面價值不能超過保險公司上一季度末總資產的 30%。總的帳面價值不包括保險公司使用自有資金購買自用的不動產,其帳面價值的差額不能超過上一季度末淨資產總額的 50%。
（31）非居民在境內購買***	外國居民購買商業住宅房屋必須遵守實際需要和自用原則,為了支付賣方以購買建築物,可以直接在外匯指定銀行將外匯資金轉換成人民幣。
（32）非居民在境內出售***	非居民可根據相關外匯法規直接執行從銀行房地產銷售中收回所得款項的程序。外匯轉移無須單獨批准。
11. 對個人資本流動的管制	
A. 貸款	
（33）居民向非居民提供***	未經具體授權,居民不可向非居民提供貸款。
（34）非居民向居民提供***	未經具體授權,非居民不可向居民提供貸款。
B. 禮品、捐贈、遺贈和遺產	
（35）居民向非居民提供***	居民憑有效個人身份證明可以在銀行購買外匯援助和幫助海外的直系親屬,一年最高 50 000 美元。對於更大的金額,個人必須向銀行提供個人有效身份證明和相關部門或公證機構出具的直系親屬的材料。

續前表

資本交易專案	2016 年
（36）非居民向居民提供***	憑個人有效證件，個人從捐贈基金、遺贈和遺產獲得的不超過 50 000 美元的收入可以在銀行完成。超過這個數額需要個人身份和相關證明及支付憑證。
（37）外國移民在境內的債務結算	n.a.
C. 資產的轉移	
（38）移民向境外的轉移***	退休和養老基金可以匯往國外。自然人移居國外或將居住香港、澳門，在取得移民身份之前，清算其合法擁有的中國境內財產，購買和匯出境外的外匯。
（39）移民向境內的轉移	目前無適用法律。
（40）博彩和中獎收入的轉移	目前無適用法律。
資本開放程度	0.690

說明：* 表示禁止，** 表示限制較多，*** 表示限制較少。

資料來源：IMF. Annual Report on Exchange Arrangements and Exchange Restrictions 2017，http ://www. elibrary.imf.org/view/IMF012/24309-9781484300992/24309-9781484300992/24309-9781484300992.xml ？ rskey= 0NKoBK&result=1&highlight=true.

2.4.4 開放度發生變化的資本項目

相比 2015 年，2016 年「對資本市場證券交易的管制」「對貨幣市場工具的管制」「對集體投資類證券的管制」「對衍生工具與其他工具的管制」「對商業信貸的管制」「對金融信貸的管制」「對直接投資的管制」這 7 個大項有進一步的放鬆。具體來看，在資本項目的 40 個子項中，有 12 個子項出現明顯的變化，表明中國的資本帳戶進一步向開放推進。

以「對資本市場證券交易的管制」這一大項為例。

對於「買賣股票或有參股性質的其他證券」中的第一個子項「非居民境內購買」，不再對單家機構設置統一的投資額度上限，而是根據機構管理的資產規模的一定比例作為其獲取投資額度（基礎額度）的依據，並將鎖定期從 1 年縮至 3 個月。此外，截至 2017 年 6 月，RQFII 的總投資限額提高到了 1.74 萬億元人民幣，超過了 2015 年年底的 1.21 萬億元。繼 QFII 顯著擴容後，RQFII 也呈現逐步擴容的趨勢。

對於「債券與其他債務性證券」中的第四個子項「居民境外出售或發行」，自 2016 年 5 月 3 日起，中國人民銀行將本外幣一體化的全口徑跨境融資宏觀審慎管理試點擴大至全國範圍內的金融機構和企業。

因為國際貨幣基金組織公佈的《2017 年匯兌安排與匯兌限制年報》描述的是 2016 年的資本帳戶管制情況，時間上滯後 1 年，所以相比 2016 年的當期值，本報告測算的資本帳戶程度相對保守。2016 年 1 月 29 日，人民幣購售業務規模較大、有國際影響力和地域代表性的境外參加行可根據業務需要向交易中心申請成為銀行間外匯市場會員，參與各類交易。2016 年 5 月 27 日，境外機構投資者投資銀行間債券市場實施備案管理，簡化管理流程，推動銀行間債券市場對外開放。2016 年 9 月 5 日，中國人民銀行對 RQFII 證券投資額度實行備案或審批管理，中國資本專案開放的進程再次向前推進。2016 年 10 月 1 日，國際貨幣基金組織宣佈納入人民幣的特別提款權（SDR）新貨幣籃子正式生效。2016 年 12 月 5 日，深港通正式啟動，深圳和香港兩地證券市場成功實現互聯互通等。這些表明當年中國資本帳戶管制的程度進一步放鬆，資本帳戶開放的推進相對以往具有較大的力度，中國人民銀行等相關機構對資本帳戶開放的描述已做了較大的調整，預計下一年的資本帳戶開放程度可能會有較大的變化。表 2—6 展示了 2016 年中國資本帳戶管制現狀相對 2015 年的變化。

表 2—6　2016 年中國資本帳戶管制現狀相對 2015 年的變化

資本交易專案	2015 年	2016 年相對 2015 年的變化
1. 對資本市場證券交易的管制		
A. 買賣股票或有參股性質的其他證券		
（1）非居民境內購買	QFII 投資境內 A 股須符合三項具體要求。 單家 QFII 機構的投資額度上限是 10 億美元。 開放式中國基金可委託其保管銀行每週根據購買和贖回的淨額，將資金移入或移出中國。 來自澳洲、加拿大、智利、法國、德國、香港、匈牙利、韓國、盧森堡、馬來西亞、卡達、新加坡、瑞士、泰國、阿拉伯聯合大公國、英國和美國的 RQFII 可在以國內債市投資。	QFII 和 RQFII 投資境內 A 股均須符合三個具體條件。 不再對單家機構設置統一的投資額度上限，而是根據機構管理的資產規模的一定比例作為其獲取投資額度（基礎額度）的依據，並將鎖定期從 1 年縮至 3 個月。 允許 QFII 開放式基金按日申購、贖回。 來自愛爾蘭和美國的 RQFII 也可在國內債市進行投資。
（2）非居民境內出售或發行		無變化
（3）居民境外購買	內地和香港投資者可分別投資香港股市和上海股市。	內地和香港投資者可分別投資香港股市和滬深股市。
（4）居民境外出售或發行		無變化。
B. 債券與其他債務性證券		
（5）非居民境內購買	除開放式基金外，其他投資本金的鎖定期不超過 1 年。	除開放式基金外，其他投資本金的鎖定期不超過 3 個月。 2016 年 2 月 17 日起，在中華人民共和國境外依法註冊成立的金融機構，以及養老基金、慈善基金、捐贈基金等中國人民銀行認可的其他中長期機構投資者，均可投資銀行間債券市場，且無投資額限制。

續前表

資本交易專案	2015 年	2016 年相對 2015 年的變化
（6）非居民境內出售或發行		境外機構可在境內外使用通過發行公司債募集的資金，使用時需遵循國家外匯管理局的有關規定。
（7）居民境外購買		無變化。
（8）居民境外出售或發行	自 2016 年 1 月 25 日起，面向 27 家金融機構和註冊在上海、天津、廣州、福建四個自貿區的企業擴大本外幣一體化的全口徑跨境融資宏觀審慎管理試點。	自 2016 年 5 月 3 日起，將本外幣一體化的全口徑跨境融資宏觀審慎管理試點擴大至全國範圍內的金融機構和企業。自 2017 年 1 月 11 日起，外資銀行境內分支機構可在其資本或淨資產掛鈎的跨境融資上限內，自主開展本外幣跨境融資。
2. 對貨幣市場工具的管制		
（9）非居民境內購買		無變化。
（10）非居民境內出售或發行		無變化。
（11）居民境外購買		無變化。
（12）居民境外出售或發行		建立宏觀審慎規則下基於微觀主體資本或淨資產的跨境融資約束機制，企業和金融機構均可按規定自主開展本外幣跨境融資。
3. 對集體投資類證券的管制		
（13）非居民境內購買	保險基金，共同基金，慈善基金、捐贈基金、政府和貨幣管理當局等類型的合格境外投資者發起設立的開放式中國基金投資本金的鎖定期為 3 個月，其他合格投資者的投資本金鎖定期為 1 年。	2016 年 2 月 4 日起，其他合格境外投資者的投資本金鎖定期由 1 年縮至 3 個月。

續前表

資本交易專案	2015 年	2016 年相對 2015 年的變化
（14）非居民境內出售或發行		無變化。
（15）居民境外購買		無變化。
（16）居民境外出售或發行		無變化。
4. 對衍生工具與其他工具的管制		
（17）非居民境內購買	在一定限額與規模下，QFII 可投資國內股指期貨，只要此類交易目的是保存價值。	QFII 和 RQFII 可以套期保值為目的，在一定規模限制內投資境內股指期貨。
（18）非居民境內出售或發行		無變化。
（19）居民境外購買		無變化。
（20）居民境外出售或發行		無變化。
5. 對商業信貸的管制		
（21）居民向非居民提供		銀行業金融機構在經批准的經營範圍內可以直接向境外提供商業貸款。
（22）非居民向居民提供		無變化。
6. 對金融信貸的管制		
（23）居民向非居民提供	自 2016 年 1 月 25 日起，27 家金融機構和註冊在上海、天津、廣東、福建自貿區的企業可在與其資本或淨資產關聯的跨境融資限額內，自主開展本外幣跨境融資。	自 2016 年 11 月 29 日起，境內企業辦理人民幣境外放款業務前需在所在地外匯管理部門進行登記，本外幣放款餘額不得超過其所有者權益的 30%。境內代理銀行可在一定期限內向參與境外人民幣業務的銀行提供人民幣帳戶融資。境內母行可向境外人民幣清算行提供人民幣流動性支持。

續前表

資本交易專案	2015 年	2016 年相對 2015 年的變化
（24）非居民向居民提供		自 2016 年 5 月 3 日起，全口徑跨境融資宏觀審慎管理試點擴大至全國範圍內的金融機構和企業，中國人民銀行和外匯管理局不實行外債事前審批。 自 2017 年 1 月 11 日起，外資銀行境內分支機構可在其資本或淨資產掛鉤的跨境融資上限內，自主開展本外幣跨境融資。
7. 對擔保、保證和備用融資便利的管制		
（25）居民向非居民提供		無變化。
（26）非居民向居民提供		無變化。
8. 對直接投資的管制		
（27）對外直接投資		國有企業和民營企業對外直接投資需經國家發改委和商務部審批。除設立境外特殊目的公司外，境內個人不得對外直接投資。
（28）對內直接投資		無變化。
9.（29）對直接投資清盤的管制		無變化。
10. 對不動產交易的管制		
（30）居民在境外購買		無變化。
（31）非居民在境內購買		無變化。
（32）非居民在境內出售		無變化。
11. 對個人資本流動的管制		
A. 貸款		
（33）居民向非居民提供		無變化。
（34）非居民向居民提供		無變化。
B. 禮品、捐贈、遺贈和遺產		
（35）居民向非居民提供		無變化。

續前表

資本交易專案	2015 年	2016 年相對 2015 年的變化
（36）非居民向居民提供		無變化。
（37）外國移民在境內的債務結算	—	—
C. 資產的轉移		
（38）移民向國外的轉移		無變化。
（39）移民向國內的轉移		無變化。
（40）博彩和中獎收入的轉移		無變化。

第三章

國際貨幣格局變遷的政策協調：
經驗與教訓

　　本章回顧並比較了從英國確立金本位制度開始，到 2016 年英國公投退出歐盟，這 200 餘年國際貨幣格局變遷中的國際政策協調。在這 200 餘年中，歷經英鎊的由盛轉衰、美元霸權的確立和歐元的發行，國際協調機制也從由軍事力量主導的政治利益協調，到國際組織牽頭下的多方協調，最後到不斷興起的區域協調機制。政策協調不僅擺脫了金本位時期不可持續和協調成本高的缺點，逐漸在統一的國際制度框架下進行談判和博弈，還在內容上豐富和拓展，涵蓋經濟、金融、制度、社會、環境等多個方面，協調主體也多元化，從單一國家、發達國家向二十國集團和發展中國家拓展。

3.1　金本位制的建立和衰敗

3.1.1　19 世紀金本位制的產生和英鎊的興盛

　　在 18 世紀的時候，英國實際上已經實行黃金為主、白銀為輔的主輔幣制度。在拿破崙戰爭前期，由於受到突然的擠兌，英國多家銀行停止了銀行券和黃金的兌付。隨即戰爭打響，英格蘭銀行也終止了銀行券的黃金兌付，喬治三

世頒佈的《兌付限制法案》規定了銀行券和黃金等金屬貨幣有同等的法律地位。然而，戰爭期間銀行券的肆意發行導致物價飛漲，面對日益貶值的英鎊，英國國會在 1810 年 2 月成立專門委員會研究貨幣金融制度，認為只有恢復與黃金自由兌換的紙幣發行制度才能維持英鎊的購買力。1815 年，暫停近 20 年的黃金兌換和英國對法戰爭的勝利為英國積累了足夠的黃金儲備，英國於 1816 年啟動了貨幣改革，確立了金本位制度，約定每金衡磅 22 克拉的黃金可以兌付 46 英鎊 14 先令 6 便士。1817 年，英國的新鑄幣開始流通。隨著金價的下跌和紙幣含金量的提升，英格蘭銀行 1821 年正式恢復銀行券和黃金的自由兌付。

恢復金本位制度雖然改善了英國戰爭期間貨幣金融體系的混亂局面，但是貨幣供給的下降使得貿易萎縮，國內工業、農業和商業活動嚴重衰退。1825 年、1847 年和 1866 年的經濟危機，使英國不斷探索金本位制度下紙幣的發行規律和危機應對方式，並產生了「帕爾默法則」、《1844 年英格蘭銀行章程法案》等應對金本位制度下國內貨幣供給和世界貨幣流動的法則和規章。

在同一時期，除了英國實行的是金本位制度外，其他國家均實行的是金銀雙本位制度。英國在金本位制度下的嘗試較為成功，同時 19 世紀五六十年代大量銀礦的發現使銀價迅速下跌，實行銀本位制的國家開始面臨通貨膨脹的威脅。在這樣的背景下，1867 年在法國巴黎舉行了國際金融會議，討論統一的貨幣標準問題。世界統一貨幣標準有利於國際貿易和各國的經濟利益。英國堅定不移地支持金本位，美國剛經歷一場國內戰爭，同時內華達州有巨大銀礦發現，擔心通貨膨脹出現，所以同樣支持金本位制度。但是，法國巴黎是世界上金銀交易最為活躍的中心，法國不願意丟掉這個巨大的利益，因此即使大多數國家都贊同採取金本位制這一統一的貨幣制度，最終也沒有得出一個具有公信力的合約和檔。

1870 年普法戰爭的打響，使得國際統一貨幣制度的議程不得不推遲。德國將在普法戰爭中獲得的 50 億法郎賠款全部用來在市場上購買黃金，為德國馬克的發行積累外匯儲備，並在 1872 年正式宣佈實行金本位制。隨著英國和德國的相繼邁入，比利時、荷蘭、法國、瑞士等國也於 19 世紀 70 年代實行金

本位制度。俄國、日本、印度和拉丁美洲國家也於 19 世紀末期和 20 世紀初期實行了金本位制度，截至 1914 年，只有中國依然是實行銀本位制度的國家。

在金本位時期，英鎊是國際貨幣體系的中樞，1899—1913 年，全球各國的官方外匯儲備中 40% 是英鎊資產，比法國法郎和德國馬克加起來還要多。英鎊之所以能成為金本位制度下的國際貨幣，主要有兩個方面的原因。

首先是英國經濟政策的轉向。在 19 世紀以前，英國實行的是重商主義，重商主義將財富的積累單純理解為貨幣（資本）的積累，政府鼓勵外國貨幣輸入（黃金輸入）而禁止本國貨幣輸出（黃金輸出）。英國通過關稅、配額、補貼、稅收等措施鼓勵出口、限制進口，追求貿易順差帶來的黃金持有量增加所形成的財富積累。而隨著亞當·斯密帶領的古典經濟學思潮提出經濟增長的影響因素並不是單一的資本，還有勞動力、資源制度等因素，在當前的制度下，政府最好的選擇是發展自由市場，並且在國際貿易領域提出了絕對優勢理論，鼓勵對外貿易，這不僅會讓英國獲利，而且會提升世界的福利水準。因此，19 世紀之後英國廢除重商主義，大力發展自由貿易。落後國家向英國出口廉價的農產品、原料等而用所得的英鎊購買英國的工業品，這大大促進了英鎊的國際化。1860—1914 年約有 60% 的國際貿易都使用英鎊進行計價和結算，對外貿易將英鎊帶向了全世界。

其次是英國的經濟實力和海上霸權，這也是英國能成為金本位制度下的中心貨幣的關鍵。工業革命給英國的生產力帶來了質的飛躍。而不列顛帝國的擴張和海外殖民地又提供了廣闊的市場，到 1860 年，英國的工業品產出占世界工業品產出的 40% ～ 50%。這種強大的內部生產力和對外貿易促進了經濟提升。一方面英國的進出口貿易促進了英鎊的國際化，另一方面英國作為強大的經濟體和擁有的巨大貿易額保證了人們對於英鎊的信心，雙重因素的疊加產生了很強的網路效應。儘管之後美國、德國的工業快速發展並在 19 世紀 90 年代趕超了英國，但英鎊的霸權地位已然確立，它在貨幣體系中的核心地位並未被動搖。此外，英國的海上霸權也是英鎊國際化的重要保障。英國強大的海上力量一方面確保了英國的國家安全，有利於穩定對於英鎊的信心，另一方面則可以捍衛

英國的商業利益，從政治和軍事上為英鎊提供有力保障。

3.1.2　金本位制的崩潰與英鎊的衰落

英鎊在全球制霸的重要依託是倫敦的國際金融市場，幾乎所有的跨國貿易，無論是否涉及英國或者英鎊，都是在倫敦進行交割的。1914 年第一次世界大戰爆發，貿易港口和交易市場紛紛關閉，倫敦金融市場陷入極大的恐慌，股票、匯票甚至紙幣都在貶值。為了支付戰爭的巨大開支，英格蘭銀行在授權之下發行了沒有黃金作為兌付保證的額外紙幣。戰爭帶來的貨幣超發、信貸擴張和財政赤字，使得英鎊在國內和國外雙重貶值。

戰後，英國政府試圖重建貨幣秩序，但是金本位具有天然通縮屬性，並且將外部均衡置於內部均衡之上，並不是戰後貧瘠的英國能夠順利實施的制度。隨著 1919 年《凡爾賽條約》的簽訂，英國發現不僅歐洲大陸的內部貿易難以協調，英國和美國之間的對抗關係也開始顯現。迫於經濟波動的壓力，邱吉爾於 1925 年宣佈英鎊回歸金本位。但是，此時以英鎊為中心的金本位制度，對內造成英國出口產品的競爭力下降，加劇了英國的失業，導致英國黃金外流，不斷攀升的利率也使得英國國內經濟萎靡；對外信譽大幅下滑，德國等國家持有英鎊的目的是獲得英國在恢復金本位時期的升值收益。從 1926 年開始，德國、法國等國開始相繼將英鎊兌換成黃金，加劇了這種貨幣體系的不穩定性。為了解決英鎊面臨的危機，1927 年美、英、法、德四國的中央銀行行長在長島進行了一次會晤。長島會議上四國達成了協定：英國將收緊信貸，而法、德將不再進行套利操作，美國則降低了貼現率並進行了 8 000 萬美元的擴張性公開市場操作。1929 年經濟大蕭條爆發後，金本位制的一些周邊國家很快就因承受不住壓力而放棄了金本位制。1931 年英國放棄金本位制，1933 年美國放棄金本位制，金本位制度的國際貨幣體系到此就基本走下了歷史舞臺。英國在擺脫黃金的桎梏之後，經濟形勢得到了明顯的改善，國內生產總值穩步提升，貿易和經濟的繁榮也促進了金融的發展。

英聯邦制度對於戰後維持英國和英鎊的國際地位也起到了重要的作用。英

鎊最早在英國各殖民地中開始使用。日不落帝國廣闊的殖民地對於英鎊的國際化起到了有力的推動作用，但在第一次世界大戰以後，英國無力保持對於各殖民地政治上的高度控制。到 1931 年，英國議會制定的《威斯敏斯特法案》從法律上認可了英帝國體制內部的各種轉變，英聯邦制度形成。1932 年 7 月，英國又頒佈了《渥太華協定》，規定建立「帝國內部的特惠關稅制度」，對英聯邦各國實行優惠稅率。可以說，儘管英聯邦成員在政治上更為自由，但它們與英國在經濟上的聯繫卻更加緊密了。

3.1.3　金本位制下的國際政策協調

1. 戰爭是國際合作的壁壘，核心大國的利益不容忽略

縱觀金本位制度建立的國際協調，雖然 1867—1892 年有一系列的國際貨幣會議，但是最成功的還是 1867 年的巴黎國際金融會議。各國就統一的國際貨幣制度達成了基本共識，但法國沒有明確表態，是沒有最終達成一致成果的重要原因。隨著普法戰爭中法國戰敗，法國在國際政治舞臺上的地位一落千丈，只能隨著德國實行金本位制度。在 19 世紀 80 年代，金本位制度的通縮屬性已經顯現，美國多次召開國際金融會議討論更加穩定的國際貨幣體系，法國也是堅定的支持者。但是，法德間的戰爭導致兩國關係緊張，德國拒絕參會。會議無法得到主要大國的一致同意，無法取得實質性的進展。1892 年，20 國在布魯塞爾舉行國際金融會議，金銀雙本位已經上升到一個主流觀點，但是法德間的對抗使得會議只得出統一的國際貨幣制度有利於國際貿易這一妥協的決議。

在一戰後恢復金本位的討論中，為了彌補金本位制度下的缺點，規定美元和英鎊可以作為國際儲備來補充黃金儲備，除了制度本身的問題，忽視了法國的利益訴求也是恢復金本位制度失敗的重要原因。法國在英國宣佈恢復金本位制度的那一刻起就開始囤積黃金，1926 年 12 月，法國持有世界黃金總儲備的 7.8%，六年之後的黃金儲備占比超過了世界總儲備的 27%。法國通過做低法郎幣值，甚至直接控制黃金出口，囤積大量黃金和英鎊儲備，直接威脅到一戰後金本位制度的穩定。

在金本位制度下，國際列強主導了國際貨幣秩序，只有滿足主要列強利益訴求的國際制度才能實現。但是，列強之間由於政治、貿易等糾紛不斷，戰爭的頻發使得讓各方平心靜氣地在談判桌上進行協商成為可遇不可求的事情。

2. 協調都是臨時性的，沒有約束和持續性

1890 年，當金融危機發生威脅到英國的黃金儲備的時候，法蘭西銀行借款給英國，以維持市場對英格蘭銀行的信心，使匯率能夠維持穩定，因為阻止英國發生一場金融危機對於法國而言也是有利的。但是，當同樣的情形多次發生的時候，1906—1907 年，法國拒絕了彌補英國黃金儲備的要求，甚至開始懷疑金本位制度的有效性。

一戰後恢復金本位制度的國際合作中，舉行了日內瓦會議、熱那亞會議和長島會議等一系列會議。在缺乏國際組織協調的情況下，能夠在複雜的政治格局中達成一致，英格蘭銀行行長蒙塔古·諾曼和紐約聯邦儲備銀行行長班傑明·斯壯的私人友誼起到了關鍵作用。隨著他們的老去，國際貨幣合作迅速出現裂痕。法國率先將英國國庫券換成黃金，並頻頻給英國製造難題，企圖重建巴黎國際金融中心的地位。

1933 年的春天，為了應對全球的大蕭條，在倫敦召開會議討論解決辦法。但是，貿易保護主義盛行、民族主義情緒激蕩，世界範圍內充斥著政治不穩定的氛圍。英法等國關注的焦點在於匯率穩定問題，而美國原本就計畫通過美元貶值來振興國內經濟，它只希望達成一個普遍的關稅降低協定來促進自由貿易。由於美國始終不願在匯率問題上讓步，這次會議最終無果而終。沒有脫離國家利益的國際組織和制度性的談判框架，會議成了護　對方轉移國內矛盾的舞臺。

3. 國際清算銀行是現代國際政策協調的雛形

世界上第一家國際金融機構——國際清算銀行，在第一次世界大戰之後成立。它的成立一方面是滿足不斷增長的中央銀行間合作的需要，以便建立一個穩定的戰後國際貨幣體系；另一方面是建立一條新的途徑來解決戰爭期間歐洲盟國從美國借入的戰爭債務和戰後德國戰爭賠款的支付問題。歷經兩年多次會

議的討論，國際清算銀行的總部所在地、法律地位、主要職責和記帳單位等意見分歧較大的問題都得到了解決。1931 年德國面臨金融危機時，英格蘭銀行、法蘭西銀行和紐約聯邦儲備銀行以及國際清算銀行同意向德國提供 1 億美元的緊急貸款。之後在西班牙、奧地利等國發生危機時它也相繼向這些國家提供了援助貸款。二戰的爆發影響了國際清算銀行的正常運行，其業務出現了急劇的萎縮。即使處境艱難，國際清算銀行在保持中立的情況下依然多方拓展業務，比如轉運中立國的黃金儲備到安全的金融中心、充當國際紅十字會的財政代理人、研究團隊定期發佈研究報告。國際清算銀行的建立和貸款的發放依然是列強針鋒相對的焦點，但是一致同意建立國際清算銀行的觀點使得大家可以在談判桌上進行討論，得到多方認可的國際組織搭建平臺初具現代國際政策協調的雛形。

3.2 美國霸權地位的確立與發展

3.2.1 二戰前美國國際地位的提升

早在 1873 年，美國的工業產值就已經超越了英國，成為世界第一。而一戰中美國為同盟國提供融資和戰爭物資，崛起成為世界上最先進的工業化國家，美國經濟實力的提升為美元在國際舞臺上的霸權地位打下了堅實的基礎。到 1923 年，美國的黃金儲備約占世界的 44%。資本的大規模積累和良好的國際收支情況，使得美元成為當時世界上最穩定的幣種。1933 年倫敦世界經濟會議充分體現了新時期美國的話語權，正是美國拒絕維持匯率穩定導致了會議的最終失敗。

金本位制度瓦解之後，分別以美、英、法為首的美元區、英鎊區和法郎區開始形成，這也體現了三國在世界貨幣體系中的話語權。以英聯邦成員為主的不少國家跟隨英格蘭銀行放棄了金本位制度，轉而釘住英鎊，形成了英鎊區。而法國及部分西歐國家、美國及其影響範圍內的拉丁美洲還在堅持金本位制

度。由於生產力的發展與金本位制度的固有矛盾，堅持金本位制度的國家在貿易條件上相比可以自由貶值的國家存在巨大劣勢，致使國際收支惡化問題不斷出現在金本位制度的國家，最終美國也於 1934 年放棄了金本位制度，這使得菲律賓、古巴及中美洲的一些國家跟進，形成了「小美元區」。至此，只有以法國為首的一些西歐國家還在堅持金本位制度。由此，基本形成了英鎊區、美元區、法郎區和其他一些實行嚴格外匯管制的地區四大集團。因此，英、美、法三國的貨幣協調就會對國際金融格局產生重大的影響。

20 世紀 30 年代以來貨幣競相貶值、貨幣制度混亂，長此以往必將對各國不利。在這樣的背景下，1936 年 9 月 25 日，美、英、法三國財政部發表了內容大致相同的聲明，即《三方貨幣穩定協定》。《三方貨幣穩定協定》提出：英、美同意法國「適度調整其貨幣」，也就是接受法郎適度貶值，以及通過各國的合作來保證匯率的最小波動。黃金價格將圍繞 35 美元一盎司的價格浮動，同時如果英國和法國遭遇危機，美國的匯率穩定基金將在國際市場上進行操作並給予黃金支援以協助維持匯率穩定。

《三方貨幣穩定協定》是一個具有時代轉折性的協定，在這個協定中已經出現了黃金與美元掛鉤、英鎊和法郎以美元的黃金價格作為定值基礎的提法，這種類似於「雙掛鉤」的國際貨幣安排，是後來的布列敦森林體系的基礎。在美國經濟實力提升、國際政治地位占主導的情況下，《三方貨幣穩定協定》所體現的國際協調充分反映了美國的政治訴求：以美元為中心、美國在三國匯率政策協調中占領導地位。對於英、法而言，《三方貨幣穩定協定》也是一個妥協的結果，雖然不能夠完全解決英法國內貨幣混亂和信用缺失的問題，但這個協定在短時間內穩定了幣值，對於受到一戰和大蕭條衝擊的歐洲來說，提供了多年的喘息空間。在美國反對的情況下，英法都沒有採取單方面違反協定的行為。從《三方貨幣穩定協定》開始，美元實際上已經奠定了準霸權地位。

隨著第二次世界大戰的爆發，戰爭對歐洲各國都造成了嚴重的摧殘。美國作為遠離歐洲大陸的國家，一方面本土大部分地區沒有受到戰爭的騷擾，另一方面通過軍備貿易再發戰爭財。自二戰之後，美國與歐洲各國的經濟實力差距

再一次拉大，美國的工業製成品產量占世界總產量的一半，出口貿易額占全世界的 1/3 以上，黃金儲備約占資本主義國家總儲備的 59%。同時，由於二戰期間的租借法案和二戰結束後的馬歇爾計畫，美國在國外的投資額大幅增加，一方面通過對外投資將美元輸出到其他國家，擴展了美元的國際使用，這是布列敦森林體系平穩推行的前提；另一方面，美國一躍成為世界上最大的債權國，配合其經濟軍事實力，美國在國際舞臺上的聲音完全壓過了英國、法國等國，在資本主義世界的話語權已經無可匹敵。

3.2.2　二戰後布列敦森林體系的確立

1.戰後關於國際貨幣體系的討論和布列敦森林體系的建立

早在第二次世界大戰尚未結束時，主要國家就開始對戰後的國際經濟金融秩序的重建進行探討，此時的美國不僅在經濟上位列國際第一，並且戰爭表現使得美國的政治話語權也高於英、法等國，戰後的國際格局必然會更多地體現美國的訴求。在 1941 年 8 月簽訂《大西洋憲章》後，美國和英國分別提出了自己關於戰後國際貨幣秩序建設的方案：「懷特方案」和「凱恩斯方案」。英國提出的「凱恩斯方案」建議戰後各國共同建立一個國際清算同盟，各國中央銀行在此開立帳戶，帳戶採用「班柯」為貨幣單位。「班柯」定值以黃金為基礎，其他國家的貨幣定值則以「班柯」為基礎。美國的「懷特方案」則提出建立國際穩定基金和一個致力於戰後重建的復興開發銀行。這個方案與「凱恩斯方案」的主要區別在於它不同意過於寬鬆地提供國際清算手段的提案，因為這將涉及美國可能的財政負擔和作為有國際收支盈餘的債權國的權利問題。雖然「凱恩斯方案」更為合適，但最終是英國進行了妥協，最終計畫的整體也更接近於美國的「懷特方案」。「凱恩斯方案」和「懷特方案」之爭是英美兩國對於戰後國際貨幣金融領域地位的競爭，而最終的結果則體現了美英雙方不對等的討價還價的實力。

隨後，在 1944 年 7 月 1 日，44 國政府在美國的布列敦森林召開了布列敦森林會議。會議通過了以「懷特方案」為基礎的《國際貨幣基金組織協定》和

《國際復興開發銀行協定》，二者並稱為布列敦森林協定。布列敦森林協定中規定：美元與黃金掛鉤；其他國家貨幣與美元掛鉤；實行「可調整的釘住匯率制度」；各國貨幣自由兌換，會員國不得對國際收支經常項目的支付或清算加以限制；美元處於等同黃金的地位，成為各國外匯儲備中最主要的國際儲備貨幣；會員國發生國際收支逆差時，可用本國貨幣向基金組織按規定程序購買（即借貸）一定數額的外匯，並在規定時間內以購回本國貨幣的方式償還借款。

布列敦森林體系的形成體現了美國主導下的大國貨幣協調的結果，而「雙掛鉤」的國際貨幣安排使美元成為其他貨幣的定值基礎，從國際法的角度確立了美元的霸權地位，英國作為美國的債務人在世界經濟和貿易市場上的地位受到嚴重削弱。1945—1946 年美國以英國放棄英聯邦制度、向美國開放所有市場為附加條件對英國發放了總額為 50 億美元的貸款，掃清了進入拉丁美洲國家和亞洲國家的最後障礙。

2. 美元荒與馬歇爾計畫

由於第二次世界大戰對歐洲大陸的破壞嚴重，為了重建需要從生產能力基本沒有遭到破壞的美國進口大量的食物、燃料、原料和其他產品，對美元的巨額需求使得一度出現「美元荒」。新成立的國際貨幣基金組織和世界銀行難以負擔重建歐洲的巨大資金需求。為了阻止西歐共產主義勢力的崛起，儘快幫助西歐國家走出困境，美國從自身的政治和經濟利益出發，於 1947 年提出了「馬歇爾計畫」。美國以財政預算形式撥款向本國企業購買物資，然後運輸給受援國。美國在特殊帳戶上計入採購的總費用，而受援國以本國貨幣支付貨款，並將支付款投入本國的對等基金帳戶。受援國不用立即向美國歸還款項，而是將它編入財政預算。此外，馬歇爾計畫還有關於「有條件援助」的要求，即當一國向另一國購買貨物但缺乏支付手段時，由美國向後者提供等額的美元貸款，而在前者的對等基金帳戶上計入帳款。從 1948 年杜魯門簽署對外援助法案到 1952 年馬歇爾計畫基本結束，美國一共向歐洲提供了 131.5 億美元的援助，其中 90% 為贈款。

馬歇爾計畫以及伴隨的大規模美元輸出對於美元的國際化具有重要的意

義。首先，馬歇爾計畫進一步推動了美國的經濟發展，確立了美國無可撼動的資本主義世界政治和經濟上的領導地位。隨著第二次世界大戰的結束，美國在戰時所形成的巨大生產能力出現了過剩，政府減少了訂貨，在生產擴大的同時市場縮小了，加上軍人復員可能導致大量失業。通過實行馬歇爾計畫，一方面，美國將信貸援助轉化為商品輸出，為國內過剩的生產能力找到了市場，避免了戰後危機的出現。另一方面，大量的出口拉動了經濟的增長，促進了美國對外貿易的發展，在維持美國戰後的經濟繁榮方面起到了重要作用。

其次，馬歇爾計畫和它所帶來的美元輸出增強了美元在國際結算、外匯儲備等方面的國際地位。在二戰結束之初，歐洲各國的外匯儲備基本都在戰爭中消耗殆盡，這時馬歇爾計畫為歐洲國家提供的美元援助和信貸幾乎成為歐洲各國外匯儲備的唯一來源。到馬歇爾計畫完成為止，大規模美元輸出的結果是歐洲各國都儲備了大量的美元外匯，這大大提高了美元作為國際主要儲備貨幣的地位。此外，馬歇爾計畫給美國帶來了大規模的商品和資本輸出，極大地提升了美國在國際貿易中的市場份額和美元在國際貿易中作為交易媒介的地位。不僅如此，馬歇爾計畫通過在歐洲建立的多邊支付體系和將匯劃結算與馬歇爾計畫的「有條件援助」相結合的政策，使美元得以全面介入歐洲的國際結算環節。美元成為歐洲的國際結算貨幣大大提升了美元作為國際支付手段的地位。

最後，馬歇爾計畫強化了美國的國際政治地位。馬歇爾計畫解決了歐洲的「美元荒」問題，支持了西歐國家的重建，歐洲國家內部的支付體系由美元承擔，為布列敦森林體系的正式實施打下基礎。另外，馬歇爾計畫一方面加強了歐洲對於美國的依賴，遏制了歐洲社會主義的崛起，穩定了資本主義世界，為美元的國際化創造了穩定的國際環境。另一方面，它也激化了資本主義和社會主義的對立。它將蘇聯和東歐國家排除出了布列敦森林體系乃至世界市場之外，形成了布列敦森林體系只對西方世界發揮金融調節功能的格局。這確立了美國在資本主義世界和全球經濟中的霸權地位，確保了美元作為唯一霸權貨幣的地位。

3. 為維持布列敦森林體系所做的努力

布列敦森林體系存在其固有的矛盾「特里芬難題」，即為了維持美元和黃金的固定官價和美元與其他貨幣的固定匯率制度，需要美國保持經常帳戶順差或平衡，而為了滿足全球經濟貿易的擴張而產生的對美元的需求，又需要美國的經常帳戶保持逆差從而將美元輸出到世界各國。1959 年爆發了第一次美元危機，黃金的價格一度上漲至 40 美元 1 盎司，而在 1960 年美國的國外負債首次超過其黃金儲備，這都在不斷地侵蝕著人們對於美元的信心。

為了應對「特里芬難題」，美國不斷利用自身的國際霸權地位對國際貨幣體系進行修復，但是單方面考慮自身的利益而忽視其他國家的利益和訴求，終將導致國際協調的失敗。由於美國長期海外駐軍、參與朝鮮戰爭以及在 20 世紀 60 年代初捲入越南戰爭，巨大的政府開支使財政赤字不斷加大。戰後至 20 世紀 50 年代中後期美國始終處於貿易逆差狀態則更是雪上加霜。為了應對這種危機，美國開始大量發行美元來彌補赤字，導致了「美元災」，使得美元的穩定受到了威脅。而與之相對的，德國、日本等國家在戰後的經濟發展速度遠超美國，由於支持美元穩定開始影響到國內的物價穩定及其他經濟目標，它們開始漸漸反對美國。而作為 1956 年蘇伊士危機中的利益受害者，法國更是全力反對以美元為中心的布列敦森林體系，在十國集團中美國開始成為少數派。

在 1961 年美國聯合英國、瑞士和歐洲共同體（簡稱歐共體）一起出資建立了黃金總庫，以共同分擔維持黃金價格的成本。由於美國拒絕讓其他政治經濟目標屈從於保衛美元的黃金價格這一目標，其他國家對於黃金總庫的協調成果十分不滿，而其他成員國不僅提供的黃金儲備較少，還不斷地從中提取以增加本國的黃金儲備，法國甚至退出了黃金總庫。最終，隨著 1968 年第二次美元危機的爆發，黃金總庫機制崩潰。此時，美國的黃金儲備已經降低到全球的25%。在美國的壓力下，1971 年十國集團簽署了《史密森協定》，美元對黃金貶值，美國試圖依靠信用維持布列敦森林體系，但美國拒絕向外國中央銀行出售黃金，使得布列敦森林體系下的金本位制已經名存實亡。隨著 1973 年歐洲共同體國家的貨幣對美元聯合上浮，布列敦森林體系崩潰。

縱觀布列敦森林體系的國際貨幣安排，雖然「特里芬難題」的存在是內生的不穩定性，但是美國忽視其他國家的利益進行「霸權」協調是加速布列敦森林體系崩潰的重要原因。法國總統戴高樂對於美元不對稱的特權地位有一段著名的批判，他認為美國出現危機時可以通過過度發行美元來渡過危機，而其他國家在發生危機時卻因為貨幣釘住美元而無法調整匯率，遭受更大的損失。美國在享受貨幣收益的時候卻不顧其他國家的經濟政治訴求，各方在不滿情緒下難以達成牢固可靠的國際協調方案，最終美國也為此付出了一定的代價。雖然美元的世界貨幣地位遭到了一定的挑戰，可美國經濟的領先地位和美元的霸權地位沒有改變。

3.2.3 布列敦森林體系崩潰後的浮動匯率時代

1971 年 8 月，布列敦森林體系崩潰，美元與黃金脫鉤。但是，美元的國際地位並沒有因為缺少了黃金的背書而下滑，反而略有上升。1977 年美元在國際外匯儲備中的比例達到 79.2% 的最高點，美元依然是國際貨幣體系的中樞。

美元主導的重要原因是軍事霸權和石油美元。1973 年 10 月，隨著第四次中東戰爭爆發，阿拉伯石油輸出國組織開始針對美國等西方國家實行石油減產、禁運政策。它們收回了石油定價權，並大幅提升了石油價格。這導致了第一次石油危機，對整個資本主義世界的經濟都產生了重大衝擊。為了保證石油供給的穩定，美國選擇了阿拉伯國家中最大的石油產出國沙烏地阿拉伯作為盟友。美國不僅向沙特出口大量的武器裝備，還通過各種方式增加兩國間的經濟、文化、軍事聯繫，增強沙特對於美國的依賴性。此外，美國還與沙烏地阿拉伯簽署協定，確定把美元作為石油的唯一定價貨幣，並得到了其他歐佩克成員國的同意。這使得美國在國際石油貿易計價中獲得了壟斷地位。通過扶持沙烏地阿拉伯成為「海灣雙柱」之一的經濟支柱，美國不僅獲得了較為穩定的石油進口，增加了沙烏地阿拉伯等歐佩克組織成員國再次實行石油禁運和提升石油價格的成本，還穩固了石油—美元體系，通過石油美元回流政策加大了阿拉伯產油國對美國金融市場的依賴性。這樣，美元在國際大宗商品交易中的地位得到

了穩固和提高，美元的國際霸權進一步得到了穩固。

20世紀60年代歐洲美元市場的逐步形成給很多國家的國內監管帶來了威脅和挑戰，隨著第四次中東戰爭的爆發和1974年德國赫斯塔特銀行的倒閉，各國政府和央行普遍意識到單純依靠宏觀監管和一般性貨幣政策難以防範金融機構和國際市場變動帶來的衝擊。在布列敦森林體系崩潰後，為了維護國際金融體系的問題，各國央行達成共識要建立防範機制，對金融機構的組織架構和經營穩健進行監管。這直接促成了巴塞爾銀行監管委員會（BCBS）的成立，不僅對金融機構的微觀經營行為進行國際統一框架的監管，還對歐洲美元的運作進行干預。1982年的拉美危機爆發，墨西哥等拉美國家的資本流入瞬間停止，導致了普遍的經濟危機的出現。拉美危機暴露了美國銀行資本儲備不足的問題，而單方面提高美國的資本充足率會使美國的銀行在國際競爭中處於劣勢。顯然，美國憑藉自身的國際地位不會放任這種情況發生，時任美聯儲主席沃爾克在十國集團央行行長會談中提出建議統一標準的資本充足率，並得到了巴塞爾銀行監管委員會的支援。

在20世紀80年代，美國的貨幣政策出現了大轉向，美聯儲大幅提高利率以應對通脹。緊接著，雷根政府上臺，通過減稅計畫刺激國內的購買力，這一系列措施在壓低通脹的同時避免了產出的下滑。低通脹高增長不可避免地帶來了美元的升值壓力，強美元對美國製造業造成了負面影響。遵循放任自由政策的雷根政府，並沒有及時對外匯市場進行干預，使得貿易赤字和美元升值持續存在。美國政府的更替改變了政策走向，從1985年的《廣場協定》開始，美國開始聯合其他國家阻止美元的升值，並取得了顯著成效。此時，拉美危機依然在持續，3/4的拉丁美洲國家得到了國際貨幣基金組織的貸款救助，可這只是延緩了危機的爆發，在債務負擔不斷堆積的80年代末期，新一輪危機若隱若現。美國財政部部長布萊迪提出解決發展中國家債務問題的關鍵是解決國內經濟發展的問題，聯合國際貨幣基金組織和世界銀行，將發放新貸轉向債務減免來促進債務國的結構改革和經濟增長。

20世紀的最後10年是區域危機頻繁爆發的10年，其間發生的大事件

有蘇聯解體、英國和丹麥退出《馬斯特里赫特條約》、墨西哥金融危機和東南亞金融危機。美國置身事外,享受了 10 年飛速發展的新經濟時代,並通過聯合國、國際貨幣基金組織和世界銀行的國際組織和機構對區域事務進行協調參與。不過好景不長,21 世紀初互聯網泡沫破裂、伊拉克和阿富汗戰爭消耗了美國長期積累的財政盈餘,美元貶值、貨幣寬鬆,美國經濟初現崩潰的跡象。長期的貨幣寬鬆帶來的低利率環境是房地產市場和金融衍生品市場發展的沃土,並最終導致了 2007 年次貸危機的爆發。次貸危機最終演變成一場全球性的金融危機,美國政府的三輪量化寬鬆又將資產泡沫傳導到發展中國家,使世界對單一美元霸權的國際貨幣體系產生不滿,開始尋求國際貨幣體系的變革。

3.2.4　美國霸權下的國際政策協調

1. 國際貨幣基金組織和世界銀行等多邊協調機構的出現

根據 1944 年 7 月 1 日布列敦森林會議上通過的《國際貨幣基金組織協定》和《國際復興開發銀行協定》,1945 年 12 月 27 日國際貨幣基金組織和國際復興開發銀行在華盛頓成立。美國對於戰後的構想是建立一個取消所有國際貨幣流動限制的國際架構,從而為投資和貿易創造機會。通過國際貨幣基金組織調節國際收支,通過世界銀行幫助歐洲國家重建。雖然世界銀行之後的職能和作用發生了較大的變化,但總體來說,國際貨幣基金組織和世界銀行的創立是為了維持布列敦森林體系,實現美國所希望的自由貿易。

國際貨幣基金組織在布列敦森林體系時期的職能主要有三個:維持「可調整的釘住匯率制度」;對各成員的國際收支情況進行監督並提供資金支援;以及協助各成員間多邊貿易的發展並消除匯率管制,解除對於經常帳戶支付的限制。在布列敦森林體系時期的前期,國際貨幣基金組織和世界銀行為馬歇爾計畫的實施提供了輔助支持,美國馬歇爾計畫對於歐洲的援助和貸款基本都是通過國際貨幣基金組織輸入歐洲的。而歐洲所建立的歐洲支付同盟,也是對國際貨幣基金組織調節國際收支功能的補充。起初歐洲各國為了保障進口緊缺的生

活和重建物資，採取外匯管制，並將匯率固定在 1944 年的水準。而經濟合作總署和國際貨幣基金組織認為匯率定在 1944 年的水準實際上是偏高的，這會在歐洲各國造成緊縮效應，不利於歐洲的重建。因此 1949 年，美國督促國際貨幣基金組織對西歐諸國進行了大規模的匯率重組，包括英國、法國、聯邦德國在內的 30 多個國家先後進行了貨幣貶值。這次匯率的重新定值改善了歐洲的貿易條件，促進了歐洲的復興。到 1958 年，西歐主要工業化國家積累了足夠的美元外匯儲備，於 1959 年 1 月正式履行布列敦森林協定「雙掛鉤」的承諾，西歐主要國家的貨幣也開始同美元自由兌換，布列敦森林體系開始正式發揮調節整合西方世界貨幣金融制度的功能。

20 世紀 60 年代不斷爆發的美元危機使得各國對於美元的信心不足，不願再增加新的美元儲備。1958 年，各國的外匯儲備總額約占國際貿易總額的 57%，而到了 1967 年，這個比例下降到 36%。為此，有必要提出一種新的儲備貨幣來補充各國的外匯儲備。經過長期討論，在 1969 年，特別提款權正式創立，美元仍是最主要的國際儲備貨幣，特別提款權只是對美元和黃金的補充。

在布列敦森林體系建立和維持的過程中，國際貨幣基金組織最重要的職能就是維護各國之間匯率的相對穩定。在 1958 年之前，國際貨幣基金組織提出了各國建立平價制度和取消外匯管制兩大重要措施。在布列敦森林體系崩潰之後，國際貨幣基金組織這一功能和作用幾乎不復存在。但國際貨幣基金組織作為許多國家的最後貸款人，還是存留了下來。這時它的工作重點也逐漸轉變為致力於全球經濟金融治理。1974 年國際貨幣基金組織成立了一個臨時委員會，由 20 個主要成員的部長級代表組成，用於研究國際貨幣制度問題。這個臨時委員會在 1976 年簽訂了《國際貨幣基金組織協定第二修正案》，對黃金、匯率、儲備資產、國際收支等問題提出了諸多建議，確定了浮動匯率、黃金非貨幣化等重要議題，實際上為布列敦森林體系崩潰之後混亂的金融體系重新制定了規則，這後來被人們稱為「牙買加體系」。不過，國際貨幣基金組織的制度也並非盡善盡美。在國際貨幣基金組織中，各成員都占有一定的份額。這些份額決定了其在國際貨幣基金組織中發言權及投票權的大小，以及在國際貨幣基金組

織中可獲得貸款的最高額。而美國所占有的較大份額使它對國際貨幣基金組織的影響力較強，使國際貨幣基金組織做出的決定有時會存在不公，缺乏代表性。

世界銀行包括最初成立的國際開發銀行和於 1960 年成立的國際開發協會，這二者和後期成立的國際金融公司、國際投資爭端解決中心、多邊投資擔保機構合稱為世界銀行集團。世界銀行剛成立時，美國擁有其 36% 的投票權，而根據世界銀行的規定，會員贊成票超過 65% 時才能修改世界銀行的章程，這表明美國擁有單邊否決權，在制度上控制了世界銀行。美國一方面利用世界銀行的特權在政治上增強自己的影響力和控制力，另一方面則利用世界銀行協助各國重建和發展經濟，以期建成一個更有利於美國的開放性的世界經濟市場。世界銀行成立的最初的直接目的是說明歐洲國家從戰爭廢墟中復興並過渡到和平時期。從 20 世紀 60 年代開始，世界銀行的貸款重點開始轉為亞非拉地區的發展中國家，美元通過世界銀行貸款輸入到更多的發展中國家之中。

2. 七國集團主導下的國際經濟政策協調

布列敦森林體系崩潰之後，不少國家開始實行浮動匯率制。在這種混亂的國際貨幣金融體系下，1976 年，國際貨幣基金組織召開國際貨幣制度臨時委員會，達成了《牙買加協定》，基本確立了牙買加體系。在牙買加體系下逐漸形成了以美國為中心的七國集團的國際協調格局。七國集團最早可以追溯到 1975 年，美、英、法、德、義、日六國首腦在法國小城郎布依埃第一次以「爐邊談話」的形式商討了資本主義經濟面臨的問題與挑戰。1976 年在美國聖胡安召開了首腦會議，加拿大總理也加入進來，六國變為七國。從這次會議開始，每年一度的七國首腦會議作為一種制度固定下來，輪流在各國舉行。由於七國集團國民生產總值超過全球國民生產總值的一半，因此也被稱為「富國俱樂部」。

在全球經濟金融治理中，由於大國占全球經濟金融的比重較高，它們的政策往往會關係到世界經濟的繁榮穩定。因此，大國在全球經濟金融治理中肩負著重大的責任。在布列敦森林體系崩潰之後，有必要重新考慮建立協調主體和平臺，在新的貨幣格局下發揮穩定器的作用。在這種情況下，七國集團應運而生。事實也證明這種國際協調機制在當時對於穩定世界經濟環境起到了關鍵作

用，最著名的例子是波恩會議、《廣場協定》和《羅浮宮協定》。

此時，美國深陷越南戰爭泥潭，巨大的國防支出導致大量的預算赤字和貿易逆差，在浮動匯率制度實行的前 6 個月美元對馬克就貶值了 30%。而美國認為歐洲國家蓄意追求順差，提出制定「儲備指標」，強迫歐洲國家買入美元，但以德國為代表的歐洲國家反對這一做法，認為這將帶來通貨膨脹。20 世紀 70 年代的石油危機更是讓美國雪上加霜，為了防止造成 1929 年大蕭條時同樣的後果，各國採取增發流動性的方式彌補財政赤字，為進口石油埋單，結果造成了 70 年代普遍的通貨膨脹。 各國一方面擔心通貨膨脹問題，另一方面也希望限制貨幣的不穩定。

在這樣的大背景下，1977 年美國的卡特政府採取的宏觀經濟刺激政策激起了美元通貨膨脹的預期，導致美元再次貶值。儘管德國國家銀行向美聯儲的外匯穩定基金提供了特別信貸，但收效甚微。因為美元貶值的根本效應在於通脹預期，卡特政府希望其他國家同樣採取擴張性政策，但日本和歐洲由於擔心通貨膨脹問題而拒絕這樣做。為了穩定美元的匯率，1978 年七國集團召開了波恩會議。美國宣佈採取削減政府支出和工資的反通脹措施，與此相對應，日本和歐洲實行擴張性政策，日本增加了政府支出並降低了貼現率，德國則增加了政府支出並減少稅收。不過，波恩會議起到的效果不是很好，因為 20 世紀 70 年代末期出現的「滯脹」使各國在宏觀政策的選擇上存在兩難，單純的擴張政策或反通脹政策並不能完全解決當時的困境。但至少通過這些措施，主要貨幣間的匯率得到了暫時穩定。

《廣場協定》簽訂的背景可追溯至雷根政府奉行供給學派，推行雷根經濟學，削減個人所得稅並增加國防支出，而中央銀行通過高利率政策壓低貨幣供應以抑制通貨膨脹，從而振興了美國經濟、緩解了滯脹。但它導致美國陷入了經常收支赤字和財政赤字的所謂「雙胞胎赤字」的泥潭，而高利率政策導致大量外資流入美國，使美元於 20 世紀 80 年代初期持續升值，這進一步擴大了美國的貿易逆差。以 1982 年的不變價格計算，美國貿易差額從 1981 年的 500 億美元盈餘變成了 1986 年的 1 500 億美元以上的赤字。美國企業和工人受到強

勢美元的衝擊，要求政府採取行動制止和扭轉美元的升值勢頭。為了改善美國的經常帳戶，阻止美元進一步升值，美國希望採取一次聯合干預的行動。而對於歐洲和日本來說，美元估值的確太高了。美元持續升值使得它們不得不採取高利率政策來避免資本外流。而對於日本來說，日圓兌美元的匯率的確偏低，日本也希望借此機會讓日圓匯率恢復到正常水準。於是，1985 年 9 月，五國集團的財政部部長和中央銀行行長在紐約的廣場飯店舉行了祕密會晤，同意共同促使美元匯率下降。隨後五國共同發佈了一份公告，表示將「有序推動非美元貨幣升值」，這就是《廣場協定》。

在《廣場協定》簽訂之前，1985 年 1 月的五國集團會議上已經達成了一些干預美元匯率的協定，美元從 1985 年 2 月開始持續貶值。日圓、德國馬克和其他歐洲貨幣相對價值的急劇上升，使日本和歐洲的出口量和利潤下降。到1986 年年底，日本和歐洲各國政府都面臨著巨大的國內壓力，要求停止美元貶值。1986 年 9 月，美國和日本達成了一項雙邊協議，日本將採取擴張性的財政政策來拉動內需，與之相對的美國將重點穩定匯率。

1987 年 2 月，七國集團的財政部部長們在羅浮宮舉行了會議。各國同意將美元匯率穩定在當前狀態，日本將採取進一步的刺激措施，德國將繼續削減稅收，而美國也將採取一定的措施。但美國不願意改變國內的政策，沖銷干預沒有得到美國國內政策的支持，結果在 1989 年下半年，美元再次貶值。但是經過這幾次國際經濟政策協調，美國的經常帳戶得到了改善，到 90 年代初期基本上實現了平衡，美元的霸權地位得到了穩定和維持。美元在外匯儲備中的比重回升，逐漸占到國際儲備的 2/3 左右。

從七國集團的國際協調機制來看，美國占據了主導地位，其主要解決的問題是美國國內經濟政策的副產品和外溢性。在協調過程中，美國為了維護單一的本國利益，利用在國際協調機制中的強話語權，以損害日本、歐洲的貿易競爭力為代價，來修復本國的貿易赤字，並且自身並不配合國際協調政策進行改變。但是，從《羅浮宮協定》的簽訂來看，美國在國際協調中也不可能完全忽視其他國家的利益，在七國集團的協調機制下最終目的還是要滿足其中所有國

家的合理訴求。從美國的單一主導國際協調，到七國集團的國際協調機制，美國的地位已經受到了一定影響，形成了「一超多強」的國際政治格局。

3. 由七國集團發展到二十國集團的國際政策協調機制

七國集團是一個超國家、超集合團、不局限於某一經濟領域或某一地區、集團之內的國際協調機制。對於國際經濟的協調，參與方必須擁有一定的經濟基礎和影響力，而七國集團成員都擁有雄厚的經濟實力，從而保證了協調的結果不僅可以在七國範圍內起到作用，而且可以影響整個世界。它的靈活性強，範圍廣闊，討論的議題並不局限於某個方面，可以根據當前的國際形勢及時調整，應變能力很強。同時，協調程度加深，有時甚至上升到政治層面，這是之前的國際經濟協調所不曾有過的。儘管七國集團的協調機制存在一些局限性，諸如缺乏懲戒機制、監督機制，有時效率較為低下等，但不可否認的是，七國集團在 20 世紀七八十年代的國際協調中起到了重要作用。如 1978 年的波恩會議、1985 年的《廣場協定》，1987 年的《羅浮宮協定》，在遏制全球性通貨膨脹、促進國際金融體系的穩定、減輕各種危機對於世界經濟的衝擊方面都起到了一定的作用，此外，它在維持美元的霸權方面也起到了重大作用。

隨著發展中國家已經成為國際政治中的一種重要力量。全球治理當然也離不開發展中國家的參與。在 1999 年 12 月，七國集團邀請了全球新興經濟國家的財長和央行行長在柏林召開了第一次非正式會議，這意味著二十國集團的正式成立。二十國集團在建立之初的近 10 年裡起到的作用不大。第一，二十國集團只是部長級別的對於具體問題進行磋商的功能性平臺，缺乏強有力的政治支持。第二，二十國集團的雙部長會議僅僅是一個協商的論壇，會議成果以聲明形式發表，缺乏約束力；第三，二十國集團商討議題寬泛，有些議題超出與會部長的職權範圍，而會議中七國集團又掌握著對於議題的控制權，大部分議題基本都是發達國家所關注的，與發展中國家的福利相關的議題基本沒有進展；第四，二十國集團面對成熟的七國集團很難發揮作用。最初的 10 年中，二十國集團主要起到了將七國集團的倡議和政策合法化的作用，對於國際經濟金融治理鮮有貢獻。直到 2008 年美國金融危機的爆發大大削弱了國際貨幣基金組

織的話語權，打擊了七國集團的地位，才為二十國集團的迅速成長提供了空間。

自 2008 年領導人峰會以來，二十國集團在很多領域都起到了顯著的作用：在應對短期危機方面，達成了諸多協定，推進了經濟復甦；在宏觀方面，建立了新的國際財政及貨幣政策協調標準和機制；在加強金融部門的監管和協調方面，協調各國共同加強宏觀審慎監管，並推動了《巴塞爾協議Ⅲ》的實施；在國際制度方面，加強和改革國際經濟組織職能和結構，將金融穩定論壇擴大至二十國集團全體成員，並將其更名為金融穩定理事會，之後又進一步強化金融穩定理事會的能力、資源和治理。

4. 美國參與的區域經濟政策協調

隨著 20 世紀 80 年代歐洲共同體和日本的經濟實力不斷增強，美國的相對競爭優勢被削弱了。美國想要保持自己的政治經濟霸權，也必須建立一個國際貿易經濟體，與新興經濟體抗衡。因此在 80 年代末期，美國和加拿大簽署了《美加自由貿易協定》，之後作為發展中國家的墨西哥也加入談判，並於 1992 年 8 月簽署了《北美自由貿易協定》。協定規定，北美自由貿易區成員國要逐步消除國家之間的貿易壁壘，通過免除或削減關稅，來實現商品、勞務的自由流通，構成世界上最大的跨國貿易集團。與歐盟性質不一樣，《北美自由貿易協定》不是凌駕於國家政府和國家法律上的一項協定，而是旨在通過在自由貿易區增加投資機會、擴大貿易來增加就業機會，促進經濟增長。

美國除了自己成立和組織參與自由貿易協定等區域政策協調外，還在世界範圍內多方參與區域政策協調。在冷戰時期美國參與協調的主要目的是對抗蘇聯社會主義，所以在世界範圍內有很多盟友，還構建了北約軍事同盟。在冷戰結束之後，其參與協調的主要目的是維持美國在當地的利益以及與盟友的關係。例如經過美國的斡旋，暫停七年之久的巴以和談重啟；美國多次參與朝核六方會談，用和平的方式解決朝核問題等。

3.3　日圓國際化過程中的鬥爭與生存

3.3.1　戰後日本經濟的發展

　　第二次世界大戰之後，日本作為戰敗國經濟遭到了巨大衝擊，日本政府確立了「經濟增長至上」的方針，推行「貿易立國」戰略，利用後發優勢，實行「追趕式」發展模式。此外，冷戰時期，美國出於自身的戰略需要也積極扶持日本經濟發展。因此，在正確的國家戰略和美國的戰略扶持下，從 1955 年開始，日本經歷了 20 年的經濟高速發展，到 1968 年時日本的 GDP 已經躍居世界第二，到 20 世紀 70 年代後期，日本的 GDP 已經相當於英法的總和。1955—1973 年，日本的國民生產總值年均增長 9.8%，更值得一提的是日本的經濟增速建立在低通脹、低失業率的情況下，並成功實現了產業結構的升級和貿易競爭力的提升。

　　日本政府在戰後恢復基本結束之後，接連出臺了《經濟自立五年計劃》《新長期經濟計畫》《國民收入倍增計畫》《中期經濟計畫》《經濟社會發展計畫》振興日本經濟，成功地在耐用消費品、重工業領域取得了舉世矚目的成績，國民收入和個人消費也顯著增長，這讓日本的經濟騰飛並沒有受到高通脹的困擾。

　　針對戰後日本產業技術水準落後的情況，日本從財政政策、產業政策和貨幣政策多方面著手，扶植日本產業結構轉型。在美國的幫助和支持下，日本引進了大量高技術設備和工藝，不滿足於設備的仿製和改善，還強調有自己核心技術的產品。針對相對落後的相關產業，日本利用關稅和補貼支持這些幼稚產業。在戰後經濟建設的大浪潮和日本正確的產業方針的指導下，日本工人的工作積極性非常高，相比於 1950 年，1970 年不僅全要素生產率和人均產值大幅提升，產業結構也從資源勞動密集型產業向資本技術密集型產業轉移。

　　1971 年，日本提出將知識密集型產業作為日本下一輪經濟發展的突破口，到 1985 年，日本的鋼鐵、汽車、船舶和一些耐用消費品已經占據了世界市場的半壁江山。

　　日本的產業結構升級和貿易競爭力的提升是相輔相成的。日本在 20 世紀

50 年代初期就確立了「貿易立國」戰略，日本國土面積小、資源匱乏，工業原材料極度依賴海外市場，使得日本在戰後很長時間都存在嚴重貿易逆差。日本產業競爭力的提升帶動了出口的強勁增長，1965 年日本首次實現貿易順差，1971 年日本的出口總額占世界的 7%，出口產品也由紡織服裝逐漸升級到汽車、收音機、電視機等高附加值的產品。

3.3.2 日圓國際化的推進與演變

　　日本在經濟發展的過程中，也在積極推進開放，力求在世界政治舞臺上獲得更多的話語權。1952 年 8 月，日本加入國際貨幣基金組織和國際復興開發銀行，1955 年加入《關稅及貿易總協定》和經濟合作與發展組織（簡稱經合組織，OECD）。1964 年，日本實現了經常專案自由兌換，成為國際貨幣基金組織第八條款國。次年日本實現貿易大幅順差，成為資本淨輸出國，貿易項下的對外輸出客觀上為日圓的國際化奠定了基礎。由於日本國內資源有限，對外貿易主要是依靠進口的原材料進行加工然後輸出工業製成品。1967—1973 年，日本逐步開放資本帳戶，為日本外向型經濟的進一步發展提供了動力。但是進入 20 世紀 70 年代後，隨著布列敦森林體系的崩潰，各國匯率政策都轉向浮動匯率制，日本兌美元的匯率有所上升，這嚴重損害了日本的出口競爭力。而 1973 年和 1979 年爆發了兩次石油危機，也對能源依賴型的日本經濟造成了較大的影響。日本通過積極轉變經濟增長方式，自己研發和掌握了很多高端技術，在很多方面的技術水準已經逐漸趕超美國。技術帶來的經濟增長動力帶領日本克服了通脹和危機，成功地實現了經濟繼續高速發展。1985 年日本已成為世界上最大的債權國，對外淨資產達 1 298 億美元。

　　與經濟地位不相匹配的是日本仍採取限制資本流動措施，20 世紀 70 年代的日本已經在世界經濟和貿易舞臺上占據一席之地，但國內的金融制度仍非常落後，阻礙了經濟和貿易的進一步發展。日本對於金融從業機構有非常嚴格的審查措施，堅持政府主導的金融體系，對銀行的業務有嚴格的限制和監管。配合日本的經濟增長戰略，銀行等金融機構向政府支持的產業投放大量貸款，並

在政府的控制下實行低利率。這在推動戰後經濟恢復和發展的過程中起到了重要作用，為核心產業的發展提供了充足的低成本資金，但隨著經濟的發展，政府的過多干預阻礙了產業的均衡發展，拖累了股票和債券市場的發展。並且，為了保證重點產業可以獲得低成本的銀行貸款，日本採取了嚴格的資本管制措施防止資本外流。可隨著日本貿易的發展和加入國際貨幣基金組織，它所實行的資本管制受到越來越多的國家的指摘，日本被迫開始資本自由化的道路。同樣，日本政府起初並不想主動推動日圓的國際化，而是專注於發展貿易和技術。布列敦森林體系崩潰之後，日圓開始自由浮動，日本的國際地位也在不斷地上升。日本政府在經濟地位提升的過程中逐漸發現，如果本國貨幣缺乏國際支付地位，日本巨額的進出口貿易會變得非常不穩定，日本企業的出口競爭力會受到削弱。因此，大約在 1980 年前後，日本開始主動尋求日圓的國際化。1979年日本取消了非居民加入現匯市場限制的決定和對國內企業的外匯貸款限制，1980 年修訂了《外匯與外貿管理辦法》，開放了日本的金融市場，之後又積極拓展日本銀行的海外業務。這些措施大大推進了日圓的國際化進程，到 1985年，日圓在各國外匯儲備總額中所占的比例從 1973 年的 0.1% 上升到 7.6%。

3.3.3　日圓謀求國際地位的政策協調

美國推行雷根經濟學後，美元不斷升值，加上美日間的貿易逆差不斷擴大，使得美國國內出現了一波巨大的貿易保護主義浪潮，要求日本實行金融自由化，日圓要升值。為了協調美日兩國的矛盾，1983 年 11 月成立了日美間日圓美元委員會。美國在與日本的交涉中，以當前美國的貿易保護主義可能會迫使政府出臺針對日本的貿易保護法案作為威脅，要求日本調整宏觀政策，實行減稅和下調法定利率，從而解決日本的儲蓄過剩問題，擴大日本的消費，以改善貿易平衡。事實上，受第二次石油危機影響，日圓的匯率貶值過度，日圓兌美元的匯率的確有所偏離。但日本想通過國際協調為自己爭取更多的國際利益，單方面的妥協讓步是日本不能接受的。因此，日美間日圓美元委員會並沒有在促進日本的金融自由化和日圓升值方面發揮有效的作用。

1985 年，不斷走高的美元幣值和不斷增大的經濟增長壓力使得美國急切地希望美元貶值。從年初開始，美國開始鞏固與日本的政治和金融關係，消除兩國在日美間日圓美元委員會的摩擦和矛盾。1985 年 9 月 22 日，五國集團的財政部部長和央行行長在紐約廣場飯店達成了聯合干預外匯市場的決定，以解決美國的巨額貿易赤字問題。除了干預外匯市場之外，美國還計畫削減財政赤字，德國計畫實施稅制改革和減稅，日本的任務是擴大內需、進行稅制改革等。日本作為《廣場協定》的簽訂方，在簽訂前表現得非常積極。這是因為，一方面，日本可以通過五國廣泛的干預使得日圓的匯率回歸均衡水準；另一方面，日本可以從多國協調中可獲得更多的政治利益。

　　然而事與願違，日本的計畫是將《廣場協定》簽訂之前的 1 美元兌換 242 日圓調整到 1 美元兌換 200 日圓左右。但是，美元的貶值和日圓的升值幅度遠遠超出了日本的預期，在《廣場協定》生效的三個月內日圓升值 20%，在 1987 年達到 1 美元兌 120 日圓的巔峰，美元兌日圓貶值超過 50%。由於日圓的迅速升值嚴重打擊了日本的經濟，日本被迫實行了寬鬆的貨幣政策，並在外匯市場上賣出日圓來阻止日圓的進一步升值。為了遏制瘋狂升值的日圓，日本希望通過類似《廣場協定》的國際協調，進行多方市場干預。可日本的利益訴求並沒有得到其他國家的一致肯定，尤其是嘗到了美元貶值甜頭的美國希望美元可以進一步貶值。1986 年 9 月召開的七國集團會議發表聲明表示：「去年的匯率變化對糾正失衡發揮了重要作用，它的完整效果今後還會進一步體現出來。」這意味著美元向貶值方向的調整還沒有結束。

　　日本意識到在當前的國際形勢下，扭轉日圓的升值趨勢必須得到美國的首肯，於是開始與美國進行多次交談。1986 年 9 月 6 日在美國的舊金山召開了美日間財政部部長會議，日本與美國在匯率問題方面存在意見分歧，美國只是要求日本追加預算，創造內需，想辦法度過困境。為了爭取美國的同意，日本隨即進行稅制改革，實行減稅，並向國會追加預算，配合下調利率來多方面提升內需。作為交換，1986 年 10 月 31 日，日本大藏大臣宮澤喜一和美國財政部部長貝克發表了穩定外匯市場的財政部部長共同聲明，聲明中提出：「日圓美元

的匯率調整已經和現在的經濟基礎條件大致相符。」從這之後日圓匯率暫時穩定在了1美元兌換150～160日圓。但是在1987年年初，歐洲貨幣體系內匯率市場的又一次調整使美元出現貶值趨勢，這又造成日圓的升值。在日本的交涉下，美國進行買入5 000萬美元的小額市場操作，但對外匯市場影響甚微。

羅浮宮會議召開前，日本的經濟形勢危機四伏。日本為了在羅浮宮會議談判中獲得更多的話語權，維持日圓價格的對外穩定，在羅浮宮會議召開前第五次下調了法定利率，日本的利率達到了2.5%的最低點。儘管羅浮宮會議上各國在把匯率行情「穩定在目前的水準附近」達成一致，但羅浮宮會議召開非常倉促和草率，在《羅浮宮協定》簽訂後美元匯率繼續下跌，日圓則繼續升值。

慌忙之中，日本於1987年5月29日推出5兆日圓的公共投資和1兆日圓的減稅，即合計6兆日圓的緊急經濟對策。在日本大規模的財政政策支持和寬鬆貨幣政策下，日本的實際國內需求穩定增長，對外貿易的平衡得到了改善。

由於日本對美國存在大量的貿易順差，因此美國一直希望通過日圓升值來改善自身的國際貿易收支。事實上，日圓升值有其內在的因素。日本經濟的快速發展，加上日本逐漸開放本國金融市場，推行日圓國際化，增加了日圓和日圓資產的吸引力。此外，第二次石油危機之後，國際上對於日本經濟形勢的估計低於實際情況，這也導致日圓匯率水準低於實際水準。但是日圓升值的幅度遠遠越過了正常的匯率變動水準。日本一直實行的是出口導向型經濟，因此日圓對美元大幅升值的結果就是日本的出口經濟受到了嚴重的打擊。從國際上看，日本是處於美國核保護下的國家，在美國要求進行聯合干預降低美元匯率的情況下，日本不可能阻止日圓的升值。

而日本在歷次談判中被迫實行的國內政策，包括龐大的財政支出計畫和一直維持超低利率的貨幣政策，造成了日本泡沫經濟的產生。在「黑色星期一」的全球大股災發生後，日本的經濟政策陷入困境。由於在1929年的大股災爆發時錯誤地使用了緊縮政策，結果出現了大蕭條，因此，各國都奉行著「股價下跌時，必須給市場提供流動性」這一準則，這導致日本被迫繼續維持低利率的寬鬆貨幣政策。此外，受《廣場協定》簽訂後日圓瘋狂升值的影響，日本國

內始終存在日圓升值綜合征，對利率的抬升非常敏感，這使得日本的低利率政策長期化。隨著 1991 年日本的泡沫經濟崩潰，日本進入被稱為「失去的十年」的經濟衰退期，直到現在，日本的經濟仍未能完全走出這次經濟衰退的陰影，日圓也很難再取得能與美元和歐元相抗衡的地位。

縱觀整個 20 世紀 80 年代中後期日本的國際政策協調，日本的國際政治地位與其經濟地位存在嚴重的不匹配，在國際政治舞臺上的話語權缺失使得日本在應對一個問題的時候需要付出過高的代價。這集中體現在兩個方面：

第一，難以在恰當的時期達成有利於本國經濟的國際協調結果。日圓在《廣場協定》簽訂後的大幅升值是所有人都沒有預料到的，如果能夠在第二年的年中或者七國集團會議上達成日圓升值幅度已經足夠的國際聲明，日圓的走勢可能會被政府的市場干預遏制住。但是，日本並沒有能力在世界範圍內達成類似的協議和聲明，這一聲明最終拖到了 1987 年羅浮宮會議，而且是付出了很高的國內代價換取的。

第二，協調成本過高，難以達成有利於本國經濟的國際政治訴求。日本在察覺到日圓升值過快的時候，就開始積極聯繫美國進行國際協調。但是，美國剛剛享受到美元貶值帶來的好處，並不會貿然放棄這一趨勢。為了得到美國的首肯，日本不僅連續五次下調了利率水準，最終將利率下調到 2.5% 的歷史最低點，而且推出了史上最強大的財政刺激計畫，耗乾了日本的財政實力。

日本泡沫經濟的形成與破碎是由諸多因素造成的。既有日本在國際協調上失敗的因素，也有日本自身政策失誤和經濟結構缺陷的因素，總的來說，主要體現在四個方面：

第一，日本的政策應對失誤。日本為了在對外出口大幅減少的情況下維持經濟增長，實行了擴大內需的政策，然而它並沒有積極調整國內的產業結構。日圓的大幅升值使得日本國內的傳統產業大量向國外轉移，而國內缺乏高新技術產業填補空白，造成了產業空心化。1987 年下半年政府投資等公共部門的需求是內需的主角，到了 1988 年就轉移到了民間需求的兩根支柱上，也就是家庭消費和企業設備投資，尤其是後者，這被稱為「內需的發現」。結果，一方

面是超低利率帶來的大量流動性，另一方面是企業設備投資成為內需的主角，最終導致股價和房地產價格暴漲，演繹出許多「股市神話」和「土地神話」，在房地產市場和股票市場產生了大量泡沫。

第二，對於投機市場的監控不足。美國一直致力於使日本放鬆對於金融市場的管控，實現日本的金融自由化。而在《廣場協定》之後，日本的金融自由化進程加快。1986 年 12 月日本正式建立了東京離岸市場，1988 年 1 月和 12 月日本先後向國外開放了日圓 CP（商業票據）市場和外匯 CP 市場，1989 年日本放鬆了對於東京離岸市場的管制，並於當年實現了歐洲日本業務的全面自由化。這麼做一方面推動了日圓的國際化，使日圓在進出口結算、各國外匯儲備中的地位都得到了提升，但另一方面，在經驗不足的情況下輕易放鬆管控意味著大量熱錢可以更加自由地進出日本市場，衝擊日圓匯率，使得日圓匯率的不穩定性進一步增強。

第三，日本的貿易結構不合理，缺乏使用貨幣的定價權。日本本土的資源匱乏，主要產業是加工製造業，即先從國外進口原料，進行加工製造之後再銷往國外。然而，日本進出口的主要結算貨幣是美元，而且日本缺乏使用貨幣的定價權，因此，日本的經濟受國際商品價格波動影響嚴重。當日圓兌美元匯率發生較大波動時，日本的經濟也會受到較大的影響。

第四，也是最根本的原因，日本的經濟嚴重依賴於美國，而日本的國際話語權和國際地位較低，結果成為美國轉嫁國內危機的替罪羊。日本嚴重依賴於對美國的出口，因此在《廣場協定》和美日雙邊協定之下，日本被迫實行寬鬆的貨幣政策和財政政策。而 1988 年的世界性股災又使得日本維持著低利率政策。日本的政策從一開始就被束縛住了，這與其說是政策失誤，不如說是必然的結果。此外，1989—1990 年達成的《美日構造協議》規定，日本一方面需要實行共計 430 兆日圓的公共投資，另一方面要減輕對於企業和土地的監管，增強美國企業在日本的競爭力。《美日構造協定》使得日本在 1990—1991 年增加了大量的公共投資，大大惡化了日本政府的財政狀況。而當日本意識到房價和股價的不正常時，由於《美日構造協議》的約束仍然沒有加強對企業和土地

的監管，這也造成了日本對於泡沫經濟的應對不利。

泡沫經濟在 1991 年的破滅大大影響了日圓的國際化進程。日圓在日本出口貿易中的結算比率由 1992 年的最高值 40.1% 下降到 1997 年的 35.8%。1997年，日圓在國際貨幣基金組織成員官方外匯儲備中僅占 6.0%。從 1990 年起，日圓對外貸款年末餘額開始減少，到 1995 年僅相當於 1989 年的 73.0%，這意味著日圓對外輸出的大幅下降。此後，日圓的國際地位再也沒有重回 20 世紀80 年代的巔峰水準。

3.4　歐洲的區域合作與歐元的崛起

3.4.1　戰後歐洲逐步尋求區域合作

1946 年邱吉爾的演講就提出歐洲要復興需要尋求歐洲的合作，而合作的關鍵是法國和德國必須聯合。儘管戰爭帶來了隔閡，但滿目瘡痍的歐洲大陸和來自蘇聯的威脅促進了歐洲的合作。1950 年，法國發表《舒曼宣言》，提出聯合德國建立煤鋼工業生產體系，並在 1951 年 4 月 18 日與比利時、聯邦德國、義大利、盧森堡和荷蘭簽署《巴黎條約》，成立歐洲煤鋼共同體，對煤炭和鋼鐵進行統一的管理和調配。歐洲煤鋼共同體的成立不僅提高了原材料的調配效率，還降低了價格、豐富了產品，更為重要的是打破了法國和德國長達百年的戰爭隔閡，讓兩國人民看到合作可以帶來比對抗更大的收益。

1957 年 3 月 25 日，西歐六國在羅馬簽署了《歐洲經濟共同體條約》和《歐洲原子能共同體條約》，統稱《羅馬條約》。《羅馬條約》是歐洲通向一體化道路上的另一重大舉措，其中不僅提到了建立共同市場、組建自有關稅聯盟，而且提到了經濟政策、產業政策和貿易政策的協調。各國希望通過建立單一市場、密切政策協調，逐步實現歐洲的一體化。1965 年 4 月 8 日，六國簽訂了《布魯塞爾條約》，決定將三個共同體的機構合併，統稱歐洲共同體（簡稱歐共體）。1972 年 6 月 22 日，歐共體首次擴張，英國、愛爾蘭和丹麥加入歐共體。

《單一歐洲法案》的頒佈為共同體的擴張奠定了制度基礎，歐共體在 20 世紀末期持續向東和向南擴張。1991 年《馬斯特里赫特條約》簽訂，1992 年歐洲共同體正式更名為歐盟。歐盟的機構設置主要包括歐盟理事會、歐盟委員會、歐洲議會和歐洲中央銀行，分別負責立法、外貿談判、監督和制定共同的貨幣政策。歐洲正朝著一個經濟、政治、外交和安全多個方面的共同體發展。1999 年歐元啟動，《阿姆斯特丹條約》鞏固了歐盟的法律基礎。

2000 年 3 月歐盟理事會在里斯本召開特別首腦會議，制定了歐盟 21 世紀第一個十年的發展規劃，加上 2001 年 6 月的哥德堡峰會，歐盟形成了涵蓋經濟、社會和環境三根支柱的里斯本戰略。2000 年 12 月的《尼斯條約》簽訂，改革了歐盟的機構體制。2004 年《歐盟憲法條約》簽署，成為歐盟一體化的綱領性檔。但是《歐盟憲法條約》在多國公投沒有通過，是 21 世紀以來歐盟遇到的最嚴重的政治危機。金融危機之後，歐洲主權債務危機和英國脫離歐盟接連發生，歐盟的未來何去何從仍未可知。

3.4.2　貨幣合作和歐元的建立

歐洲尋求貨幣合作在戰後就已經開始。二戰結束之後，美元實際上成為歐洲國家之間交易的主要結算幣種，並在歐洲支付同盟的統一框架內進行結算。1948 年 10 月 16 日，西歐各國締結了多邊歐洲支付協定，美元是主要的結算貨幣。在此基礎之上，1950 年 9 月 19 日，歐洲支付同盟成立，由國際清算銀行結算成員的貿易支出和收入，差額用黃金或美元結算。美元由此成為等同於黃金的歐洲國家間的結算貨幣。1958 年，歐洲貨幣協定的成立正式取代了歐洲支付同盟，法國、聯邦德國、義大利、荷蘭、比利時和盧森堡六國達成協議，約定各國貨幣匯率對美元的浮動範圍在 0.75% 以內。1964 年成立中央銀行行長委員會，旨在促進歐洲中央銀行間的合作交流。在布列敦森林體系期間，美元是世界商業和貿易的重要流動貨幣，歐洲國家間的貨幣合作縮小了布列敦森林體系的匯率浮動範圍，加強了高層之間的貨幣對話，促進了歐洲各國的貿易和政策溝通。

布列敦森林體系崩潰之後，1971 年 12 月，十國集團簽訂了《史密森協定》，各國匯率的波動區間大幅擴大，匯率波動成為歐洲內部貿易的不穩定因素。因此，歐洲各國迅速做出反應，於 1972 年 3 月提出使用蛇形浮動匯率制度安排，規定各國雙邊匯率浮動範圍不超過 2.25%，對美元匯率波動幅度不超過 6%。並創立了歐洲貨幣合作基金，向弱幣國家提供短期和極短期融資便利，以及監督歐洲貨幣政策和信貸便利操作。貨幣交易雖然不受限制但允許各國進行資本管制。這與布列敦森林體系下的可調整釘住匯率很相似。在最初建立的蛇形匯率安排中，當各國的匯率逐漸偏離《史密森協定》的與美元的匯率後，德國馬克逐漸成為歐洲各國的貨幣定值的參考。隨著 1973 年石油衝擊的到來，各國受衝擊的程度不同使得一些國家亟須採取擴張性的政策。德國為了維持這一匯率機制，通過直接市場干預的方式支援其他國家的貨幣。但是，德國始終擔心使用過多的馬克購買外國貨幣會導致通貨膨脹。這時，德國意識到想要維持匯率的相對穩定，有必要允許逆差國家進行一定的貨幣貶值，也就是所謂的「幣值重定」。最終於 1976 年 10 月，歐洲各國簽訂了《幣值調整協定》，也即法蘭克福幣值重定，丹麥、荷蘭、比利時、挪威、瑞典的貨幣都進行了不同程度的貶值。在這之後，各國匯率開始更為頻繁地調整，而德國開始主張匯率要有更大的靈活性，這也意味著蛇形浮動的失敗。

隨著布列敦森林體系的徹底崩潰，1979 年，歐洲共同體的 8 個成員國（法國、德國、義大利、比利時、丹麥、愛爾蘭、盧森堡、荷蘭）決定創立歐洲貨幣體系。在這個體系下，各國貨幣的匯率對美元浮動，對其他國家固定。歐洲貨幣基金取代歐洲貨幣合作基金，管理參與國繳納的外匯儲備，干預貨幣市場，並發行新的貨幣埃居，也叫作歐洲貨幣單位，充當歐洲特別提款權。隨著 1979 年歐洲貨幣體系的建立，德國在歐洲貨幣體系的中心——歐洲貨幣單位——中始終占據最多的份額，這確立了德國馬克在歐洲貨幣單位中的中心地位。事實上，隨著歐共體各國間經濟聯繫日益緊密，有必要實行共同的貨幣政策以維持經濟穩定發展。而在 20 世紀 80 年代中期之後，由於美元匯率持續下跌而德國馬克的匯率穩定，各國逐漸採取買賣德國馬克來干預匯率的措施。德國馬克逐

漸成為歐洲貨幣體系的中心貨幣，歐洲各國的匯率都開始釘住德國馬克，這大大提高了德國馬克的國際地位。此外，德國中央銀行在歐洲貨幣體系中占據著主導地位，德國的貨幣政策也使得德國一直保持著低通脹率。德國的低通脹率和德國馬克的穩定使得歐洲各國也都願意跟隨德國中央銀行的貨幣政策。德國央行可以獨立地實施各種貨幣政策，德國的貨幣政策工具對於其他國家的影響較大，而其他國家的貨幣政策工具對德國的影響較小。可以說，德國本身的經濟實力和穩定的匯率奠定了德國馬克的國際化基礎，而歐洲貨幣一體化進程則提高了德國馬克的國際地位，歐洲貨幣體系的建立確立了德國馬克在歐洲的領導地位。

在 1986 年的《單一歐洲法案》中提出了《單一市場法案》，希望建立產品和生產要素的單一市場，這促進了貨幣一體化的進程。1989 年，歐洲共同體的德洛爾委員提出了《德洛爾報告》。報告中提出：取消資本管制；禁止政府直接從中央銀行獲得信貸和其他形式的貨幣便利；建立新的機構——歐洲中央銀行——來執行共同貨幣政策和發行單一的歐洲貨幣。歐洲理事會採納了《德洛爾報告》，之後歐洲共同體國家於 1992 年正式簽訂了《馬斯特里赫特條約》，計畫分階段完成轉軌。

20 世紀 80 年代後期歐洲貨幣體系的匯率表現得非常穩定，但是穩定中孕育著危機，這意味著很多本應該及時調整的匯率變動沒有得到及時調整。隨著冷戰的結束，東歐各國經濟重建占用了大量的援助；德國的統一帶來了大量的預算赤字，資本輸入和支出，給歐洲利息帶來了上行壓力；美元的貶值降低了歐洲各國的競爭力。德國統一之後，生產力的提升使得德國面臨非常嚴重的通脹壓力，抬高了國內利率。與之不同的是，其他國家則擔心通縮出現，不願提高國內利率水準，由於投機者觀察到歐洲貨幣政策分化導致的匯率不穩定，因而各國普遍面臨著嚴重的貨幣投機壓力。芬蘭、英國、西班牙等國紛紛脫離了歐洲貨幣聯盟。最終，英國和丹麥退出了《馬斯特里赫特條約》，1993 年 7 月開始歐洲匯率機制的浮動區間也從 2.25% 擴大到 15%。在 1997 年召開的阿姆斯特丹會議上，各國簽署了《穩定與增長公約》，將對那些財政赤字連續 3 年超

過該國 GDP 的 3% 的國家處以 GDP 的 0.5% 的罰款。雖然存在這些問題，但歐洲還是在 1999 年開始了歐元使用的過渡階段，各國 1999 年之後的匯率將鎖定在 1998 年的市場水準。2002 年，完成了歐元的轉變。從某種意義上來說，德國馬克就是歐元的基礎，即使當 1999 年歐元形成之後，德國馬克仍然擔當著歐洲貨幣體系的錨定貨幣的角色。

在歐洲一體化的過程中，為了推出與單一市場相符的單一貨幣，1991 年的《馬斯特里赫特條約》採納了《德洛爾報告》的提案，開始著手發行歐元。《馬斯特里赫特條約》提出了各成員國財政趨同指標的四項收斂標準：財政標準、穩定價格標準、匯率穩定標準和利率趨同標準。加入國在加入前至少 2 年將它們的貨幣維持在正常歐洲匯率機制波動區間內，加入前 12 個月的通貨膨脹率不得超過通貨膨脹率最低的三個成員國的平均通貨膨脹率 1.5 個百分點；將公共債務和赤字分級別降到 60% 和 3% 的參考值；在前一年將名義利率維持在不超過價格穩定表現最好的三個成員國物價上漲率的 2 個百分點的水準。對於這些財政指標的嚴格標準促使各國的貨幣政策趨於一致。在這之後，作為歐元發行銀行的歐洲中央銀行建立了，它作為獨立的機構，在歐元區範圍內實行統一的貨幣政策。各國貨幣政策權力的讓渡加上高度的獨立性使歐洲中央銀行體系能夠在面臨外部衝擊時嚴格控制通貨膨脹。1999 年 1 月 1 日，歐元正式生效，2002 年 1 月 1 日，歐元正式成為歐元區的法定貨幣，各國開始發行歐元貨幣。2002 年 7 月，歐元區各國原有貨幣不再流通。

歐元誕生之後，在全球外匯儲備中的比重從 1999 年的 18% 上升到 2008 年的 27%，並在國際債券和國際貨幣市場工具中超過美元成為全球最大的計價幣種。隨著 2011 年 1 月 1 日愛沙尼亞加入歐元區，歐元區的國家增加到 17 個。然而，希臘主權債務危機的出現，讓歐元區面臨了自成立以來的最大威脅。自《馬斯特里赫特條約》簽訂以來，歐元區國家深知財政穩定是歐元區穩定的基石，後來的《穩定與增長公約》更是強調了財政的要求。2009 年 10 月 20 日，希臘政府宣佈 2009 年政府財政赤字和公共債務將分別占到 GDP 的 12.7% 和 113%，遠遠超過 3% 和 60% 的上限。細查追問，希臘在申請加入歐元區時就存

在財政赤字標準的造假，歐元區內部的穩定性並沒有表面看上去的光彩。

3.4.3　深層次的歐洲區域合作

1. 貨幣政策合作

在貨幣政策的協調方面，從 1997 年開始，由歐洲中央銀行和歐元區成員國的中央銀行組成的歐洲中央銀行體系開始逐步建立。歐洲中央銀行於 1998 年 6 月在德國法蘭克福正式成立。由歐洲中央銀行實行統一的貨幣政策。作為發行和直接管理歐元的機構，歐洲中央銀行的地位和作用是毋庸置疑的。它在制定貨幣政策時不受任何政府機構的制約，從而可以自由地選擇貨幣政策以保障歐元區國家經濟長期發展。《歐盟條約》明確規定，歐洲中央銀行的主要目標是維護價格穩定，或者說是「整個歐元區統一消費價格指數年度上漲幅度不超過 2%」，抑或說是「通貨膨脹率保持在目標範圍內」。為維護這目標，歐洲央行可以獨立制定貨幣政策和決定利率水準。而歐洲中央銀行則主要通過最低準備金規定、公開市場操作和備用融資便利這三種貨幣政策工具進行調節。

然而，這一協調制度也存在一些問題。第一，歐洲中央銀行過於關注反通脹目標，不能靈活地應對失業。第二，不同的國家對於中央銀行的政策有著不同的看法。如義大利經濟增長緩慢，因此希望歐洲中央銀行實行較為寬鬆的貨幣政策以增強其產品的競爭力，而愛爾蘭的經濟增長較快，因此希望歐洲中央銀行實行較為緊縮的貨幣政策來為過熱的經濟降溫。這種情況下歐洲中央銀行的政策將難以兼顧。第三，歐洲中央銀行體系的規定中包括的不准對成員國進行救助，不能提供財政貨幣化的融資也為這個體系對於危機的應對埋下了隱患。但歐元的發行給歐元區國家帶來的更多是積極的影響。統一的貨幣使用減少了歐元區國家的兌換成本、融資成本和交易費用，增加了歐元區國家間的貿易和金融往來，推動了歐洲資本市場發展。歐元刺激了歐洲債券市場的發展。貨幣的統一使得數十個分割的市場變成了一個單一債券市場，大規模的債券市場更有吸引力。此外歐元還提高了價格透明度，鼓勵了跨境交易，增加了產品市場的競爭。而統一的貨幣政策也可以有效地降低風險，有利於歐洲經濟一體

化的發展。

2. 財政政策合作

與統一的貨幣政策不同，歐盟國家間的財政政策相對較為分散。1992 年正式簽訂的《馬斯特里赫特條約》中，對於成員國的財政做出了財政紀律、獨立性和協調機制三方面的要求。在 1997 年簽訂的《穩定與增長公約》中則要求各國承擔中期內財政平衡的義務，並對各國財政預算赤字的預警機制和懲罰機制進行了規定。如果成員國經濟下降 0.75% ～ 2%，財政預算赤字大於 GDP 的 3%，就視為嚴重的經濟衰退。如果成員國沒有及時採取補救措施，就會啟動懲戒機制，首先是上繳無息存款，如果在兩年內財政赤字未被有效修復，存款就會變為罰款。

此外，歐盟國家在各國稅制的統一上取得了一定的成果。它通過《羅馬條約》和《馬斯特里赫特條約》確立一系列歐盟稅收一體化的原則，並且數十年的發展中建立了關稅同盟。此外，它還對成員國的稅制進行了原則性的規定。

2002 年，葡萄牙違反了《穩定與增長公約》，2003 年，德國和法國也違反了《穩定與增長公約》。如果小國違反《穩定與增長公約》，那麼只能提高稅收，但這會引起衰退。而德國和法國這兩個大國同時違反《穩定與增長公約》，通過政治施壓豁免制裁，使《穩定與增長公約》的信譽受到了極大損害。這使得之後歐元區不少國家都違背了《穩定與增長公約》。而《馬斯特里赫特條約》中為了防止激勵成員國財政不節制行為的關於「不救助條款」的規定（禁止歐洲中央銀行和成員國中央銀行向成員國或共同體的公共部門機構提供透支或者類似透支的貸款、直接向這些機構購買債券以及接受其他機構的救助指示），也會導致危機爆發時的救助不及時和波及範圍的擴大。

2008 年全球金融危機爆發，為了緩解經濟低迷和金融危機的負面效應，歐元區出臺了大量刺激政策，這大大增加了歐元區的財政赤字和政府債務。2009 年希臘債務危機爆發，歐元區不少國家的債務也都大幅上升，歐債危機逐漸由局部債務危機演變成整體債務危機。

但在債務危機剛剛爆發時，各國對於危機的意見不一致。德國消極應對而

英法主張採取救援措施。直到 2010 年國際貨幣基金組織同意參與到救援計畫中，德國對於救援的態度才逐漸轉為支持。2010 年 5 月，國際貨幣基金組織與歐盟達成了建立金融穩定機制的一致意見，將 7 500 億歐元作為穩定基金。此外歐盟還要求各國遵守財政紀律，實行財政緊縮，德國、英國、丹麥、西班牙等國陸續推出了削減政府開支的計畫。

2011 年 10 月 26 日，歐元區的領導人會議提出了「一攬子決議」來應對歐洲的債務問題，包括提升現有歐洲金融穩定基金規模；要求歐洲銀行業對持有的希臘國債進行的資產減記；要求歐洲銀行業提高核心資本金比率。歐洲中央銀行改變了以往不購買成員國國債的慣例，購買債務問題國家的債權，並通過公开市場操作來增加貨幣市場的流動性注入。歐債危機雖然得到了緩解，但是債務國家的債務評級下降，投資者拋售歐元，歐債危機仍然沒能徹底解決。

歐盟自建立以來就開始不斷有新的成員國加入，但新加入國家和歐盟的老成員國在經濟、社會等諸多方面都有著很大的差異，這使得歐盟內部的經濟一體化與各國經濟發展水準不均衡的矛盾進一步加深。尤為突出的就是東歐問題。中東歐國家的經濟發展水準相對較低，儘管在入盟之後，中東歐國家的發展迅速，經濟水準迅速提高，但在 2008 年金融危機和歐債危機之後，中東歐國家的發展速度迅速下降，而中東歐國家內部在經濟發展、失業率、通貨膨脹等多方面的差異也在增大。誠然，歐盟東擴使歐盟獲得了更加安全的國際環境，提升了自身的影響力，也提高了歐洲大市場的吸引力，但新國家的加入使歐盟內部利益主體間的爭端加劇，而不均衡的經濟發展水準也影響了歐洲一體化市場的建設進程。對於中東歐國家來說，西歐國家的大量直接投資使它們的產業鏈處於下游，不利於中東歐國家的持續發展。歐盟逐漸出現了中心歐洲與邊緣歐洲的分化，新老成員國之間的鴻溝也成為歐盟進一步發展的桎梏。

歐盟政策協調最大的問題就在於統一的貨幣政策協調與相對分散的財政政策間的矛盾。首先，《馬斯特里赫特條約》對於各國赤字率和政府的債務率規定並沒有考慮到經濟週期的影響，這樣在面臨危機的時候就會應變能力不足。其次，歐盟貨幣政策和財政政策協調的約束機制存在缺陷。《馬斯特里赫特條

約》和《穩定與增長公約》對於財政赤字的要求過於嚴格，為了達到加入歐元區的要求，希臘等國採用各種手段使公共債務率和赤字率達標，對於這種做法歐盟卻並不阻止。2002 年德、法率先違反公約卻沒有遭到懲罰，導致這兩個公約的約束力進一步下降。而統一的貨幣政策不僅使各國無法利用貨幣擴張，而且使濫用財政政策對本國的影響更小，這就增大了財政政策的道德風險。事實證明希臘等國的財務狀況很快就發生了惡化，並成為歐債危機爆發的導火索。再次，歐盟為了減少各國的財政赤字，對於成員國間救助措施的規定十分嚴格，這就導致在危機爆發時難以及時應對，使危機擴大化。最後，各國的經濟發展狀況不一致，貧富差距明顯，希臘等經濟實力較弱的國家往往會安排擴張的財政預算，但沒得到歐盟的重點扶持與監管，最終導致這些國家最早爆發危機。

3. 貿易政策合作

與歐元誕生密切相關的另一方面就是歐洲國家的貿易政策協調。歐洲一體化過程中，歐洲各國正式開始合作協調是從《歐洲煤鋼共同體條約》的簽署開始的，它也是歐洲開始建立共同市場的開端。1951 年 4 月 18 日，法國、聯邦德國、義大利、比利時、荷蘭和盧森堡六國在巴黎簽訂了有效期為 50 年的《歐洲煤鋼共同體條約》。《歐洲煤鋼共同體條約》的目的是建立一個煤炭和鋼鐵業的共同市場，它有很多的干預機制，包括反壟斷、關稅免除、取消限額等。在煤和鋼需求旺盛的一段時間內，煤鋼共同體在促進貿易、降低成本、發展生產、執行社會政策並集中監督等方面發揮了重要的作用。

歐洲煤鋼共同體的成功使各國考慮在其他領域建立類似的共同市場。建立歐洲煤鋼共同體的六國在 1957 年 3 月 25 日簽署了《歐洲經濟共同體條約》和《歐洲原子能共同體條約》，這兩個條約被合稱為《羅馬條約》。《歐洲原子能共同體條約》建立了核共同市場。《歐洲經濟共同體條約》則建立了關稅同盟和單一農產品市場。

在內部各成員國的貿易行為方面，關稅同盟做出了一些如取消成員國之間的關稅、捐稅、數量限制等要求；而在對外貿易方面，1968 年 6 月 28 日，歐洲共同體通過了《共同海關稅則》，規定各成員國實行統一的對協力廠商稅率。

關稅同盟的建立大大消除了歐洲共同體內部成員國間的關稅壁壘，使六國間的貿易量大幅增加，各國的國民生產總值增長也加快。進入 20 世紀 70 年代的「滯脹」時期後，各成員國設立了許多新的貿易壁壘來保護本國市場。這些非關稅壁壘將共同市場分割，給各成員國造成了巨大的損失。而來自美國和日本的挑戰和在第三次科技浪潮中落後於美、日兩國的衝擊，迫使歐洲共同體進一步向前發展。

這時，歐洲共同體已經開始實行新的釘住匯率，德國作為歐洲貨幣體系的低通脹錨，限制了各國宏觀政策的獨立性。在這種情況下，各國只能通過削減工資，增加失業救濟以及其他的社會福利政策來實現宏觀調控，這就降低了勞工市場的靈活性和效率，造成失業率增加。為了解決這個問題，歐洲各國希望通過建立單一市場，通過簡化管制結構，強化歐共體國家之間的競爭，並使得各國可以更好地利用規模經濟和範圍經濟的優勢來推動經濟發展。

1985 年，歐洲共同體委員會發佈了《完成內部市場白皮書》。歐洲共同體開始把 1992 年年底實現一個統一歐洲大市場作為自己的戰略目標。1986 年 2 月，歐共體 12 國簽署了《單一歐洲法令》，計畫在 1992 年年底前建立資本、勞務、服務與商品自由化的統一大市場。在這個過程中，為了建立一個商品和生產要素單一的歐洲市場，就有必要消除各國市場間的貨幣兌換成本，消除內部經濟流動障礙，這就推動了歐洲貨幣的一體化進程。

歐洲單一市場的建設與貨幣一體化進程相輔相成，最終促成了《馬斯特里赫特條約》和《穩定與增長公約》的簽訂和歐盟的成立。歐盟的誕生使歐洲商品、人員、資金實現自由流動，帶動了歐洲經濟快速發展，也使歐盟成為世界主要的貿易進出口方，其進出口額占世界總量的比重長期保持在 35% 左右（見圖 3—1）。

除了對內建立的單一市場和關稅同盟外，歐盟與外部的貿易關係還主要體現為雙邊及多邊貿易協定，可以大致分為以下幾類：因加入歐盟而與其他國家簽訂的協定，將歐盟的制度體系延伸到新的成員國；與無意入盟的西歐和北歐國家簽訂的協定，意在擴大歐盟的市場範圍；與和歐洲相近的國家簽訂的自由

貿易協定，以維護周邊地緣政治經濟關係的穩定；與其他發展中國家簽訂的協
定；與遠方國家簽訂的新一代自由貿易協定，以消除貿易轉移，尋求市場開放
和互惠共贏。

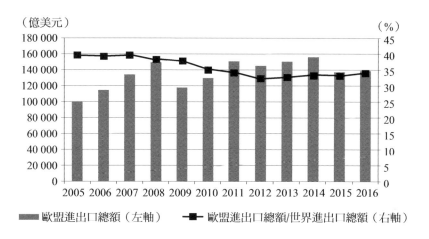

圖 3—1　2005—2016 年歐盟進出口總額及占世界的比重

資料來源：聯合國貿發會網站，http://unctadstat.unctad.org/wds/TableViewer/tableView.aspx? ReportId=89795.

　　從 1971 年開始，歐共體開始對發展中國家實施普惠制政策，對來自發展
中國家的產品進行一定程度的稅收減免。同時，為防止普惠制政策可能對於歐
洲共同體內部產業造成危害，也制定了相關的保障機制。1963 年 7 月 23 日簽
訂《雅恩德協定》是《洛美協定》前身。它規定歐共體在兩個《雅恩德協定》
期限內分別給予聯繫國 7.3 億美元和 10 億美元的單方面援助，此外還包括互惠
的貿易安排，即規定歐共體和聯繫國相互減免進口關稅和進口數量限制。

　　1975—2000 年，歐共體和非加太地區國家共簽署了 4 個《洛美協定》。
這 4 個《洛美協定》中，歐共體與非加太地區國家逐漸由互惠的貿易安排轉為
歐盟單方面的援助和單方面的貿易優惠安排。隨著《洛美協定》簽約國的增加，
歐盟逐步增大了經濟援助的力度，而歷次《洛美協定》的簽署基本都在前一個
協定的基礎上進行了非互惠的優惠貿易安排方面的改進，如擴大減稅的產品比
率和幅度，增加進口配額，取消數量限制，擴大合作領域，說明非加太地區經

濟結構調整等。

《洛美協定》是南北合作的一個典範。它保證了歐盟的原材料來源和製成品出口市場，對非加太集團的援助和與其建立的平等的夥伴關係也為歐盟積累了國際聲譽和政治資本，而歐盟的經濟援助和制度化的支持體系也促進了非加太國家的發展，對其戰後穩定單一經濟型的出口收入和經濟發展起到了重要的支撐作用。但是，《洛美協定》提供的援助金額仍然遠遠不夠，且沒有改變非加太地區國家單一的經濟結構和貿易地位，它們仍然是歐洲國家的原材料來源地和製成品的銷售市場。僅僅依賴《洛美協定》難以實現非加太地區國家的經濟飛躍和經濟結構改善。

總的來說，關稅同盟和單一市場的建立消除了歐共體成員國間的貿易障礙，大大促進了歐洲國家之間的貿易往來和經濟增長。而內部競爭加劇也促進了成員國的專業化生產和國際分工。與發展中國家的合作促使歐共體國家將勞動密集型產業轉移至發展中國家，而內部則集中於資本密集型產業，保障了歐共體原材料的供應地和產品的銷售市場。此外，區域貿易聯繫的加強使得對於穩定匯率的要求更高了，而成員國間的國際分工和經濟上的緊密聯繫推進了統一貨幣的進程。

歐委會發佈的《歐洲產業競爭力 1999 年報告》指出，從 1994 年的情況來看，共同體的國內生產總值由於內部市場計畫的實施而額外增長了 1.1% ～ 1.5%。內部市場計畫實施 10 年之後，歐委會的評估認為 2002 年歐盟 GDP 由於內部市場而額外增長了 1.8%。

歐盟建立以來，其對外貿易額穩步增長。對外貿易政策中最為重要的是歐盟參與的世界貿易組織成員之間的多邊貿易談判。在歐盟成立之前，歐共體就已經成為《關稅及貿易總協定》的締約方和世界貿易組織的成員。歐盟成立之後，過去由美國主導的多邊貿易談判形成了美國和歐盟共同主導的 G—2 管理架構。

歐盟一直是自由貿易協定的積極推動者，但是，在世界貿易組織杜哈回合之初，歐盟一度中止雙邊貿易談判，將區域貿易協定視為多邊貿易協定的次

優選擇。但是由於世界貿易組織的決策機制效率低下，多國難以達成共識，而控制議程的少數強國會因為忽略一些小國利益而遭到反對，加之杜哈回合談判議題範圍廣、種類多，也容易造成各方矛盾激化。此外，由於區域貿易合作相對多邊貿易合作而言對發達國家更有利，如美國的雙邊和區域貿易合作快速發展，積極推進《跨太平洋夥伴關係協定》（TPP）和《跨大西洋貿易與投資夥伴協定》（TTIP），發展中國家也紛紛建立區域經濟一體化，區域貿易主義盛行，使杜哈回合陷入僵局，歐盟的談判進程受挫（見表3—1）。歐盟對多邊貿易談判失去信心，轉而將重心放在區域貿易談判上。歐盟先後與韓國、墨西哥和加拿大等國啟動自由貿易談判，以扭轉雙邊和區域貿易談判落後於美國的劣勢。對於歐盟而言，新興經濟體市場發展迅速，潛力巨大，議價能力又較弱，是貿易合作的重要談判對象。歐盟與東盟、印度、中國的貿易合作市場前景廣闊。

表 3—1　杜哈回合發展進程

	時間	地點	結果
回合一	2001 年 11 月	卡達杜哈	第四次部長級會議，確定 8 個談判領域，計畫於 2004 年年底達成協議。
回合二	2003 年 9 月	墨西哥坎昆	第五次部長級會議，各成員在農業問題上無法達成共識，談判陷入僵局。
回合三	2004 年 8 月	瑞士日內瓦	世界貿易組織總理事會議，達成《杜哈回合框架協議》，同意將結束時間推遲到 2006 年年底，明確美國及歐盟將逐步取消農產品出口補貼以及降低進口關稅。
回合四	2005 年 12 月	香港	第六次部長級會議，期望推進杜哈回合談判，但各方利益衝突，2006 年 7 月談判全面終止。
回合五	2007 年 1 月	瑞士達沃斯	全體成員大使會議，談判全面恢復。
回合六	2008 年 7 月	瑞士日內瓦	來自 35 個主要世界貿易組織成員的貿易和農業部部長會議，試圖就農業和非農產品市場准入問題取得突破，但以失敗告終。

續前表

	時間	地點	結果
回合七	2013 年 11 月	印尼巴里島	第九次部長級會議，達成「巴里一攬子協定」，通過《貿易便利化協定》，為發展中國家提供農業相關的服務，為最不發達國家提供出口便利等。
回合八	2015 年 12 月	肯亞奈洛比	第十次部長級會議，達成「奈洛比一攬子協定」，針對最不發達國家，全面取消農產品出口補貼。

資料來源：世界貿易組織網站，https://www.wto.org/english/tratop_e/dda_e/dohaexplained_e.htm.

歐盟的新一代自由貿易協定始於 2006 年，由於在杜哈回合中「新加坡議程」未能通過，歐盟轉向了其雙邊版本，將自由貿易區作為提升全球市場競爭力的重要戰略手段。其目標為：開拓歐盟貨物和服務出口的新市場；增加投資機會；降低關稅和貿易成本，增加貿易額；消除貿易壁壘，進而促進貿易便利化；提高貿易的可預見性，以降低貿易風險和成本；強化智慧財產權保護，促進政府採購、市場競爭、環境保護法律法規的協調和可持續發展。

就歐盟與中國的關係而言，雙方市場的競爭性與互補性共存，中歐自由貿易協定的談判對雙方而言機遇與挑戰並存。通過與中國簽訂自由貿易協定，歐盟可以深入到中國潛力巨大的消費市場。而中國可以利用貿易開放激發經濟活力，促進市場化改革和經濟結構轉型。但是中歐之間的貿易談判涉及中國自身的改革難點，歐盟也有所保留，使得雙邊談判仍然面臨一系列亟待解決的困難。

4. 產業政策合作

歐洲國家產業政策合作的最大成果就是共同農業政策。共同農業政策主要是由法國、荷蘭和義大利推動的，因為這三國在農產品的生產上有大量剩餘，但競爭力較弱，缺乏市場。農業共同市場 1962 年最早由法國提出建設，於1970 年基本建成。共同農業政策對內針對不同的農產品建立了多種農產品共同市場組織以實現農產品的內部價格與干預機制的統一。關於共同農業政策主要有三項基本原則，即單一市場原則（農產品在區域內自由流動，取消成員國之間的關稅、補貼及其他貿易壁壘的障礙）、共同體優惠原則（優先購買區域內

農產品，對於內部農產品實行共同補貼）和共同財政責任原則（農業政策的經費由各成員國按各自份額共同承擔）。此外，歐共體還實行了共同價格制度，對農產品規定上限價格、下限價格和門檻價格並在波動超出範圍時進行干預。歐共體建立了「歐洲農業指導和保證基金」來支持農業政策。而在對外貿易方面，歐共體則採取了高度的貿易保護政策，對於進口農產品低於「門檻價格」的徵收「進口差價稅」，對於出口農產品實施補貼，並進行市場管理。

　　但共同農業政策也帶來了一系列的負面問題。價格支持政策使得農產品生產過剩，農產品庫存大量增加。此外，農業支出占據了歐共體支出的大半，而且各國的投入和回報分配不均，這引起了德國和英國的不滿，也降低了歐共體其他產業的福利。而國際上其他農業出口國如澳洲、紐西蘭則由於歐共體的貿易保護而深受其害，這加劇了歐共體與其他國家的貿易摩擦。

　　因此，歐共體對於農業政策進行了一系列的改革。在 1992 年之前進行的兩次改革，主要為限制穩定市場的各種價格及支持機制中運用的範圍，改善對農業預算支出的控制；明確結構調整範圍包括了減少生產，對生產長期過剩行業採取了行動。但改革沒有觸及價格支持政策，且取得的效果較小。1992 年進行的第三次改革使共同農業政策由價格支持轉向生產者收入支持，是共同農業政策轉軌的歷史性標誌。它主要包括分階段大幅度降低農產品的保護價格；引進有條件的直接收入補貼政策工具，最終實現從價格支持政策全面轉向收入支出政策；加強優化農業生產結構的結構性措施的實施力度和範圍，加強環境保護和改善生態環境。1999 年達成了《歐盟 2000 議程》，對共同農業政策進行進一步的改革，將共同農業政策轉變為「共同農業和農村發展政策」，包括限制農業預算支出、削減主要農產品的價格補貼、減少播種面積。

　　共同農業政策要求農產品統一價格，在尚未出現歐元之前各國需要進行貨幣換算，形成「綠色匯率」，當匯率變化導致綠色匯率與市場匯率脫節時，需要使用「貨幣補償機制」對貨幣升值國家進行補貼而對貶值國家徵稅，這扭曲了競爭條件，增加了對統一貨幣的需求，在某種程度上推動了歐洲的貨幣一體化進程。

總的來說，共同農業政策對於歐共體國家來說是一次極為成功的國際協調。它促進了農產品市場的一體化，建立了農產品的共同市場，提高了歐共體國家的農產品產量，確保了歐共體內部的農產品供應，大大推進了歐共體成員國的農業發展，保護了歐共體內部農產品貿易，使歐共體內部的農產品貿易迅速發展，提高了歐盟在世界農產品市場上的競爭力。此外，農業一體化也為歐洲一體化和歐元的出現和使用奠定了基礎，共同農業政策與關稅同盟政策並稱為歐盟經濟一體化的兩大基石。

除了農業政策之外，歐盟所推行的產業協調政策還有很多方面，其中比較重要的有資訊與通信產業（ICT 產業）、金融產業、新能源政策等方面。

ICT 產業最早可追溯到歐洲資訊技術研究與開發戰略項目（ESPRIT）。1994 年的《班格曼報告》指出歐洲應當為建設資訊社會採取行動，成為歐洲 ICT 產業政策的基礎性檔。歐盟的 ICT 產業政策包括供給政策和需求政策兩個方面。供給政策包括對 ICT 產業研發給予支持、對電信業的自由化改革與統一規制、制定 ICT 領域的統一技術標準三個方面。需求政策包括電子歐洲計畫和 2010 計畫。歐共體在需求政策方面主要是利用共同體層面的立法提案權和財政預算，對成員國的政策起到指導、協調和補充的作用，以及通過「標準化」方法來促進其在政策執行上的交流、競爭和共同進步。

歐盟國家的能源政策則是從《歐洲煤鋼共同體條約》和《歐洲原子能共同體條約》開始的。20 世紀 70 年代的兩次石油危機使歐共體成員國意識到制定共同能源政策的重要性。1986 年《歐洲能源政策》提出歐洲要將內部能源市場納入歐共體統一大市場之中。2000 年，歐委會通過了《確保歐盟能源供應安全戰略（綠皮書）》，提出了新能源戰略。在這之後，歐盟打破了各國能源傳輸網路的壟斷，同時開始提高能源效率，提倡節能減排。

金融危機之後，歐盟開始提出再工業化戰略。從危機中各成員國的表現來看，工業製造業份額較大的國家表現更為堅挺，歐盟國家由此形成了「製造業共識」。歐盟的「再工業化」戰略包括：通過研發和技術創新提高製造品的複雜度和知識含量，從而使歐盟製造業始終處於全球價值鏈的高端；維持一個廣

泛和多樣化的製造業基礎；努力在新興技術產業的角逐中搶占制高點。通過「再工業化」戰略，歐盟開始了對產業結構的新調整，有助於實現歐洲「2020戰略」中提出的經濟可持續發展和高就業的目標。

3.5 國際貨幣格局變遷的政策協調經驗與教訓

3.5.1 協調主體由發達國家主導轉向二十國集團

　　近百年來，國際政策協調機制集中在以美國、英國等發達國家為主體的五國集團和七國集團中。這些發達國家在協調國際宏觀政策時最關心自己的利益訴求，較少關心其他發達國家的利益，更不會關心其他大多數國家的利益。這種國際政策協調機制存在非常強的外部性和「以鄰為壑」的特徵，其他小國和發展中國家完全無法參與到國際協調之中，只能被動承受發達國家的協調結果。在2008年金融危機爆發之後，這種局面得到了一定緩解，一方面區域性合作組織的出現為小國爭取國際話語權提供了一種有效方式，另一方面國際性金融危機的出現使得發達國家需要其他發展中國家的配合來走出困境。並逐步形成了二十國集團的會議協調機制。

　　首先，全球宏觀政策協調是必要的。不管在哪種貨幣主導的階段，全球宏觀政策協調都是維護貨幣秩序的主要手段。20世紀30年代金本位制崩潰之後，從1933年倫敦世界經濟會議失敗到三方貨幣協定的簽訂，美、英、法三國合力進行政策協調，才最終使國際經濟金融形勢恢復平穩就說明了這一點。只有實行全球宏觀政策協調，共同施策、協調施策，才能確保宏觀政策的有效性，減弱甚至消除各自經濟政策的負外部性，達到全域最優。

　　其次，協調的主體是大國，大國應該盡到大國責任。由於大國在全球經濟金融體系中所占比重較大，它們的經濟政策會產生較強的外部性。因此，大國應當主動承擔大國責任，通過大國間的協調協商穩定全球經濟金融局勢。此外，對於國際宏觀經濟政策協調機制而言，一方面應當包含具有較大的政策外部性

的國家，但另一方面過大的規模又會導致過高的談判成本和過低的談判效率，因此以大國為主體的協調也是最優選擇。

最後，隨著世界經濟全球化的發展，協調主體也向多元化發展。在 20 世紀 90 年代以前，發達國家是世界經濟的中心，特別是處於中樞位置的發達國家。發達國家的經濟危機會傳染給其他國家，而發展中國家的經濟危機，例如 80 年代的拉美危機對發達國家造成的衝擊則相對較小。隨著亞洲金融危機的爆發，以泰國一個發展中國家為導火索引發了一連串危機，影響了整個世界，超過 20 個國家直接受到危機的衝擊，美國、歐洲和日本等發達國家也在這次危機中損失慘重。這凸顯了隨著世界一體化的發展，貿易和資本流動將世界經濟編織在一張大網之中，發展中國家的戰略地位提升，任何一個國家的經濟問題都可能引發多米諾骨牌效應，所以協調的主體應該向多元化方向拓展。

3.5.2 協調內容需要與國際經濟、貨幣格局相匹配

國際經濟政策協調內容並非一成不變的，隨著國際經濟格局和貨幣格局的不斷發展，協調機制也應當與時俱進。細數每一次國際協調機制的變遷，都是由於世界經濟格局和貨幣地位出現了更迭和交替，原有的協調機制已經無法取得國際政策協調的效果，只能在各方的爭取和妥協中成立新的協調機制。

在最早的金本位時期，金本位制的推行導致黃金儲備最多、經濟實力最強的英國的貨幣英鎊成為霸權貨幣。英鎊的國際化是一個相對被動的過程。這時世界經濟的中心是以英國為主的少數資本主義發達國家，因此協調的重點就是維持中心國家——主要是英國——的黃金儲備和匯率穩定。在這個時期，國際經濟政策協調以各國中央銀行間的直接經濟援助為主。

在金本位制後期，協調是英國、法國、德國和美國等帝國主義國家內部的事情，其他國家如果想爭取到相關的利益，必須獲得所有國家的同意。這是因為各個帝國主義國家的經濟實力相差不多，對外輸出的產品存在比較強的同質化競爭，在對各個殖民地的利益爭搶上也存在衝突。但是，隨著第一次世界大戰的爆發和殖民地的解放運動，歐洲各國的經濟實力大幅下滑，美國的實力迅

速上升。同時，黃金儲備的格局也發生了變化，英國儲備下滑而美國儲備上升。在第二次世界大戰之後，這種趨勢更加明顯。英國和其他歐洲國家已經無法與美國相抗衡，國際協調機制也應逐漸轉向以美國為主導的協調機制。

在這個階段，由於第二次世界大戰的爆發，英美協調的目的在於構建戰後新的貨幣秩序，因此其重點在於匯率制度和國際收支，結果則是建成了以美元為中心的布列敦森林體系，通過「雙掛鈎」的匯率制度以及國際貨幣基金組織和世界銀行調節國際收支的新國際經濟金融秩序。

隨著布列敦森林體系的問題逐漸顯現並最終崩潰，美國的經濟地位已不如從前，在這種情況下，國際協調體系已不可能由美國一國說了算，因此確立了以七國集團為中心的協調機制。它在 20 世紀 70 年代至 80 年代中促成了不少較為成功的國際協調，美元的霸權地位得以在布列敦森林體系崩潰之後繼續維持。

在 20 世紀 80 年代的國際協調中，作為經濟大國和政治小國的日本在協調中始終處於下風。由於 20 世紀 80 年代的主要問題在於美國的持續貿易逆差和美元過度升值問題，因此美日協調的重點在於貿易和匯率政策。美日間協調是在美國統合多方聯合干預的大背景下進行的，結果是美元升值得到了控制而日本則陷入「失去的十年」。

在布列敦森林體系崩潰之後，歐洲一體化的進程加快。在這個時期，歐洲的政策協調主要集中於產業政策和貿易政策。在 1999 年建立了歐元區之後，它們的協調重點則是處理集中的貨幣政策協調和相對分散的財政政策協調之間的矛盾。

21 世紀各區域合作組織興起，美國在各地區的霸權利益遭到了挑戰。尤其是 2008 年金融危機之後，美國爆發了次貸危機，讓全世界背負了沉重的負擔，美元作為國際貨幣的信譽下降，改革國際貨幣制度已經成為全世界的共識。此時，美國再想犧牲其他國家的利益換取自身的發展已經不可能，覆蓋更多國家和地區的協調機制是時代的產物。二十國集團協調機制在金融危機後在解決國際爭端議題上發揮了重要作用，逐漸發展為適應當

前經濟格局和貨幣格局的協調機制。在危機後時代的大背景下，二十國集團協調機制的協調重點則轉移到了經濟刺激政策、結構調整、實現全球化下的公平上了。

3.5.3 協調機制從單一協調機制向多層次協調機制邁進

為了應對複雜多變的國際形勢和不斷變遷中的經濟、貨幣格局，在新形勢下應當擺脫過去的單一協調機制，構建多層次協調機制，提升宏觀政策協調的效力。

第一，應當貨幣政策、財政政策、貿易政策、產業政策並重。在參與協調的國家和途徑擴展之後，單一的協調難以滿足各方的利益訴求，多種協調的同時存在可以幫助達成一致的意見。在不同的發展階段應當突出不同的重點。歐洲正是一個很好的例子。在歐洲的一體化進程中，最初以農業共同市場和單一市場的產業和貿易政策協調為重點，促進了各國經濟發展，後來為了構建完全的單一市場，有必要實現單一貨幣，從而開始突出貨幣和匯率政策協調。在歐元建立之後，歐洲沒有處理好其統一的貨幣政策與分散的財政政策之間的矛盾，結果導致了歐債危機的爆發。

第二，應當協商機制、監管機制、懲戒機制並行。最早的國際經濟政策協調缺乏監管機制，口頭協議的結果是當危機來時各國往往會撕毀協定，各人自掃門前雪，導致協調的失敗。七國集團的協定同樣因為缺乏監管機制和懲戒機制而效率低下。而歐盟國家中德國、法國違反公約後沒有受到懲罰導致各國紛紛效仿，對公約置若罔聞，造成了歐債危機的隱患。因此，在進行國際經濟政策協商的同時必須有相應的監管機制和懲戒機制，並且需要保持機制的有效性，保證政策協調的執行力。當然，如果想要提高協商機制的效率，則有必要尋找參與協商的主體各方的共同利益，基於共同利益進行相關的協商，構建相應的監管和懲戒機制。

第三，應當國際協作、區域協作、多邊談判、雙邊談判共存。國際經濟政策協調需要多層次的協調機制並行。儘管類似二十國集團這樣的全球宏觀政策

協調治理機制可以解決不少問題，但歐盟、北美自由貿易區、東盟等區域性合作組織仍有合作的必要。《廣場協定》中的協調對於日本經濟和日圓的國際化產生了嚴重的後果，使日本開始改變策略，先提高日圓在亞洲範圍內的影響力，提高日圓在東南亞國家儲備中的比例。而歐洲在參與國際協調的同時推進自身的一體化建設，取得了舉世矚目的成果。在推行總體的全球性、多邊協調的同時，雙邊的、區域性的談判更加自由、高效，可以提高經濟的活力，提升協調的效率。

第四章

國際經濟政策協調與人民幣國際化的關係

　　國際經濟政策協調與人民幣國際化是相輔相成的關係。人民幣國際化有助於國際貨幣體系的完善，進而提高國際經濟政策協調的效率，而國際經濟政策協調能夠促進人民幣國際化。本章首先從總體上論證國際經濟政策協調與人民幣國際化的相輔相成關係。一方面，現有的國際貨幣體系存在局限，限制了國際政策協調的效率，貨幣體系的多元化能夠突破這些局限，而人民幣的國際化能夠有力地推動國際貨幣體系的多元化。另一方面，貨幣國際化有一些重要的決定因素，這些決定因素達到貨幣國際化的要求需要經濟政策的支撐，而由於經濟政策有溢出效應，政策協調就成為貨幣國際化的有力保障。在總體論證和大量文獻的基礎上，本章深入剖析了國際經濟政策跨國傳導的管道，一方面更加明確地展示了國際經濟政策協調對貨幣國際化的影響，另一方面為國際經濟政策協調釐清了思路。本章最後結合人民幣國際化的具體背景，更進一步探討了通過國際經濟政策協調促進人民幣國際化的重點和突破口。

4.1 人民幣國際化有助於國際貨幣體系的完善

4.1.1 當前國際貨幣體系的局限

　　國際政策協調的整體框架構成國際貨幣體系。歷史經驗顯示，國際貨幣體系很容易發生週期性的危機。20世紀30年代，以金本位制為基礎的儲備貨幣體系崩潰；70年代，布列敦森林體系解體；2008年，全球金融危機爆發，現行國際貨幣體系的可持續性再次成為全球關注的焦點。當前國際貨幣體系下，美國通過貿易逆差繼續向全球提供流動性，儘管經濟總量僅占全球的1/5，貿易份額下滑到1/10，但美元在國際儲備貨幣中的占比一直保持在60%以上，霸主地位並未受到影響。然而這種以美元為主體的國際貨幣體系在給美國帶去鑄幣稅收入、對外融資成本降低和國際支付能力增強等好處時，卻有可能扭曲全球資源配置機制，加劇國際收支的失衡，並發展成全球性的難題（吳曉靈，2014）。第一，作為國際貨幣體系中的主導國家，美國沒有承擔起與權力對等的責任。美聯儲制定貨幣政策時只考慮國內經濟情況，很少顧及國際情況和外溢性，加劇了國際市場的波動性（田國立，2015）。2008年金融危機爆發時，美國利用儲備貨幣國的優勢增發貨幣，減輕實際對外負債程度，大大降低了金融危機對自身經濟的負面影響。然而，世界其他經濟體由於受制於美國的經濟和金融政策，遭受了更為嚴重的金融危機，貨幣大幅貶值，經濟增速大幅下滑（莊太量和許愫珊，2011）。第二，缺乏必要的國際約束，本質上可能助長儲備貨幣國濫發貨幣的衝動，造成國際流動性氾濫、供給無序，吹大資產泡沫，導致危機爆發並擴散到全球，加劇世界經濟的不穩定（熊愛宗和黃梅波，2010）。第三，「特里芬難題」不可避免。國際貨幣發行國面臨著保持幣值穩定與提供足夠的國際清償能力之間的矛盾，然而無論是無法保證國際流動性的增長還是人們喪失對該貨幣的信心，都會導致國際貨幣體系的崩潰（Triffin，1960）。當前，廣大新興市場國家的經濟總量和對外貿易迅速增長，卻又面臨

著嚴重的貨幣錯配，頻繁遭到投機資本攻擊，對國際流動性資產需求迫切。然而大量的流動性需求由極個別國家的貨幣承載，最終導致系統的不穩定，因為隨著國際貨幣發行國發行越來越多的資產，積累的債務將不可持續，新興市場國家陷入「美元陷阱」，不得不為其他國家的經濟金融危機埋單（Taylor，2013；陳雨露，2015）。第四，全球資產配置以美元為主，風險高度集中，所以美國的經濟或政策變動會波及全球並被不斷放大，加劇了全球金融市場的不穩定性。

4.1.2　國際貨幣體系改革需要構建儲備貨幣多元化

當前的國際貨幣體系亟待調整，大致有兩條思路，一條是創設超主權貨幣作為國際儲備貨幣，另一條是構建多元化的儲備貨幣體系。超主權貨幣的最大優點在於國際貨幣的發行可按照全球經濟發展的客觀需要來進行，避免現行體系對美元的過度依賴所產生的不穩定性和美國的國家利益與全球利益之間的衝突，但超主權貨幣方案過於理想主義，不僅缺乏政治上的可行性，而且缺乏經濟學上的合理性（潘英麗，2013）。其重大缺陷在於將國際貨幣的交易需求與儲備需求混為一體——作為沒有實體經濟基礎支撐的虛擬貨幣，超主權貨幣可以滿足國際貿易結算等交易需求，但是不能滿足貿易盈餘方對國際儲備資產的需求。因此，構建多元化的儲備貨幣體系是國際貨幣體系最具現實意義的改革方向。理論上，在相互競爭、相互抗衡的多元國際貨幣結構下，國際貨幣間的競爭會在一定程度上對貨幣發行國形成制約，促使各方實行更加穩健、更加負責的貨幣政策，增強國際貨幣體系的穩定性（熊愛宗和黃梅波，2010）；儲備貨幣的多元化可以提供更多的交易和儲備貨幣，支援世界經濟發展，並適應全球經濟發展的多極化趨勢（Eichengreen，2009；張春，2014）；也可以通過儲備資產的集體供給解決「特里芬難題」，成為世界經濟的穩定機制（Farhi et al.，2011）。現實中，歐元創設以來，已經在一定程度上承擔了國際貨幣角色，儘管沒有從根本上撼動美元的地位，但實證顯示歐元加入國際貨幣體系制約了美元的擴張性供給（宋曉峰，2004）。從短期來看，其他發達國家（如澳洲、

加拿大、挪威、瑞典）的貨幣可以在一定程度上補充當前由少數主要貨幣（美元、歐元、日圓、英鎊）主導的國際貨幣體系，但相比於美、歐、日而言，這些發達經濟體的 GDP 規模較小，創造國際安全資產滿足市場需要的能力相當有限，因此，將新興經濟體納入更加多元的全球流動性供應體系是更有可能實現穩定金融架構的路徑（Taylor，2013）。

4.1.3　人民幣國際化是儲備貨幣多元化的必由之路

改革開放以來，中國經濟增長穩定而強勁，產出占全球的 1/10 且擁有龐大的外匯儲備，財政狀況、主權信用評級良好，物價穩定，金融改革有序推進，在國際事務中發揮著積極的作用，是國際貨幣體系改革的重要參與者。人民幣國際化可以增加和豐富國際儲備資產，增強儲備貨幣的供給能力，滿足非儲備貨幣國家對國際流動資產的需求，提高風險分散程度（Farhi et al.，2011），從而增強國際貨幣體系穩定性，避免儲備貨幣危機的發生（Taylor，2013）。人民幣成為主要國際儲備貨幣有助於中國人民銀行降低對美元資產的過度依賴，並維持足夠的流動性緩衝應對金融衝擊，抑制單一國家發行越來越多的國際安全資產、負擔不斷擴大並且最終會被質疑的對世界其他國家的債務，從而緩解甚至解決現行國際貨幣體系中存在的難以維持的儲備貨幣償付能力、無法避免的儲備貨幣貶值、儲備貨幣危機、國際貨幣體系長期不穩定的難題（范小雲等，2014）。實證研究也顯示，儘管人民幣國際化會加大貿易衝擊對各國外國資產淨頭寸的影響，但程度有限，並且人民幣的國際化會減輕浮動匯率對不對稱貿易衝擊的反應，同時減弱人民幣釘住美元對中國造成的扭曲效應（Benassy-Quere and Forouheshfar，2015）。

綜上所述，人民幣國際化有助於完善國際貨幣體系，在一個更加完備的國際貨幣體系下，經濟衝擊負溢出效應能夠得到有效抑制，這為國際經濟政策的協調創造了更加寬鬆的環境。

4.2　國際經濟政策協調是人民幣國際化的有力保障

　　如同國內貨幣一樣，國際貨幣也存在網路外部性，使用的機會越多，該貨幣的用途就越大。這意味著被廣泛用於國際貿易的貨幣也很有可能被廣泛用於外匯交易、國際債券市場，成為貨幣錨或是儲備貨幣，產生規模經濟。由於存在網路外部性，國際貨幣體系會對某種關鍵貨幣產生路徑依賴，一旦某種關鍵貨幣在國際貨幣體系中得到認可，就會形成歷史繼承性，使該種貨幣即使失去原來所依賴的經濟基礎也能夠長期保持競爭力，延長其衰落的時間，延緩其他貨幣國際化的進程。由於網路外部性和慣性的存在，很多學者認為國際貨幣體系向多元化轉變遙不可及（Hartmann，1998；　Krugman，1979 Krugman，2009；Matsuyama et al.，1991；Rey，2001；Zhou，1997），即使有可能發生，也至少需要幾十年（Frankel，2011；　Kenen，2011）。

　　然而最近的研究顯示慣性並沒有想像的那麼重要。儘管特里芬認為美元花了 30 ～ 70 年的時間才最終超越英鎊，但通過對歷史資料的重新梳理可以看到，事實上早在 20 世紀 20 年代中後期，美元就已取代英鎊成為主要儲備貨幣，比以往學者假設的要早 20 多年。而且，雖然英鎊在 1929 年失去了領先地位，但在 20 世紀 20 年代和 30 年代的大部分時間裡，國際債券市場上英鎊和美元都是主要貨幣，這一兩種主要貨幣並存的國際貨幣體系也與「全球體系中只允許一種國際貨幣存在」的假設以及「貨幣的主導地位一旦失去就會永遠失去」的傳統觀點矛盾（Eichengreen and Flandreau，2009；　Chitu et al.，2014）。歷史研究表明貨幣的國際化地位是由一些重要因素決定的，而這些因素在不同經濟體隨著時間的變化則是國際貨幣格局變遷的主要推動力。這些因素受到各國經濟政策的影響，而這些經濟政策的相互協調通過影響這些因素在不同國家的動態變化來影響國際貨幣格局的變遷。圖 4—1 描繪了國際經濟政策協調影響國際貨幣格局的理論邏輯。

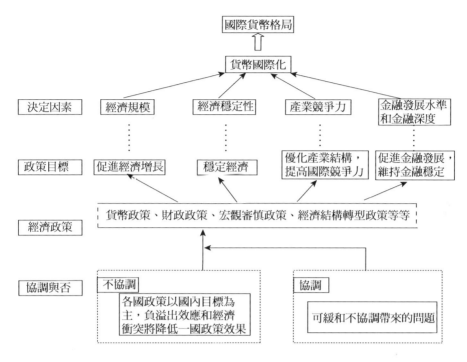

圖 4—1　國際經濟政策協調影響國際貨幣格局的理論邏輯

　　簡單來說，世界主要貨幣國際化進程的推進和倒退帶來了國際貨幣格局的變遷。一國貨幣的國際地位由該國經濟規模、經濟穩定性、產業競爭力、金融發展水準和金融深度決定，制定和實施貨幣政策、財政政策、宏觀審慎政策、經濟結構轉型政策等以穩定經濟、促進增長、優化產業結構、提高國際競爭力、促進金融發展、維持金融穩定是實現貨幣國際化的重要途徑。然而，經濟全球化背景下，其他國家的經濟政策可能通過負面溢出效應影響一國經濟政策的效果；單純考慮自身經濟發展目標而制定的經濟政策也很有可能對其他國家造成負面影響，引發經濟衝突，不僅不利於貨幣國際化目標的實現，還會影響自身經濟的發展。加強同世界其他國家的政策合作和協調，可以在一定程度上緩和孤立行動帶來的問題和不確定性，為該國貨幣國際化鋪路，並最終助推國際貨幣格局的再平衡。

4.2.1　貨幣國際化的決定因素

1. 宏觀經濟層面

從宏觀層面來看，影響貨幣國際地位的主要因素包括一個國家的經濟規模和經濟穩定性。

經濟規模是支援一國貨幣國際化的重要因素。歷史經驗表明，經濟停滯導致相對經濟規模下降是英鎊貶值並最終退出歷史舞臺最重要的原因。在全球經濟產出、貿易和金融領域中擁有大量份額的經濟體具有「巨大的自然優勢」（Chinn and Frankel，2007），其貨幣也更有可能在全球體系中扮演國際角色。出口國和進口國的相對市場規模是企業選擇定價貨幣的重要考量，外國生產者向大國出售商品時，會選擇目的地國家的貨幣計價，以減少其出口產品相對於主導市場的本地產品的價格變動。對美元和歐元的實證結果也顯示，相對經濟規模是決定計價貨幣的重要因素（Goldberg and Tille，2008）。

國際貨幣作為一種價值儲藏手段，其幣值應該是穩定的，過高的通脹率和劇烈波動的匯率都會阻礙一國貨幣國際化的進程。事實上，貨幣幣值穩定是國家政治經濟穩定的重要體現，在選擇計價貨幣時，企業更傾向於選擇經濟平穩、經濟政策連續穩定、受外界衝擊較小的國家的貨幣，以盡可能減少匯率變動帶來的負面影響。對經濟波動性的考慮在生產者實現利潤最大化以及出口商和進口商決定計價貨幣的過程中都有所體現（Baron，1976； Giovannini，1988），從對瑞士出口商的相關研究中也可以看到，匯率波動性是決定出口產品定價貨幣的重要因素。對於貨幣政策衝擊，包含兩個經濟體的一般均衡模型顯示，出口商會選擇以貨幣政策衝擊造成的波動最小的國家的貨幣作為計價貨幣（Devereux et al.，2007）

2. 微觀經濟層面

從微觀層面上看，產業特點、產品相似性和替代性以及對匯率風險的規避，是企業選擇計價貨幣時最重要的考量因素，也是影響一國貨幣在國際貿易市場中發揮作用的重要因素。

一般而言，出口商會儘量減少自己的產品相對於競爭對手的產品的價格變動，這樣在面臨宏觀經濟波動和交易成本變化等衝擊時，就不會因為相對價格的變化影響自己的銷量，即存在所謂的「聯合效應」（coalescing effect）（Goldberg and Tille，2008），以競爭商品所在國的貨幣對自己的產品計價可以在很大程度上「釘住」外國商品的價格，避免產品價格競爭力受匯率波動的影響。「聯合效應」可以在很大程度上解釋美元的主導地位，也就是說由於外國出口商面臨與美國公司的競爭，因此流向美國的貿易品主要以美元計價；而由於出口商需要使自身產品價格與競爭對手同類產品的價格保持一致，不涉及美國的貿易仍然會以美元計價。

　　「聯合效應」與產業特徵緊密相關，當兩個經濟體產品存在較強的替代性，或者規模報酬遞增的情況下需求減少使平均邊際成本上升時，這種「聯合效應」就會更加明顯，單一貨幣占據主導地位的可能性也就越大。此外，如果一個行業生產的是同質產品並且這些產品在專業化的市場交易，那麼該行業就會以單一的、低交易成本的貨幣（即參考貨幣）進行交易。由於許多貨幣都具有成為市場參考貨幣的潛質，突出的差別——慣性——就成了最終的決定因素（McKinnon，1979）。而一旦某種貨幣被確立為市場中的主導貨幣，出口商使用另一種貨幣進行定價的可能性就會下降，因為自身產品相對於競爭對手產品的價格變動會導致銷量變化和交易成本變動，這也就意味著一旦某種貨幣成為主導貨幣，即使出現了另一種同樣低成本的貨幣，前一種貨幣也可能會繼續扮演主導貨幣的角色（Krugman，1979）。實證結果也顯示，「聯合效應」在能輕易找到替代品的行業中最明顯；存在參考價格或在有組織的交易場所交易的產品更傾向於以美元計價（Goldberg and Tille，2008）。

　　總之，一國只有長期保持其在國際分工中的有利地位，為世界提供需求彈性較小的高端產品，以強大的全球產業競爭力引領全球高端產業鏈和資源要素交易，才能擁有相關產品的定價權，並由此取得計價結算貨幣的選擇權以及相關金融產品的定價權，實現貨幣的國際化。相反，如果缺乏富有創新力和競爭力的實體產業結構，外部衝擊就很有可能造成產業結構

失衡，喪失產品的國際競爭力甚至是經濟的自主性，貨幣的國際化更無從談起。

3. 金融層面

從金融層面上看，一個國家的金融發展和金融深度，以及與此相關的市場流動性、融資成本、金融交易成本，是實現該國貨幣國際化最重要的因素。

國際貨幣不僅要在貿易中充當重要的結算貨幣，還應該在資本流動、金融交易中充當重要的交易貨幣（涂永紅和吳雨微，2017）。實際上，在國際經濟交易活動中，金融交易規模遠大於貿易結算規模。根據國際清算銀行的統計資料，全球一年的貿易結算總額，不過是全球外匯市場 5 天的交易額。一種貨幣的國際化程度的最好體現就是其在國際金融交易中的份額和排名。

在全球經濟一體化的背景下，一個發達且開放的金融市場能夠降低市場參與者的參與成本，完善資本供給機制、提高資本配置效率，也有助於熨平經濟波動、降低金融體系風險、緩解金融體系失衡。金融市場的深度、廣度、完善程度和開放程度與一國貨幣的國際化非常相關（Mckinnon and Kenen，2002；高海紅、餘永定，2010）。相反，如果一國金融市場的深度和廣度有限，難以承擔輸出和貯存本幣流動性的「蓄水池」功能，那麼大規模的資本流動往往會對本國金融市場和本幣匯率形成衝擊，甚至誘發金融體系動盪，而匯率的大幅波動以及由此衍生出的大量外匯市場干預，則會對本幣的國際化進程產生負面作用。

儘管以往的實證文獻沒有把金融深度作為選擇主導貨幣尤其是央行儲備貨幣的決定因素，但最新的研究顯示，金融發展和金融深度是 20 世紀 20 年代以美元計價的貿易信用增長的關鍵（Eichengreen and Flandreau，2012），是1918—1932 年美元在全球外國公共債務中所占比重上升的最重要原因，也是美元崛起並最終戰勝英鎊最重要的決定因素之一，且影響力遠超國家規模、貨幣政策和匯率制度（Chitu，2014）；金融發展和金融一體化也是歐元國際地位提升的關鍵（Papaioannou and Portes，2008； Portes and Rey，1998）。

但值得注意的是，當且僅當貨幣發行國的金融深化是可持續的，該國貨幣

的國際地位才會建立在堅實的基礎之上，而金融創新和自由化導致經濟繁榮最終崩潰則無法使一國貨幣國際化擁有穩定的根基，在兩次世界大戰期間，金融對國際貨幣市場的影響在兩方面都發揮了作用。1932—1939年，美元在全球外國公共債務中所占份額下降的最重要原因就是美國銀行體系的崩潰和隨後的財政緊縮。而日本20世紀80年代末的股市泡沫破裂以及20世紀90年代的銀行業和經濟危機，也衝擊了日圓的國際化。此外，一國發展金融市場、開放資本帳戶、推進匯率制度改革，必然會擴大國際資本流動規模、拓寬國際資本流動管道，進一步加強國家間金融市場的聯動性，匯率風險、外部衝擊以及金融市場風險、實體經濟風險也會相互交織、彼此傳染。國際經驗表明，新興市場國家在資本市場開放過程中，因為市場脆弱性增加，外部衝擊導致發生貨幣危機的概率較大，通過聯動機制傳染到股票市場和房地產市場，容易爆發系統性金融危機，而隨著金融一體化的深入，危機必然會相互傳導，威脅全球金融穩定，危害其他國家經濟穩定和發展。因此，一國的金融市場不僅要有較大的規模和深度，還需要有較大的彈性，能夠守住不發生系統性金融危機的底線，才能為貨幣的國際化提供持續的支援。

4.2.2　經濟政策是推動貨幣國際化的重要支撐

　　無論是經濟規模的擴大、實力的增強、穩定性的提高，還是產業結構的優化、金融發展的深化，這些貨幣國際化決定因素的實現都需要相應的政策提供支援和保障。有效的宏觀經濟政策和結構性政策可以在長期中促進經濟增長、優化經濟結構、增強國家實力，同時也會熨平經濟週期、減少經濟波動、推動經濟持續健康發展，從而為貨幣國際化打下堅實的基礎。

　　人民幣的國際信用源於中國較強的實力和較高的經濟增速，而宏觀經濟政策則是實現中國經濟長期平穩較快增長的重要保障。穩健適度的貨幣政策，可以維持人民幣幣值穩定，增強交易各方對人民幣購買力的信心以及人民幣作為交易和結算貨幣的吸引力；還能通過強化信貸政策的導向作用，優化流動性的投向和結構，推進供給側結構性改革，把更多金融資源配置到經濟社會發展的

重點領域和薄弱環節，推動實體經濟發展，為人民幣國際化打下堅實的基礎；還能推進利率市場化和人民幣匯率形成機制改革，提高金融資源配置效率，防範跨境資本流動衝擊，維護國家經濟金融安全，實現中國經濟的穩定高效運行，助力人民幣國際化。以「結構調整型」為主要取向的積極的財政政策，可以優化支出結構和制度環境，穩增長、調結構、轉方式，盤活財政資源和社會資源，解決制約經濟發展的深層結構性因素，激發經濟活力；可以改善企業發展環境，鼓勵科技創新，培育國際競爭優勢，催生經濟發展新動力，從而優化經濟結構、提高發展品質，實現中國經濟穩定和持續健康發展，增強中國實力，提升人民幣的國際地位。

一國貨幣的國際化需要實力強大、穩定運行的實體經濟的支撐，而經濟的持續健康發展則需要相對完善、具有自我升級能力的工業化體系作為後盾。當前，中國經濟面臨著嚴峻的結構性問題——創新能力薄弱、技術水準落後、缺乏核心競爭力、經濟結構失衡、貿易大而不強，必須推進供給側改革、優化產業結構，推動實體經濟可持續發展，為人民幣幣值的穩定及國際地位的上升提供強有力的支撐。第一，抓住主要矛盾，去產能、去庫存、去槓桿，淘汰落後產能和高消耗、高污染、高排放產業，調整產業結構，剔除危害經濟軀體健康的痼疾，為經濟的可持續健康發展鋪路。第二，對內加大研發投入，鼓勵企業發展科技，提高中國產業的創新能力與技術水準，增強中國製造的核心競爭力並培育中國品牌，對外鼓勵企業「走出去」，加大對發達國家高端製造業的併購力度，增加高技術的供給，從而改變當前產品附加值低、可替代性強、高端產品缺乏的現狀，促進產業結構升級和優化，提高產品國際競爭力和定價權，並由此取得計價結算貨幣的選擇權以及相關金融產品的定價權，實現人民幣國際化。第三，通過貿易政策支援本土戰略性產業，緊握市場和技術上的主動權，推動本國企業發展壯大，提升中國在國際產業分工中的地位和話語權，憑藉強大的全球產業競爭力形成對全球高端產業及資源要素交易的領導力，支撐人民幣國際化。第四，強化金融服務實體經濟的功能，包括發展要素市場、提高資源配置效率，拓寬融資管道、降低企業資金成本，鼓勵融資租賃、推動企業技

術設備升級，推進金融機構國際化、增強在國際市場中的話語權，從而實現經濟轉型、結構優化，為人民幣國際化提供持續有力的支援。

　　金融發展與貨幣國際化相互影響、相互增強。理論研究和國際經驗都證明，任何一國貨幣的國際化都需要一個具有深度、廣度和開放度的國內金融市場作為支撐。要想人民幣成為發揮金融資產計價和儲備貨幣職能的國際金融資產，中國無疑需要深化金融改革、擴大金融開放、構建一個更加發達的金融市場，便利包括各國央行在內的全球投資者配置人民幣資產以及開展人民幣投融資活動。具體而言，第一，進一步深化利率市場化改革，發展人民幣國際債券市場，為境內外投資者提供優質的人民幣資產作為投資標的，推進人民幣作為國際貨幣的計價職能。第二，完善支付結算等金融基礎設施、加強資訊披露和信用評級制度建設、優化市場監管體系，為金融市場安全高效運行提供保障。第三，積極穩妥地推進資本專案可兌換、加快人民幣匯率形成機制改革、加強跨境資本流動監測和管理，拓寬資本跨境流動管道、減緩投機性資本流動、維持外匯市場穩定。一個擁有較多以人民幣計價的金融產品、完善的金融基礎設施和規範的市場秩序、運轉高效的金融市場，可以提供更加充分的資訊和足夠的流動性，降低交易成本，吸引更多的非居民持有以人民幣計價的金融資產，增強人民幣國際交易媒介和價值儲藏的職能，同時也有利於維持人民幣幣值穩定，支撐市場對人民幣的信心，提升人民幣的國際地位、推動人民幣國際化。第四，金融市場的振盪，尤其是導致金融功能失靈的系統性金融危機不僅會對中國的實體經濟產生損害，也會導致金融發展的倒退。因此，強化宏觀審慎政策，守住不發生系統性金融危機的底線，對於穩定國際社會對人民幣的信心至關重要。

4.2.3　政策協調是實現經濟政策預期效果的有力保障

　　一個國家的經濟政策不僅會影響自身的發展，還會通過一系列管道對世界其他經濟體產生深遠影響。在經濟全球化和區域經濟一體化不斷發展的今天，國與國之間國際貿易、金融交易、直接投資、勞動力流動、資訊交流越發頻繁，

經濟關係日益密切，相互依賴度顯著提高，一個國家的經濟政策對其他經濟體的溢出效應也更加明顯。

改革開放以來，特別是加入世界貿易組織以後，中國經濟開放度不斷提高，在貿易開放度持續提升的同時，資本市場開放和人民幣國際化也在穩步推進，中國同世界其他經濟體之間的經濟往來日益密切，國際地位和國際影響力顯著提升。一方面，伴隨著中國同其他經濟體的相互依賴程度不斷提高，中國經濟政策對其他經濟體特別是重要交易夥伴的國內經濟的影響日益顯著；另一方面，隨著中國融入世界經濟體系，其他經濟體特別是美國、歐盟、日本等的經濟政策對中國經濟的影響也日益增大，人民幣匯率形成機制改革後，各經濟體經濟政策的溢出效應及國際傳遞進一步強化，給中國經濟和經濟政策制定帶來了新的挑戰。

為推進人民幣國際化，中國制定各種經濟政策以實現經濟穩定和經濟增長時，不僅需要考慮到自身經濟政策對其他經濟體造成的負面影響，思考如何避免國際衝突，還需要考慮其他經濟體可能制定的經濟政策對中國經濟潛在的不利影響，思考如何減少損失。歷史經驗表明，各自為政、以鄰為壑的經濟政策是目光短淺的。加強各經濟體之間的經濟政策合作、推動國際經濟政策的全面協調，才是化解經濟政策負面溢出效應、避免國際衝突的唯一出路，也是實現經濟政策預期效果、推動世界經濟持續健康發展的有效途徑，更是中國承擔大國角色、提升國際地位、實現人民幣國際化的必要條件。

4.3 宏觀經濟政策的跨國傳導及其對貨幣國際化的潛在影響

4.3.1 開放經濟下宏觀經濟政策分析框架

蒙代爾（1963）和弗萊明（1962）在凱恩斯經典宏觀經濟模型 IS—LM 模型中，引入國際收支曲線（BP 曲線）創建了 IS—LM—BP 模型，將宏觀經濟

的一般均衡分析從商品市場和貨幣市場擴展到商品市場、貨幣市場和外匯市場，他們以小型開放經濟體為研究物件，分析了一國匯率制度對經濟政策效果的影響。固定匯率制度下，擴張性貨幣政策會使利率水準下降、產出增加，國內資本外流、本幣貶值，央行為保證匯率的固定，會買入本幣，最終本國貨幣供應量回到原來的均衡點，貨幣政策無效，但由於穩定的利率消除了財政政策的擠出效應，財政政策有效。浮動匯率制度下，擴張性貨幣政策引起資本外流、本幣貶值，會刺激出口，提高本國產出，貨幣政策有效，而擴張性的財政政策會使本幣升值，抑制出口，最終財政政策無效。

多恩布希引入了理性預期和價格黏性假定，建立了蒙代爾—弗萊明—多恩布希模型（M—F—D 模型）。多恩布希認為當央行改變貨幣政策時，商品市場和貨幣市場對貨幣政策變化的反應時滯是不同的，以金融市場為主的貨幣市場對貨幣政策的變化反應迅速且明顯，而商品市場對貨幣政策變化的反應具有一定滯後性。當央行採取擴張性貨幣政策時，由於短期內商品市場不能迅速改變價格，貨幣市場有多餘的貨幣供給，此時利率下降、資本外流、本幣貶值，隨著時間的推進，商品市場逐步調整以適應貨幣政策的改變，商品價格逐漸上升，貨幣的消耗量增大，利率上升、本幣升值。在這一過程中，由於貨幣市場和商品市場對貨幣政策變化的敏感度不同，匯率會出現超調現象。

「盧卡斯批判」認為以凱恩斯為基礎的計量經濟模型參照不變參數進行政策分析，沒有考慮到政策變動會使人們改變預期並據此調整自己的行為，而行為的改變會使經濟模型的參數發生變化。盧卡斯認為宏觀經濟學模型應該以微觀經濟學理論為基礎，從個體最優化行為中推導出宏觀總量關係，而不是從經濟學的歷史經驗得來，但 M—F—D 模型恰恰是以利率、匯率、貨幣的經驗關係為基礎建立起來的，雖然有簡明的分析方式和明確的政策搭配建議，但缺乏微觀基礎讓其飽受詬病。20 世紀 90 年代，Obstfeld 和 Rogoff（1995）將名義價格黏性、壟斷競爭市場結構、廠商預算約束下的效用最大化引入動態一般均衡模型，開創了新開放經濟宏觀經濟學研究框架（NOEM）。由於該模型給出了具體的效用函數，能求出最優化

問題顯示解，因此能為財政、貨幣政策的國際影響提供直觀的視角並用於福利分析。Sutherland（1996）通過數值模擬，指出貨幣政策衝擊和財政政策衝擊的異同，認為貨幣政策衝擊會增大產出等許多變數的波動，而財政政策衝擊則會減弱這種波動。Corsetti 和 Pesenti（2001）也討論了在新開放經濟宏觀經濟學框架下各種財政政策和貨幣政策對國內福利的影響。

4.3.2 貨幣政策溢出效應和傳導途徑

在 M—F—D 模型體系下，一國貨幣政策溢出效應的方向取決於兩種效應的相對大小，一種是支出轉換效應，即當一國採取擴張性貨幣政策時，該國利率下降，國內資本追求高收益率流向外國引起本幣貶值，以外幣計價的本國商品價格下跌而以本幣計價的外國商品價格上升，國內外居民對本國商品的需求增加、對外國商品的需求減少；另一種是收入吸收效應，即當一國採取擴張性貨幣政策時，該國總需求、總產出增加，居民收入增加，從而對國外產品的進口需求增加，導致外國產出和收入的增加。如果本國擴張性貨幣政策的支出轉換效應大於收入吸收效應，則意味著對外國產出和收入造成了負面影響，反之則會使外國收入增加。

基準的 NOEM 模型將兩國看成一個整體，當其中一個國家實行擴張性貨幣政策時，兩國貨幣市場總貨幣供給量增加，世界實際利率下降，利率平價下匯率不會發生變化，而由於國內外消費者有相同的效用函數和貨幣需求彈性，均衡條件下國內外居民的消費和效用水準同比例增加（Obstfeld and Rogoff，1995）。但是，後續學者在 NOEM 框架下改變模型假設，如假定兩國規模不同或者貨幣市場和產品市場存在分割等，模型得出的貨幣政策溢出效應就存在不確定性。

開放經濟條件下，一國貨幣政策的溢出效應主要通過直接利率管道、國際資本流動管道、貨幣供應量管道、國際貿易管道實現（見圖4—2）。

1. 直接利率管道

一國採取擴張性貨幣政策會使本國利率降低，而經濟大國的利率會通過國

際資本流動直接拉低世界利率水準，從而導致外國利率下降、產出增加。

2. 國際資本流動管道

國際資本流動對利率和匯率變動具有高敏感性，是一國貨幣政策溢出效應實現的重要管道。一般而言，一國實行擴張性貨幣政策會使該國利率降低，國內外相對利差會改變資本投資回報率並引起市場對其他國家貨幣的升值預期，導致資本向外國流動。

國際資本流動可以分為長期資本流動和短期資本流動。長期資本主要為FDI，主要由本國相對成本優勢、反傾銷稅和關稅成本以及跨國生產風險成本決定。一國貨幣政策會改變兩國的相對利率和匯率，一方面會改變國際市場資本投資回報率，當資本投資回報率超過 FDI 預期回報率時，外國的 FDI 規模縮小；另一方面會影響商品價格和投資風險，影響跨國公司在其他國家生產的預期利潤，影響外國的 FDI。短期資本流動主要受外匯預期收益率和交易成本影響，而外匯預期收益則由兩個國家的相對利差和匯率預期決定。在國際資本流動中，短期資本是最為活躍的部分，但由於其流動頻繁、方式隱祕、難以計量，短期投機資本會成為其他國家難以控制的擾動因素，影響外國資產價格、加劇經濟短期波動、增大經濟調控難度。

3. 貨幣供應量管道

根據蒙代爾「三元悖論」，開放經濟中，一國必須在獨立的貨幣政策、資本自由流動和固定匯率中做出選擇，這就意味著面臨本國貨幣政策衝擊時，如果外國貨幣當局對匯率和資本流動採取了限制措施，則外國央行的貨幣政策必須相應地做出調整，也就是說本國的貨幣政策會通過外國貨幣市場上貨幣供應量變化進一步影響外國經濟。具體而言，在本國擴張性貨幣政策下，利率下降、資本外流，引起本幣貶值、外幣升值；外國在固定匯率制度下，為維持匯率穩定，外國貨幣當局需要買入外幣投放本幣，從而外匯占款增加、貨幣供應量增加，進一步刺激外國總需求和產出並使通脹率上升。

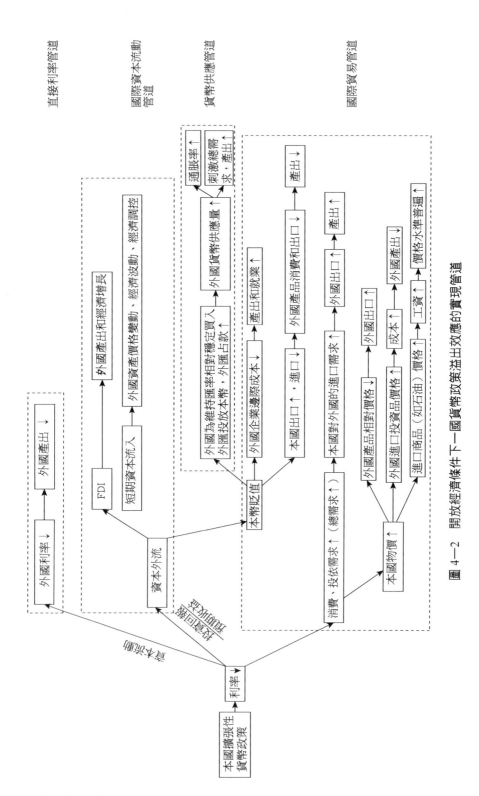

圖 4—2　開放經濟條件下一國貨幣政策溢出效應的實現管道

4. 國際貿易管道

貿易是國家經濟互相往來的主要途徑，開放經濟中，一國貨幣政策會通過匯率、國內總需求、相對物價水準直接影響國際貿易對其他國家產生溢出效應。

當一國採取擴張性貨幣政策使利率下降、資本外流，使本幣貶值、外幣升值時，一方面，由於以外幣計價的本國出口商品價格下降，而以本幣計價的外國進口商品價格上漲，導致國內外消費向本國商品轉移，從而本國出口增加、產出增大，而外國產品的消費和出口減少，產出和收入減少；另一方面，由於外幣升值，外國廠商的實際邊際成本下降，利潤空間增大，從而會擴大產出和就業。一國採取擴張性貨幣政策會使利率降低，刺激消費和投資，增加國內總需求，相應地增加對外國產品的進口需求，使外國出口增加、產出增加。由於擴張性貨幣政策刺激了國內總需求，在短期內生產規模不能調整的情況下，本國物價會上漲，對外國產出和通脹產生三個方面的影響：第一，本國物價上漲使外國商品價格相對下降，從而刺激外國產品的消費和出口，增加外國產出；第二，本國物價上升會使外國進口投資品價格上升，增加外國廠商成本，從而減少產出和就業；第三，對於外國而言，進口商品，比如石油等價格的上漲，可能會推高工資和單位勞動成本並進一步引發價格水準的普遍上升。

綜上所述，貨幣政策存在明顯的溢出效應，在一定的條件下，淨溢出效應可能為負。這意味著一方面國際貨幣發行國的貨幣政策可能對其他國家產生負面影響，進而引起國際經濟衝突。另一方面，由於各國經濟政策多以本國目標為主，別國的貨幣政策也可能對本國產生負面影響，干擾本國貨幣政策的效果。舉例來說，如果一國使用擴張性的貨幣政策來解決經濟衰退問題，而別國政策的負溢出效應導致本國產出進一步下滑，貨幣政策在反衰退這樣的週期性問題上的效果就會大打折扣。而我們前面提到作為一個國際貨幣的發行國，經濟穩定是一個重要的前提條件。因此，如何通過國際協調降低貨幣政策負溢出效應的影響，對於提高本國的宏觀經濟管理能力，穩定經濟和貨幣信心十分重要。

4.3.3 財政政策的溢出效應和傳導途徑

在全球經濟一體化的背景下，國家之間的經濟往來日益密切，國際貿易和國際資本流動使世界各經濟體更加緊密地結合，經濟政策的相互溢出和相互依存大大強化，一個國家的財政政策衝擊也會通過各種管道影響其他國家的經濟發展。研究發現，美國增加政府支出，會引起美國產出增加、加拿大產出減少；美國增加所得稅，會引起兩國實際利率上升，美國產出下降、加拿大產出沒有顯著變化（Arin and Koray，2009）。對中國 2009—2010 年財政刺激政策的分析表明，中國的財政擴張有效地刺激了內需，但對世界其他國家的正溢出效應有限（Cova et al.，2010）；對 OECD 國家的研究顯示，財政政策衝擊的溢出效應顯著，且在經濟衰退時對產出有更大的影響。對於政策制定者而言，理解一國財政政策的溢出效應以及傳導路徑至關重要。

蒙代爾—弗萊明模型奠定了早期研究財政政策國際傳導的基礎並指出兩種相互關聯的傳導管道——匯率及利率管道。國內的財政刺激政策會直接導致本國實際匯率升值，繼而通過匯率管道擴大進口並促進外國的消費、產出和就業；同時，國內的財政刺激政策會使得本國利率上升繼而吸引資本流入從而間接影響本國實際匯率升值。

在動態一般均衡模型中，財政政策的跨國傳導建立在更為複雜的動態基礎上。不同的假設條件，包括財政衝擊是永久還是暫時的、國際資產市場是否是完全的、勞動供給是固定還是可變的，政府支出資金是如何獲得的等都會影響模型的結果，因而在國內財政政策如何影響其他經濟體上並沒有達成共識。例如，Frenkel 和 Razin（1987）認為預算赤字和臨時政府支出的增加，提高了國內財富和消費的價值，並降低了外國財富和消費的價值。Baxter（1995）發現國內政府採購永久增加後，外國產出先增加但隨著時間的推移而下降。Roche（1996）認為政府開支的持續增加可以使國內和國外的產出增加。Bianconi 和 Turnovsky（1997）則發現，政府支出在國內是擴張的，而在國外則是緊縮的。

與貨幣政策的跨國傳導路徑類似，財政政策也會通過直接利率管道、國際

資本流動管道、貨幣供應量管道、國際貿易管道對其他國家產生溢出效應（見圖4—3）。

1. 直接利率管道

一國財政政策變化會通過影響國內利率、國外利率進而對其他國家產生影響。比如增加收入所得稅時，由於短期家庭收入比長期家庭收入下降幅度更大，居民會提高當前消費水準、減少儲蓄（Arin and Koray，2009），使國內利率上升；增加稅收和擴大政府支出都會增加國內總需求，使產品價格有上升的壓力，為防止物價上漲而收緊貨幣政策時，會導致實際利率上升。一國國內利率水準，尤其是大國的利率水準會通過國際資本流動推高世界利率水準，從而導致外國利率上升、產出減少。

2. 國際資本流動管道

當一國調整財政政策增加政府支出時，本國利率水準上升，引起國際資本內流。一方面，國內利率上升提高了國際市場資本投資回報率，當資本投資回報率超過 FDI 預期回報率時，外國的 FDI 規模減小，不利於外國產出增加和經濟增長；另一方面，國內外的相對利差和匯率預期影響了外匯預期收益率，短期資本會從外國流出，由於短期資本流動頻繁、方式隱祕、難以控制，短期投機資本會成為影響外國資產價格、加劇經濟波動以及增大經濟調控難度的擾動因素。

3. 貨幣供應量管道

一國採取擴張性的財政政策推高本國利率時，國際資本內流會導致本幣升值、外幣貶值，外國在固定匯率制度下，為維持匯率穩定，會買入本幣、投放外幣，減少外匯占款，減少本國的貨幣供應量，最終利率上升、產出下降。一國貨幣國際化程度越高，其他國家貨幣更有可能釘住該國貨幣，財政政策通過貨幣供應量管道的溢出效應就越明顯。

4. 國際貿易管道

一國財政政策會通過影響匯率、國內總需求、相對物價水準直接影響國際貿易，從而對其他國家的產出、就業、通脹等造成溢出效應。具體而言，當一

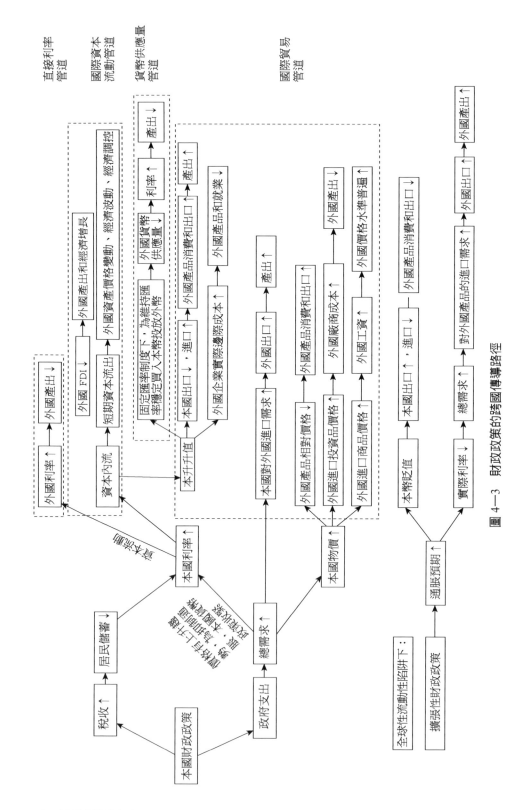

圖 4—3　財政政策的跨國傳導路徑

國採取擴張性財政政策推高國內利率、引起資本內流使本幣升值後，以本幣計價的外國商品價格下降，而以外幣計價的本國商品價格上升，國內外消費會同時向外國產品轉移，外國產品消費和出口增加，產出和收入增加；與此同時，本幣升值會使外國企業的實際邊際成本上升，壓縮外國廠商利潤空間，造成產出和就業的減少。當政府增加支出刺激總需求時，國內對外國產品的進口需求也會上升，從而拉動外國產品的對外出口，提高外國產出。此外，總需求的上升會推高國內物價水準，進而影響外國產出和物價水準：本國物價上漲會使外國產品相對價格下降，從而促進國內外對外國產品的消費和出口，使外國產出增加；本國物價上升會使外國進口投資品價格上升，抬高外國廠商生產成本，壓縮利潤空間，縮減產出；本國物價水準上漲使國外進口商品價格上升（例如石油危機的衝擊），可能會導致外國工資上漲、單位勞動成本提高以及價格水準的普遍上升。

5. 流動性陷阱下的財政政策傳導

2008 年全球金融危機之後，主要發達經濟體利率多處於極低水準，包括瑞典（2009 年）、丹麥（2012 年）、歐洲央行（2014 年）、瑞士（2015 年）、日本（2016 年）等都實施了負利率政策。根據凱恩斯的「流動性陷阱」假說，當利率降低到無可再降低的地步時，人們就會產生利率上升而債券價格下降的預期，貨幣需求彈性就會變得無限大，即無論增加多少貨幣，都會被人們儲存起來。發生流動性陷阱時，再寬鬆的貨幣政策也無法改變市場利率，不會對總需求產生任何影響，此時只能依靠財政政策，通過擴大政府支出等手段來擺脫經濟的蕭條。流動性陷阱下，擴張性的財政政策可以通過改變匯率和實際利率對其他國家產生溢出效應。一方面，擴張性財政政策會提高社會對通脹的預期，導致本幣貶值，從而刺激出口、抑制進口，惡化其他國家的貿易條件，導致外國產品的消費和出口減少，產出減少；另一方面，由於流動性陷阱下利率已經不能再低，通脹預期的增強會使實際利率下降，從而刺激消費和投資需求，國內總需求擴張會增加對外國產品的進口需求，從而使外國出口增加、產出增加。

4.3.4 宏觀審慎政策溢出效應和傳導途徑

宏觀審慎政策是一國保持經濟金融穩定、防範系統性風險的重要舉措。2008 年全球金融危機以來，國際社會普遍認識到，金融體系的順週期波動以及資產價格波動是危機爆發的重要原因，金融機構個體穩健並不意味著系統穩健，需要從宏觀的、逆週期的視角運用審慎政策工具有效防範和化解系統性金融風險，從整體上維護金融穩定。

構建更加全面、更具針對性的宏觀審慎政策框架是金融風險管理的核心。一方面，宏觀審慎政策和貨幣政策、財政政策必須協調配合，將物價穩定、匯率穩定、宏觀經濟穩定增長等政策目標和金融穩定目標結合起來。另一方面，宏觀審慎政策的實施也會影響貨幣政策和財政政策的效果。比如貨幣政策方面，在保障貨幣穩定的同時，需要通過對稱的政策操作降低金融失衡的累積、保障金融穩定，包括在經濟上行期，提高存款準備金率、控制信貸發放等，以控制流動性、抑制經濟的過度繁榮，在經濟下行期，降低存款準備金率、放鬆信貸以及公開市場操作等注入流動性、提高經濟活力、避免過度蕭條。財政政策上，在實現稅收調節、自動穩定器等功能的同時，需要實行更為均衡的政策操作，以保障金融穩定，包括在經濟上行期，通過降低債務水準、提高金融部門的稅率等方式積累財政緩衝；在經濟下行期，通過資本注入、存款與債務擔保以及針對金融機構的一攬子危機救助方案等方式來為金融部門提供支持，減緩經濟衰退。

一國宏觀審慎政策會對國內的貨幣供應量、經濟增長和金融系統穩定性產生影響，比如宏觀審慎框架下的逆週期資本金要求、宏觀審慎評估體系（MPA）下的差別準備金、信貸窗口指導以及房地產領域的首付要求限制、抵押率限制等都在控制貨幣供應量、維護經濟金融穩定，限制或促進特定行業和產業的發展，調控一國經濟。宏觀審慎政策對國內經濟變數的衝擊也會進一步通過國際資本流動管道、貨幣供應量管道以及國際貿易管道對其他國家產生溢出效應（見圖 4—4）。

1. 國際資本流動管道

一國實行宏觀審慎政策，可能會限制國際資本流動、提高金融交易成本，從而導致國際游資即具有攻擊性和危害性的資金湧入其他國家，對其他國家的金融穩定產生負面影響。如果一國宏觀審慎政策收緊了市場流動性、減少了貨幣供應量（比如經濟上行期），此時國內利率上升，國際資本湧入國內，外國的 FDI 規模縮小，不利於其長期的經濟增長和產出增加，同時短期資本也會加速流出，衝擊外國資產價格、加劇經濟波動、提高經濟調控難度。

2. 貨幣供應量管道

一國宏觀審慎政策直接提高國內利率水準或者減少貨幣供應量抬升利率後，國際資本流入，推動本幣升值。外國在固定匯率制度下，為維持匯率相對穩定，會買入外幣、投放本幣，從而被動地減少了貨幣供應，導致利率上升、產出下降。

3. 國際貿易管道

如果一國宏觀審慎政策導致本國利率上升、資本流入、本幣升值，本幣對進口品的購買力增強而外幣對國內出口品的購買力減弱，從而本國出口下降、進口增加，相應地，外國出口增加、進口減少，從而外國產出增加。另外，宏觀審慎政策的實施可能會限制經濟增長，導致居民收入水準下降，消費和投資需求降低，同時利率上升也會抑制消費和投資需求，總需求的下降導致對外國的進口需求下降，從而外國出口減少、產出減少。

4. 金融體系穩定

經濟全球化和金融一體化下，一國系統性風險會通過國際資本流動、國際金融市場相互傳染，損害其他國家的金融穩定和經濟發展，由美國次貸危機引發的 2008 年全球金融危機就是一個典型例子。宏觀審慎政策下，本國會加強金融監管，從而防範系統性金融風險，提高金融體系穩定性，可以在很大程度上降低金融危機發生並傳導到其他經濟體的可能性。

國際資本流動規模的擴大、國際資本流動管道的拓寬會進一步加強國家間金融市場的聯動性，金融風險、實體經濟風險也會相互傳染。宏觀審慎政策可

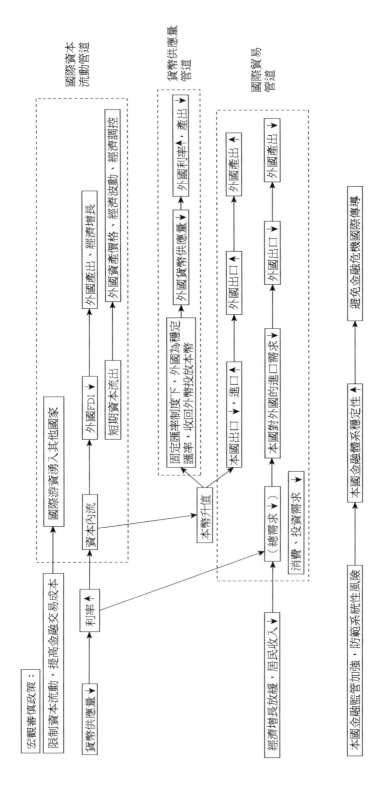

圖 4—4　宏觀審慎政策對國內經濟變量的衝擊對其他國家產生溢出效應的管道

以通過限制資本流動、控制貨幣供應量、加強金融監管、防範系統性風險從而提高本國金融系統穩定性，避免危機的國際傳導。

4.4 各國的經濟結構轉型與國際經濟政策協調的關係

4.4.1 結構轉型是世界經濟金融穩健發展的共同要求

國際貨幣格局的多元化發展，要求多個國際流動性的輸出國有穩定的經濟增長，進而能夠穩定世界各國對其貨幣的信心。在世界經濟普遍聯繫的情況下，大國的穩定可以減少對其他國家的負面的外部衝擊。因此，國際貨幣的供給國維持經濟的高品質增長和經濟穩定不僅是其自身民生發展的必然要求，也是其應當承擔的國際義務，而合理的經濟結構是各國穩定增長的前提。

美國次貸危機和歐洲主權債務危機及由此引發的全球經濟衰退引起了各國對經濟結構問題的反思。全球經濟失衡被認為是金融危機產生的重要原因之一。發達國家消費和投資長期依賴貿易逆差融資，而發展中國家的經濟增長依賴對發達國家的出口來消耗不斷擴大的產能。這產生了全球經濟的內在不穩定性。一方面，不斷累積的債務水準加大了發達國家的經濟風險。另一方面，對發達國家進口需求的依賴導致發展中國家的經濟發展面臨較大的外部風險敞口。一旦發達國家內部出現問題導致進口需求下降，就會導致發展中國家產能過剩和經濟下滑。

歐債危機暴露出歐洲經濟貨幣聯盟的內在結構問題，沒有財政聯盟的貨幣聯盟在存在不對稱經濟衝擊的情況下，十分脆弱。為此，歐洲也將面臨長時間的結構轉型問題，必須通過加深一體化的合作，才可能解決歐元區內部的矛盾，使聯盟向一個最優貨幣區轉型。

大量的發展中國家也面臨經濟結構的轉型問題。以中國為例，在外部需求增長乏力、穩定性下降的情況下，原先所依賴的增長驅動力逐漸消退，而依靠投資驅動的增長方式所造成的經濟結構扭曲和資源錯配卻愈演愈烈，出現了經

濟下行的**趨勢性變化**，治本之策，就是通過優化經濟結構，提高供給側的品質（吳敬璉，2016）。在全球經濟調整、發達國家去槓桿、縮減貿易逆差的背景下，與中國過去的情況類似，依賴投資和出口來發展經濟的國家都將面臨結構調整的考驗，只有更多把增長的動力轉變到創新和技術進步上來才可能實現經濟的高品質發展。

此外，大量的發展中國家，包括「一帶一路」沿線的一些國家面臨過度依賴資源密集型產業的問題。對資源密集型產業的過度依賴一方面使這些國家的經濟受到「荷蘭病」的困擾，另一方面在全球能源結構轉型的過程中，增加了這些國家長期經濟發展的不確定性。

綜上所述，金融危機之後，世界各國都面臨經濟結構轉型的任務。經濟結構轉型是各國經濟健康發展的必然要求。而在國際貨幣格局變遷的過程中，國際貨幣的供給國自身經濟結構的優化有利於增強其經濟發展動能和穩定性，進而穩定世界各國對其貨幣的信心，通過國際貿易、投資和資本流動的傳導，提供國際貨幣的大國的穩定有助於減輕其他國家面臨的外部衝擊，進而穩定世界經濟，這反過來又有利於國際貨幣體系自身的穩定。

4.4.2　經濟結構轉型需要經濟政策的支援

經濟結構轉型不是一蹴而就的，它需要各種經濟政策的支援，包括貿易政策、產業政策、財政和貨幣政策以及宏觀審慎政策。以中國為例，中國應對外貿發展條件變化的嚴峻挑戰，鞏固貿易大國地位、建設貿易強國，需要貿易政策的引導和支持；經濟從外源型向內源型、從出口導向型和投資拉動型向消費驅動型發展，也離不開貿易政策的積極配合。具體來說，要從外貿供給側結構性改革發力，降低對出口的依賴，提升出口的品質和附加值，並根據國內需要實施積極的進口政策；要完善外貿政策體系、外貿法律法規體系、優化市場環境，提高公共服務能力和貿易便利化水準；要進一步推進自由貿易試驗區的改革試點，減少市場准入的限制，穩定外商投資和經營預期，提高利用外資的品質和水準。

經濟結構改善的重點是去產能、去庫存、去槓桿、降成本、補「短板」，對於實現「三去一降一補」，產業政策可以發揮重要作用。通過加大研發投入，可以激發企業的科技創新能力，增加高技術供給，建立屬於自己的技術體系，增強中國製造的核心競爭力，帶動產業轉型升級；通過推動金融市場發展，鼓勵金融產品、技術和服務創新，可以滿足實體經濟的動態發展需求，有效管理金融風險；通過優化勞動供給結構、提升金融服務實體經濟的能力，推進金融制度、土地制度、科技創新制度改革，可以提高要素品質和資源配置效率，並為經濟增長培育新動力；通過發展服務業，可以增加經濟的彈性，擴大潛在的就業市場，生產性服務業的發展還能促進其他產業競爭力的提升。

結構性貨幣政策和財政政策也能引導和加速產業結構的轉型。如中國的綠色金融和科技金融政策，有利於促進經濟的綠色可持續發展，並通過激勵創新為高品質經濟增長提供持續動能。財政方面具有調節性的補貼政策促進了服務業的發展。宏觀慎重政策，尤其是近年來針對房地產市場的政策，有利於引導金融資源流向，減少投機，引導金融服務實體經濟，更好地為結構轉型服務。與中國類似，其他國家也可以通過各種經濟政策來引導本國的產業結構轉型，促進創新，實現經濟的可持續發展。主要國際貨幣發行國經濟結構轉型成功，不僅有利於其本國的經濟增長和經濟穩定，也能夠通過溢出效應穩定世界經濟，促進世界經濟協調發展，為世界經濟的發展和穩定進而為國際貨幣體系的健康發展和穩定提供夯實的基礎。

4.4.3　負溢出效應導致缺乏協調的結構調整政策難以見效

然而，在沒有協調的情況下，各國的結構轉型政策都是以國內目標為主的。而這些政策會通過國際貿易、資本流動等管道影響世界其他國家。政策的負溢出效應可能導致各國政策的效果發生意想不到的偏差，進而減緩甚至破壞這些國家的經濟轉型的進程。不僅如此，在一些國家可能會因為結構轉型的目的而調整經濟政策的同時，其他一些國家也可能因為其他策略性的原因調整其經濟政策。由於目的不同，經濟發展的階段和週期也不同，這些政策就可能通

過各種溢出效應而相互干擾。對於總量性的貨幣政策、財政政策和宏觀審慎政策的跨國傳導我們已經進行了大量的討論。這裡我們進一步討論結構性轉型特徵更加明顯的貿易和產業政策的溢出問題。

戰略貿易政策方面的文獻認為一國政府有通過貿易保護政策和產業政策使國內公司在與國外公司的競爭中具備戰略優勢，從而增加國家總體福利的動機（Irwin，1991）。比如克林頓時期，美國政府通過戰略性貿易政策大力支持本土高技術產業發展，建立了在資訊產業及資訊技術上的絕對領先優勢，為美國連續 10 年的經濟增長提供了堅實的保障。而二戰之後處於經濟崩潰邊緣的日本，也是通過長期實施戰略性貿易政策，對本國產業實施全面的保護和扶持、對國外廠商實行多方面的限制和制約，提高了國際競爭力，成為經濟強國。

一國產業政策和貿易政策對其他國家而言往往存在利潤轉移和外部經濟兩個效應，利潤轉移的基本思想是通過政府補貼本國廠商把國外廠商的壟斷利潤轉移到國內廠商手中，包括採用進口關稅抽取超額租金、實施「以進口保護促進出口」策略獲得超額租金、通過出口補貼抽取外國企業的壟斷租金。外部經濟強調規模經濟的作用，通過對存在巨大「外部經濟」的企業實施保護，一方面提升其國際競爭力，另一方面將領先成果擴散至國民經濟的各個層面，從而提高整個國家的綜合競爭力。

由於直接涉及兩國之間的貿易以及兩國在第三國的貿易競爭，一個國家的產業政策和貿易政策對其他國家的溢出效應直接且明顯。一般而言，政府對國際貿易的干預主要體現在對戰略性產業的扶持、對壟斷利潤的轉移、對出口市場的爭奪和對進口市場的控制四個方面。在不完全競爭的條件下，一方面，一國政府會通過向國內企業提供出口補貼、實行優惠政策等，提升國內企業在國際貿易中的競爭優勢，擴張出口數量、實現規模經濟，並擠壓其他國家的國際市場份額。比如 1993 年克林頓政府出臺的國家出口戰略，正是通過減少對出口的管制、增強出口融資服務和商貿資訊服務、開發新興市場並結合產業政策推動出口以解決經濟衰退。另一方面，政府會對該國的戰略性產業實行貿易保護措施，限制進口以培育自身競爭能力。具體表現為在戰略性產業創建之初，

該產業發展狀況與其他國家相關產業相比處於劣勢時，政府通過提高關稅以及配額等手段對國外的同類產品輸入本國進行必要的控制，以推動本國企業的發展壯大，最終迫使國外出口和產出收縮，就業機會和收入減少。比如 20 世紀六七十年代，日本企業由於規模上不足、技術上落後，在國際競爭中處於劣勢地位，為避免開放本國市場導致外國企業和產品大量湧入，使日本喪失大部分市場以及技術上的主動權，日本政府通過進口壁壘和限制外資進入等措施保護國內市場。Brander 和 Spencer（1985）借助古諾模型考察國內公司出口和國外公司出口在第三國市場上的競爭情況，發現政府的出口補貼可能使國內企業貢獻更高的產出，迫使國外企業產出減少，並將利潤轉移到國內企業，由於國內企業的額外利潤超過了政府的成本，這些出口補貼在總體上增加了該國國家福利，但讓競爭國經濟受損。

上述分析表明，各國在通過貿易和產業政策優化本國產業結構，增強國際競爭力的過程中，可能和其他國家的利益產生衝突。在缺乏協調的情況下，可能會產生貿易戰、補貼戰、匯率戰等惡性競爭的情況，最後的結果會使各國的政策效果都大打折扣。

4.5　國際貨幣格局變遷過程中國際經濟協調的重點

4.5.1　以「一帶一路」為契機加速經濟合作和協調

2013 年習近平總書記提出「一帶一路」倡議，其核心內容是促進基礎設施建設和互聯互通，對接各國政策和發展戰略，深化務實合作，促進協調聯動發展，實現共同繁榮。「一帶一路」以政策溝通、設施聯通、貿易暢通、資金融通、民心相通成為共同努力的目標，堅持在開放中合作，在合作中共贏，通過對話化解分歧，通過協商解決爭端，共同維護地區安全穩定，實現共贏發展。

「一帶一路」建設與人民幣國際化相輔相成，其中基礎設施建設、產業園區建設是重要的突破口。「一帶一路」沿線國家大多基礎設施薄弱、建設資金

缺口巨大，而中國基礎設施建設能力強大、資本相對富裕，可以運用自身的比較優勢，以人民幣支援「一帶一路」建設，擴大人民幣對外援助規模、增加境外人民幣貸款、推動人民幣投資等擴大人民幣的使用。可以通過發行面向「一帶一路」基礎設施的、以人民幣計值的「絲綢之路債券」，彌補基礎設施融資缺口，強化區域內債券融資合作，讓發行主體能夠更加便利地得到人民幣和使用人民幣；可以由央行協調將貨幣互換擴展至「一帶一路」沿線的60多個國家，增加海外人民幣的流動性。

「一帶一路」沿線國家存在較強的經濟互補性和較高的供求匹配度，擴大國際產能與裝備製造合作是實現互利共贏的有效途徑。具體而言就是建設國際產業園區，培育生產和貿易基地。中國在國內產業園區建設方面積累了豐富的經驗，合作共建國際產業園區可以全方位推動中國與東道國的深層次合作，發揮產業聚集優勢，為中國企業「走出去」提供理想的平臺。聚集了眾多「走出去」企業的產業園區必然會加大人民幣計價結算的規模，擴大人民幣在「一帶一路」沿線國家跨境貿易計價結算的範圍，進一步夯實人民幣國際化的基礎；而規模龐大、樣式繁多和地理相對集中的跨境及境外金融服務需求也會帶動中國的金融機構「走出去」，進一步推動離岸人民幣金融市場的發展，從而增加人民幣境外資本運用和批量結算使用，加速國內金融機構國際化、壯大人民幣國際化。

在「一帶一路」建設中，中國可以加強與世界銀行、亞洲開發銀行、非洲開發銀行、歐洲復興開發銀行等協力廠商國際機構的業務聯繫與合作，在合作的過程中針對現實中所面臨的問題改善現有的協調機制。不僅如此，中國還可以借助亞洲基礎設施投資銀行、金磚國家新開發銀行以及上海合作組織開發銀行等新興區域性多邊金融平臺，一方面擴大與各國在經濟金融領域的合作，另一方面探索新的協調機制。

4.5.2　完善政策協調機制是大國的義務

經濟政策的跨國傳導具有明顯的非對稱性。以貨幣政策為例，一個國家的

經濟規模越大、該國貨幣的國際地位越高，其貨幣政策的溢出效應就越明顯。相應地，經濟規模較小、開放程度較高的國家則更容易受到其他國家貨幣政策的衝擊。一般而言，經濟大國的利率水準可通過大規模且迅速的國際資本流動直接決定世界利率水準，而小國開放經濟體則是世界利率水準的被動接受者。從資本流動上看，一方面，一國金融市場越開放、資本流動越靈活，其貨幣政策對其他國家，尤其是新型經濟體的國際資本流動以及經濟的影響就越明顯；另一方面，隨著國際資本進入一國投資管道的拓寬，其他國家，尤其是經濟大國貨幣政策的變化也會更容易通過國際資本管道對該國經濟發展和宏觀調控帶來更深刻的影響。國際貨幣發行國的貨幣政策更可能引發其他國家，尤其是實行固定匯率制的國家被動地調整貨幣供應量。以美國的貨幣政策為例，由於大多數固定匯率制國家的貨幣都與美元掛鉤，當美國採取擴張或收縮的貨幣政策使得美元有貶值或升值的趨勢時，外國央行為維持固定匯率制度，必須同樣增加或減少貨幣供應，並進一步影響該國國內產出和通脹。一國貨幣政策通過貿易管道產生的溢出效應與該國貨幣的國際地位密切相關，如果一國（周邊國）與國際貿易中計價貨幣發行國（核心國）有直接貿易往來，核心國的貨幣政策必然會影響兩國貨幣匯率和商品相對價格，但是，如果周邊國之間的貿易也採用核心國貨幣計價，那麼即使這些周邊國與核心國沒有直接的貿易往來，周邊國也會受到核心國貨幣政策的影響（Goldberg and Tille，2008）。舉個例子，如果中國同美國、日本同美國的貿易往來都以美元計價，那麼當美國實行擴張性貨幣政策導致美元相對貶值時，由於美國的進口商品均以美元計價，美國國內物價水準不受影響，但是中國和日本進口的美國商品的相對價格會下降，刺激對美國進口品的需求；進一步地，如果中國同日本的貿易同樣以美元計價，那麼美元貶值則會使中國出口到日本的商品相對於日本當地商品的價格下降，同理日本出口到中國的商品的相對價格也會下降，此時即使中國和日本都跟美國沒有直接的貿易往來，美國的貨幣政策也會影響到兩國之間的相對價格水準和需求，產生溢出效應。一國貨幣政策對國際貿易的具體影響則取決於兩國貿易商品的相對價格彈性，如果一國出口商品的需求彈性較低，則匯率對出口影

響較小，反之則影響較大。對於中美兩國而言，由於中國進口商品需求彈性較小，而出口商品需求彈性較大，所以我國貿易受美國貨幣政策及匯率變動的衝擊非常明顯，而隨著近年來中國產業結構升級，出口商品中農產品和初級加工品比重下降、最終產品和高技術含量產品比重上升，中國出口商品需求彈性有減小趨勢，從而美國貨幣政策通過國際貿易途徑對我國經濟的溢出效應也在減弱。總之，考慮到貨幣政策跨國傳導的非對稱性，尤其是大國的政策對世界其他國家經濟的顯著影響，大國之間的協調問題就變得更加重要。

同樣，一國財政政策的溢出效應也與該國的國際地位、經濟規模以及同其他國家的經濟聯繫度密切相關。經濟大國的財政政策會更受關注，也會顯著影響其他國家對利率、匯率、通貨膨脹率的預期，進而影響其他國家的經濟增長和經濟穩定。當世界主要經濟體尤其是發達國家調整財政政策時，經濟預期的改變會導致大量的資本在國家間迅速流動，經濟規模較小且開放程度較高的經濟體會受到更大的衝擊且被動接受國際市場的利率水準。當國際貨幣發行國採取擴張性財政政策刺激本國需求推高利率時，對於實行固定匯率制度的國家，外幣有升值壓力，必須被動緊縮貨幣供應，維持匯率穩定。從貿易管道上來看，一國貨幣的國際地位越高，在國際貿易中就越有可能充當計價結算貨幣，其財政政策對國家之間相對物價調整的影響就越廣泛，相反，如果一國在國際貿易中的話語權很弱，就不得不使用其他國家的貨幣作為計價貨幣，相應地該國國際貿易受國際貨幣發行國的財政政策的衝擊就更明顯，而自身的財政政策通過貿易管道對外國的影響則相對更弱。因此，大國之間的政策協調對於穩定全球經濟，就變得十分重要。

一般而言，經濟大國的金融危機對全球經濟金融穩定的危害更大。在國際貨幣體系中，作為貨幣輸出國的大國，其低風險資產往往是其他國家謹慎性投資的主要標的物。這樣的國家出現金融危機，會導致大規模的全球資產再配置；資本的突發性流入流出，導致金融資產的價格大幅波動，不確定性增強，風險承擔意願下降，進而對世界範圍內的投資和經濟發展產生負面影響。2008 年由美國次貸危機引發的全球金融危機就是一個典型例子。因此，大國的宏觀審慎

監管更加迫切、影響也更加深遠。因此，在國際貨幣體系中的貨幣輸出國在制定其宏觀審慎政策的時候不僅應該看到金融風險集聚對本國的不利影響，也有義務將其本身金融風險對全球的負面效應納入考慮。在國際貨幣格局多元化的背景下，作為貨幣輸出國的大國之間協調相互之間的宏觀審慎政策，是維持其自身金融穩定的前提。例如，在存在多個國際貨幣發行國的情況下，這些國家都可能成為全球投資者的主要投資對象國。如果某個國家單邊強化了宏觀審慎監管，資本可能流向監管寬鬆的國家。這一方面可能導致流出國的資金短缺、貨幣貶值，另一方面可能導致流入國經濟金融過熱、貨幣升值。這些意外的變化可能削弱這些國家國內政策的效果，進而導致其經濟金融的意外波動。由於它們在國際經濟金融格局中的地位，其意外波動，會對全球經濟的穩定產生較大的負面影響。

綜上所述，大國的經濟政策，尤其是國際貨幣輸出國的經濟政策有著更大的溢出效應。加強大國協調對於國際貨幣體系的健康穩定發展是必要的。

4.5.3 多元化的國際平臺是宏觀政策供給協調的制度保證

經濟全球化和區域經濟一體化下，國家之間的相互依賴程度顯著提高，一國經濟政策對其他經濟體的溢出效應也更加明顯。完善國際貨幣格局本身要求更好的政策協調機制。

不僅如此，前面我們已經指出，人民幣的國際化有利於完善現有國際貨幣格局。而隨著中國經濟開放度的不斷提高，中國和世界其他經濟體的經濟政策的溢出效應會相互強化、相互傳導。只有加強中國同其他經濟體之間的經濟政策合作、推動國際經濟政策的全面協調，才能有效化解各國經濟政策的負面溢出效應、避免國際衝突，從而實現經濟政策預期效果、保障中國經濟穩定和經濟增長，並最終提升綜合實力和國際地位，推動人民幣國際化。

2008 年全球金融危機以來，經濟政策國際協調成為宏觀經濟學特別是開放宏觀經濟學研究中的熱點問題。當前，全球經濟總體保持復甦態勢，但面臨著增長動力不足、總需求不振、金融市場波動性增大等多重風險和挑戰，加強

經濟政策國際協調是國際社會應對危機、合力促進全球經濟增長和維護金融穩定的重要手段。過去，經濟政策國際協調研究主要關注貨幣政策，特別是危機時期的貨幣政策工具協調問題。本輪危機以來，很多學者認識到，僅靠貨幣政策工具層面的協調是不夠的，更重要的是推進制度建設，推動國際金融治理體系改革，有關國際貨幣體系改革、超主權貨幣體系、區域金融合作等成為研究熱點（陳雨露，2016），官方性質的各種全球性和區域性的機構和論壇，以及非官方性質的金融合作和互助機制對於國際經濟政策協調以及全球經濟發展和穩定起到了至關重要的作用。第一，國際協調平臺為各國政策探討、經驗交流提供了合適的場所，使各國政府、央行等政策制定部門對國內政策行動的全球溢出效應和潛在的政策應對效果有更好的了解和統一認識；第二，國際協調平臺可以加強經濟不景氣時期的國際合作，更好地應對危機，比如主要發達經濟體央行之間建立的雙邊貨幣互換協議體系；第三，巴塞爾銀行監管委員會（BCBS）、國際證監會組織[1]以及國際支付結算體系委員會[2]等，有助於建立各種標準和基礎設施並建立公平競爭的機制，促進全球金融市場平穩安全運行。

目前，官方性質的國際協調平臺包括國際貨幣基金組織、經合組織、國際清算銀行、世界貿易組織、二十國集團峰會、世界銀行以及亞洲開發銀行、亞洲基礎設施投資銀行、《清邁倡議》、歐洲復興開發銀行等；非

---

[1] 國際證監會組織（International Organization of Securities Commissions, IOSCO）由多個國家的證券監管機構組成，主要負責制定全球證券監管準則、建立國際證券業務監管機制等。2010 年 7 月，協會對證券監管的目標和原則進行了修訂，更加關注系統性風險的防範。更多詳細內容參考 Objectives and Principles of Securities Regulation 2011、Mitigating Systemic Risk——A Role for Securities Regulators。

[2] 國際支付結算體系委員會（Committee on Payment and Settlement Systems, CPSS）由十國集團的中央銀行組成，負責監測支付和結算系統的發展情況。2011 年 3 月，國際支付結算體系委員會聯同國際證監會組織發佈《金融市場基礎設施原則》，為支付、清算和結算系統提出了新的標準，該原則針對系統重要支付系統、中央證券託管機構、中央結算系統、中央交易對手和貿易存儲庫提出了 24 項準則，目的在於健全全球金融市場基礎設施建設，抵禦金融衝擊。更多詳細內容參考：https：//www.bis.org/cpmi/publ/d94.htm。

官方性質的國際協調平臺包括中東歐基金、SWIFT、國際商會、國際銀團貸款、跨國銀行直接的對等拆借協議等，這些全球性和區域性的機構和論壇以及金融合作模式和互助機制對於解決國際爭端、完善全球治理、加強經濟協調和合作，推動中國企業和金融機構「走出去」，擴大影響力、增強發言權，推動人民幣國際化，建立更加公平有效的國際貨幣體系發揮了不可忽視的作用。

然而傳統的國際經濟協調平臺存在一些問題。一方面，在一些現有的主流國際協調平臺中，發展中國家的話語權較弱，在國際協調過程中的利益博弈和政治博弈中，往往處於弱勢，進而導致政策協調後的全球利益分配不均，而這種分配不均又削弱了發展中國家參與國際協調的積極性。這要求發達國家和發展中國家共同努力，改革現有的國際協調機制，在提供效率的同時，加強公平性。

由於國際協調組織權利結構發展的路徑依賴，相對於改革現有平臺，創辦新的國際協調平臺從一開始就讓發展中國家在國際協調的過程中扮演主要角色、發揮積極作用，能夠更加快速有效地完善現有的國際貨幣體系，平衡發展中國家和發達國家的利益，在「共贏」的基礎上加強對話和溝通，進而減少負溢出效應，提高各國的宏觀經濟管理能力，為新的國際貨幣格局的健康穩定發展奠定堅實的經濟基礎。

第五章

致力於貿易自由公平發展的政策協調

　　貿易是推動全球經濟增長的重要動力，也是貨幣國際化的重要載體。捍衛自由貿易是國際主流社會的共同認識，也是經濟大國的義務和責任。以創新和市場力量促進中國的貿易，進一步提升中國在國際貿易中的地位，有利於推動人民幣國際化。匯率市場是各國之間貿易流動和資本流動的主要參考，匯率市場的大幅波動對國際貿易和國際資本流動會產生重要影響，並對一國的貨幣供應和消費需求產生影響，進而影響實體經濟增長，且匯率政策有較強的外溢效應，加之各國在制定本國匯率政策時存在一定的資訊不對稱情況，加強全球匯率政策協調是當前全球治理結構和宏觀政策協調的重要組成部分。世界經濟的發展實踐表明，相對穩定的匯率水準，是發展國際貿易、穩定世界經濟秩序的必然要求，加強全球匯率政策協調對促進世界經濟增長有重要意義。

5.1 貿易政策協調：從貿易大國走向貿易強國

5.1.1 捍衛自由貿易是貿易政策協調的目標

自由貿易是國際貿易史的主題，也是一戰前英國主導、二戰後美國主導的國際貿易體系的主旋律。貿易壁壘日趨減少，國際貿易的平均關稅從二戰後的40% 降低到今天的 4%。隨著發展中國家不斷加入全球化進程，國際貿易增長率遠遠超過世界 GDP 增長率，對提高人民生活水準做出了前所未有的貢獻。2008 年全球經濟危機之後，一些主要國家右翼思潮膨脹，反全球化的聲音甚囂塵上，貿易保護主義有所抬頭。世界貿易組織的資料顯示，從 2015 年 10 月中旬到 2016 年 5 月中旬，二十國集團國家採取了 145 項——月均 21 項——新保護主義措施，創下 2009 年世界貿易組織開始監測二十國集團以來之最。作為世界最大貿易國，世界貿易趨勢的任何變動對中國經濟勢必產生巨大的影響。當前，美國不但開始實行對包括中國在內的一系列國家的懲罰性貿易政策，退出《跨太平洋夥伴關係協定》等國際協定，重啟《北美自由貿易協定》談判，甚至還聲稱要退出世界貿易組織。川普總統的美國優先和不遵守世界貿易組織規則的貿易政策給國際貿易增長帶來巨大挑戰。中國有必要扛起全球化大旗，推動貿易政策國際協調，堅定捍衛自由貿易，積極宣導和推動經濟全球化。

1. 全球化有利於世界經濟更快增長

貿易是各國發揮各自資源稟賦、獲得比較利益、促進福利增加的經濟活動，是一國經濟發展的主要動力之一。世界經濟發展的歷史表明，凡是進行自由貿易、參與全球化的國家大多能實現雙贏或多贏。那些貿易發達、經濟開放度較高的國家，經濟增長表現更好。英國《牛津經濟》（*Oxford Economics*）研究顯示，2001—2015 年，一個國家的對外開放度越高，即進出口總額占GDP 的比重越大，該國經濟增長的速度就越快（見圖 5—1）。

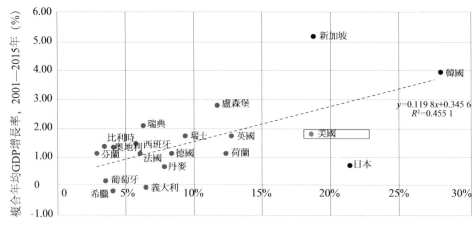

圖 5—1　開放度較高的國家經濟增長更快

資料來源：*Oxford Economics*；*Haver Analytics*.

2. 中國的巨大成就得益於融入全球化

從 1978 年到 2017 年，中國人均 GDP 從 156 美元增加到 8 000 多美元，增長了 50 多倍；國際貿易總量更是從 206.4 億美元增加到 4.28 萬億美元，增長了 200 多倍；外匯儲備從 2 億美元增加到 3 萬多億美元，增長了 1 萬多倍。中國在政治、經濟、社會、科學、軍事各個領域取得了舉世矚目的巨大成就，不僅人民的生活水準和國家綜合實力實現了空前的飛躍，還以如此長期持續的高速增長創造了世界經濟史上的奇跡。1950—1973 年日本經濟奇跡持續 24 年，年均增長 7.3%；1971—1990 年韓國、臺灣和新加坡經濟奇跡持續 20 年，年均增長率分別為 7.03%、 7.35% 和 6.53%。中國在過去 39 年中超過了除美國以外的主要經濟體，成為世界第二大經濟體；中國製造業產值自 2010 年超過美國後遙居世界第一，目前幾乎是美國、日本和德國的總和，中國成為名副其實的世界工廠，完全實現中國第一代領導人提出的「超英趕美」目標。1978 年，排名世界第二的日本其經濟總量是中國的 6.8 倍，排名世界第一的美國其經濟總量是中國的 15.8 倍。2017 年中國經濟反而是日本的 2.5 倍，已達到美國的 60%。1978 年中國幾乎沒有任何外匯儲備，不得不依賴自己迫切需要的原油和

糧食去換取外匯，今天中國外匯儲備超過 3 萬億美元，排名世界第一。而且，
人民幣本身已成為國際儲備貨幣、貿易結算及金融交易貨幣，人民幣已經開始
走向世界。中國毫無爭議是過去 40 年全球化的最大受益者，同時也是最大貢
獻者。

3. 捍衛自由貿易是大國的義務和責任

　　中國積極參與經濟全球化，為世界經濟做出了巨大貢獻，已成為世界經濟
增長的主要引擎。根據國際貨幣基金組織的《世界經濟展望》，2001 年中國加
入世界貿易組織後，中國超過美國成為世界經濟增長的最大源頭（見圖 5—2）。
特別是在 2008—2009 年由美國引發的世界金融危機中，中國是全球經濟增長
的唯一亮點，幾乎獨自拉動世界經濟，避免了一場更深重、更持久的全球經濟
災難，為世界經濟復甦做出了巨大貢獻。過去 15 年來，中國貢獻了全球經濟
增長的 25% ～ 35%，拉動其他各國的經濟增長。尤其是那些與中國經濟聯繫較
緊密的國家，經濟增長更快。中國經濟年增長約 7% 能給與中國聯繫緊密的國
家直接帶來 1% 的額外經濟增長。從經濟增長的角度看，1% 是非常顯著的數字，
因為過去幾年，世界經濟增速在 3% 左右，美國大約為 2%，歐盟只有 1%。

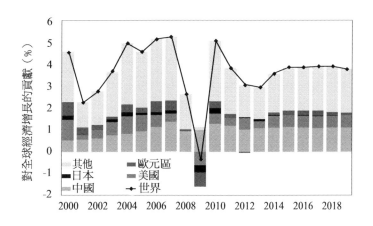

圖 5—2　世界經濟增長的貢獻者

資料來源：國際貨幣基金組織。World Economic Outlook； IMF staff calculations.

即使中國經濟增長速度有所放緩，隨著中國經濟規模的不斷擴大，中國在今後幾年對世界經濟的拉動作用也仍將逐步增強。國際貨幣基金組織預測今後兩年（見表 5—1），中國對世界經濟增長的貢獻度將達 35.2%，為位居第二的美國的兩倍左右。中美兩國對世界經濟增長的貢獻度將超過世界其他各國的總和。這就意味著，如果中美兩國能夠共同維護自由貿易秩序，讓世界各國尤其是發展中國家獲得經濟全球化的紅利，全球經濟將大獲裨益、更快增長。相反，如果中美兩國打貿易戰，或者美國單方面實施貿易保護主義，採取逆全球化措施，國際貿易乃至全球經濟增長必然會受到拖累而放緩。

表 5—1　2017—2019 年世界經濟增長的貢獻度

國家 / 地區	貢獻度（%）	國家 / 地區	貢獻度（%）
中國	35.2	英國	1.6
美國	17.9	日本	1.5
印度	8.6	土耳其	1.2
歐盟	7.9	墨西哥	1.2
印尼	2.5	巴西	1.2
韓國	2.0	伊朗	1.0
澳洲	1.8	俄羅斯	1.0
加拿大	1.7	其他	13.7

5.1.2　強大的貿易是人民幣國際化的關鍵支撐

1. 人民幣的國際地位與中國的貿易地位嚴重不匹配

改革開放近 40 年來，中國經濟以超過 9% 的年均速度持續增長，成為當今世界第二大經濟體。在參與經濟全球化的過程中，中國充分發揮比較優勢和後發優勢，積極參與國際合作和競爭，從 1978 年的封閉經濟成長為今天全球第一貿易大國。國際貿易總量更是從 40 年前的 206.4 億美元增加到 2017 年的 4.28 萬億美元。占全球貿易的比例從不足 1% 增加到 12% 強。隨著中國經濟實力和國際貿易規模的迅速擴張，人民幣也開始走向世界。2016 年 10 月 1 日人民幣正式成為國際貨幣基金組織第五種 SDR 儲蓄貨幣。人民幣在國際支付中的使

用率雖然有所提高，但與中國的經濟規模和在國際貿易中的占比仍相差很遠。

　　圖 5—3 顯示，2013 年美國占世界經濟總量的 25%，貿易總量的 11%，美元卻占國際支付的 45%，為其貿易占比的 4 倍；歐盟占世界經濟總量的 22%，貿易總量的 28%，歐元占國際支付的 27%，與其貿易占比相當；英國占世界經濟總量的 3%，貿易總量的 3% 強，英鎊卻占國際支付的 8%；日本占世界經濟總量的 6%，貿易總量的 4%，日圓占國際支付的 3%，略低於其貿易占比；加拿大元和澳元的國際支付比例也基本和其貿易占比相當。中國占世界經濟總量的 15%，貿易總量的 12%，卻只占國際支付的 2%，比其貿易占比和經濟占比都低很多。在國際支付方面，中國明顯是世界主要經濟體的一個特例。正常狀態下，以今天中、美、歐的經濟貿易規模為基礎，人民幣應和美元、歐元三足鼎立。現實卻是，美元支付率是人民幣的 20 倍，歐元是人民幣的大約 10 倍。因此，人民幣國際化的路還很長，人民幣支付率存在極大的提升空間。

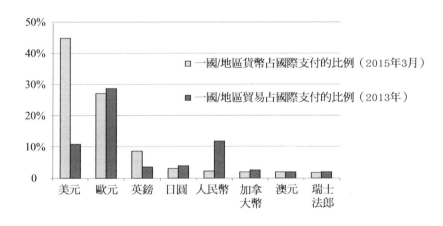

圖 5—3　貿易地位與貨幣支付地位的國際比較

資料來源：World Bank；SWIFT.

2. 貿易不強大是人民幣國際化的「短板」

　　歷史告訴我們，成功的世界貨幣，特別是霸主級、主導級的，都源自最大經濟體和最強貿易國。19 世紀後期的大英帝國號稱日不落帝國，主導世界的經濟貿易，英鎊成為世界的霸主級貨幣；20 世紀的美國主導世界經貿，站在國際

分工價值鏈的高端，美元取代英鎊成為世界主導貨幣。現在中國是世界第二大經濟體、第一大貿易國。只要中國持續發展，在未來10年成為遠大於美國的經濟體和貿易體，人民幣成為重要世界貨幣甚至主導貨幣就是水到渠成的事情（見表5—2）。

表5—2　世界前三強的歷史變遷：綜合經濟占比（%）

1870 年		1973 年		2010 年		2030 年（預測）	
英國	16.4	美國	18.6	美國	13.3	中國	18.0
德國	9.3	日本	8.0	中國	12.3	美國	10.1
法國	8.3	德國	8.0	日本	6.9	巴西	6.3

說明：綜合經濟占比由實際 GDP、貿易和淨資本出口構成。
資料來源：Arvind Subramanian.

　　然而，中國和國際貿易強國相比有很大的差距。貿易強國必須滿足以下條件：第一，國際貿易規模處於世界領先地位。第二，在主要貿易產品或國際分工價值鏈中占主導地位。第三，自有品牌，控制核心技術和行銷管道。第四，符合國際貿易框架中現行的準則。中國貿易現狀是貿易規模不夠大，貿易實力也不夠強。

　　足夠大的貿易規模是人民幣國際化的必要前提。目前中國貿易規模位居世界第一，從絕對水準看已經夠大了，但是從相對水準看並不大。中國經濟占世界經濟總額的15%，貿易卻只占12%，還略低於世界平均水準。一些外國學者坦言，國際學術界之所以能夠討論人民幣國際化問題，正是因為中國過去40年的發展取得了足夠大的經濟貿易規模。假如中國經濟貿易仍像過去那樣不足美國的1/10，那麼人民幣絕對沒有國際化的可能性。

　　貿易實力不強很難為人民幣國際化提供充分條件。中國對外貿易具有粗放式發展特徵，缺乏自有品牌和行銷網路，具有自主智慧財產權和核心技術的產品還比較少，出口產品層次較低，不少產品仍處於國際分工價值鏈的低端，附加值不高。在貿易總額中，超過一半是外國資本主導的加工貿易。儘管中國巨大的對外貿易規模為人民幣國際化提供了必要條件而非充分條件，但正如我們

在《人民幣國際化報告 2013》中得出的結論：貿易大而不強是人民幣國際化的「短板」。儘管中國巨大的經濟和對外貿易規模為有些產品和行業使用人民幣結算創造了良好的起始條件。例如，中國是最大的原材料、能源和糧食的進口國；中國的原油進口量高達每天 1 000 萬桶，超過美國的 2 倍。中國在這些大宗商品的全球貿易和定價中絕對舉足輕重，完全有可能利用其主導地位，在世界大宗產品貿易中逐步引導使用人民幣。然而，工業品貿易是國際貿易的重中之重，超過貿易總量的 90%。只有工業品貿易領域廣泛採用人民幣計價結算，人民幣國際化才能成功。當前，中國成為貿易強國的「短板」正好在工業品領域。人民幣在工業品貿易中的國際化難度很大，這也是制約人民幣國際化最突出的「短板」。雖然中國的製造業產值遙遙領先於包括美國在內的世界各國，但是，中國鮮有知名品牌，不掌握銷售管道和核心技術，特別是較少主導國際分工價值鏈，工業品領域的國際貿易幾乎由外國大型跨國企業主導，中國很難影響工業品貿易的定價或結算貨幣的選擇。

3. 以創新和市場力量促使貿易更加強大

堅持改革開放，堅持市場經濟，繼續過去成功的政策，加大創新力度，是中國貿易變得強大的必由之路。改革開放是中國取得空前的超越所有人想像的偉大經貿成就的關鍵因素。沒有自由貿易和參與全球化進程，就不可能取得如此巨大的成就。因此中國繼續發展的前提仍是堅持改革，保護和促進自由貿易和全球化。進入新的發展階段，中國發展強大的貿易不僅要深化體制改革、調動各類經濟主體的積極性，還需將創新驅動放在最重要的位置。

首先，加大創新力度，推動貿易升級。從貿易大國到強國的過程實際上就是中國從經濟大國到強國的過程。最關鍵的環節是中國企業必須創新，掌握核心技術，打造自己的品牌，實現產業的不斷升級。中國從 20 世紀 80 年代以原材料為主的出口模式升級到 90 年代以紡織品為主的出口模式，再升級到今天以機電產品為主的出口模式。隨著供給側改革的不斷深化，儘管加工組裝仍是外貿的支柱，但中國加快了貿易優化升級的步伐，鼓勵高新技術、裝備製造、品牌產品出口，帶動中國出口商品從低端向高端邁進。2017 年，全球 1/3 的智

慧手機出貨量由中國品牌貢獻；高科技產品占中國出口的比例超過 20%。此外，一批中國企業已經走出代工、貼牌生產的發展模式，注重樹立自己的品牌。例如，華為、格力、海爾、小米等品牌，都贏得了越來越多的海外消費者的青睞。必須清楚認識到，貿易從大到強，不可能一蹴而就，要自然地循序漸進，揠苗助長、口號和運動式的政策只能適得其反。技術產業升級和打造知名品牌是持久戰，不論技術創新還是品牌創建，都會週期很長、風險很大、成本很高。所以，政策環境必須給予企業足夠的動力和壓力。動力來自追求高額利潤，而壓力來自市場競爭。政府的作用在於營造寬鬆規範的市場環境，盡可能不干預企業的具體運行；保護企業利益，保護私有資產，保護知識，品牌和技術產權；保證公平競爭。否則，企業絕對不願投身於高風險、高投入的技術創新和品牌創建中。中國經濟和對外貿易也沒有希望強大起來。

其次，鼓勵民營經濟發展，充分發揮民營企業在對外貿易中的積極作用。儘管國有企業永遠是中國經濟的重要組成部分，但民營經濟是高速增長的重要源泉。在對外貿易中，出口的主力一直是 FDI 和非公有企業，這些企業高效整合生產要素和資源，憑藉對國際市場的了解，發掘利用中國的比較優勢和後發優勢，創造了中國國際貿易騰飛的奇跡。圖 5—4 反映了在國內前十大企業中國有企業占比超過 10% 的國家，不可否認，世界上先進、強大、富裕的經濟貿易大國大多是以市場經濟為主的資本主義國家，其經濟主體是私營企業而非國有企業，它們註定是中國最大的交易夥伴，中國別無選擇。從意識形態上看，這些國家不論主流媒體、普通百姓還是政治人物，對國有企業特別是社會主義中國大多不太信任，有的甚至很反感和恐懼，致使在國外的中國國有企業一有風吹草動就很容易成為受攻擊的對象。最近幾次與國有企業相關的國外併購的受阻表明，中國國有企業在國內經濟中可以發揮重要作用，但很難挑起拓展甚至主導國際貿易的重擔。目前，中國大型企業基本都是國有企業，要保持中國對外貿易的強勁發展，必須大力支持和發展民營企業，讓它們和國有企業在同一起跑線上公平競爭，通過國有企業的混合改制，讓民營企業做大做強，充分發揮民營企業在對外貿易中的特別作用。

最後，利用中國幅員遼闊和經濟發展不平衡，創造更大的規模優勢。中國獨有的稟賦優勢是幅員遼闊、人口眾多，而且從東到西、從南到北、從沿海到內陸，經濟發展極不平衡，工資成本相差巨大，尤其是中國勞動力資源豐富，比美國與歐盟之和還大一倍。充分利用這些稟賦和不平衡，中國完全可能變劣勢為優勢，通過內部消化，實現低端產業從發達地區向欠發達地區的轉移。這就意味著，中國能夠在發達地區產業升級的過程中，不丟失原有的產業和對外貿易，產業升級不僅對貿易總額而言純粹成為有加無減的行為，而且能充分保障中國經濟和貿易的規模優勢。

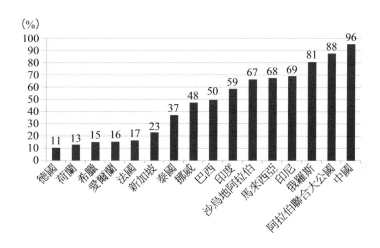

圖 5—4　國內前十大企業中國有企業占比的國際比較

資料來源：Kowalski et al.（2013）.

把握節奏減輕人民幣國際化對貿易的負面影響

　　國際貿易的順利發展是人民幣國際化的基礎。做大國際貿易很重要，做強國際貿易更重要。人民幣國際化反過來又能降低中國企業的換匯風險和融資成本，增強其在國際市場的競爭力，促進對外貿易的發展。二者之間客觀上存在相互促進的內在關係。但是，假如人民幣國際化步伐太快，可能會產生兩個負面作用。

　　第一，人民幣升值削弱中國企業的出口競爭力。因為人民幣使用程度提高，國際需求增加容易對人民幣形成升值壓力，同時被替換的外幣承受貶值壓力，中國對外出口產品競爭力勢必下降。

　　第二，人民幣輸出增加導致巨大的貿易逆差壓力。人民幣國際化的過程其實就是中國出口人民幣的過程，出口的人民幣要麼轉化為對外直接投資，要麼轉化為對外進口。這兩種行為都會惡化中國的國際收支狀況，從而很可能引發長期的貿易赤字，打擊國內的產業和就業，產生經濟空心化風險。美國提供了一個佐證。20世紀70年代美元與黃金脫鉤後成為國際貨幣體系的絕對霸主，國際社會對美元需求增加導致40多年來美國貿易赤字居高不下、不斷惡化，給美國國內產業和就業帶來巨大壓力，並促使製造業轉向國外，加劇經濟結構和區域發展不平衡。

　　因此，必須堅持人民幣國際化服務實體經濟的宗旨，不能為了人民幣國際化而國際化，應該以有利於做強做大中國貿易為出發點和立足點，適度控制人民幣國際化的速度，準確規劃人民幣國際化戰略和路徑，形成人民幣國際化與貿易發展相輔相成的協調效應。

5.1.3 貿易政策協調的兩大平臺

1. 世界貿易組織多邊貿易體系及其國際協調局限性

世界貿易組織多邊貿易體制自成立以來，在降低關稅和非關稅貿易壁壘、推動全球貿易自由化方面發揮了不可磨滅的作用。截至 2016 年 7 月 29 日，阿富汗的正式加入使得世界貿易組織成員增加到 164 個，成員貿易額達到全球總貿易額的 98%，被稱為「經濟聯合國」。但是，隨著經濟全球化的不斷深入，世界貿易組織的多邊貿易體制的局限性日益顯現，受到越來越多的衝擊和挑戰。突出表現在三個方面：

（1）隨著世界貿易組織成員的不斷增加，成員的利益需求越來越多樣化和難以調和。與此同時，諸多貿易相關的新議題不斷湧現，例如紡織品、農產品、智慧財產權、環境與勞工標準、投資等議題都被納入世界貿易組織的多邊貿易談判中，使談判難度大大增加，談判進程頻頻受阻。

（2）世界貿易組織多邊貿易談判機制的規則設定缺乏效率，難以實現真正的民主。例如發達國家「綠屋會議」決策制度受到廣大發展中國家的質疑和批評，發展中國家迫切關注的特殊和差別待遇問題在杜哈回合中未取得有效的進展，都使發展中國家的談判積極性受到挫傷。世界貿易組織在推動國際貿易發展和政策協調方面影響力下降。

（3）2008 年全球性的金融危機，通過經濟全球化網路迅速波及各個發達國家、主要發展中國家甚至是不發達國家，對全球經濟造成重創，同時引發了新一輪的貿易保護主義，給世界貿易組織多邊貿易談判進程帶來了新的壓力和挑戰。

2. 區域貿易協定在國際貿易政策協調中越來越重要

近 10 年來，伴隨著世界貿易組織多邊貿易體制的勢衰，區域貿易協定蓬勃發展，成為全球貿易體制的突出特點。杜哈回合貿易談判存在巨大分歧，進展緩慢，迫使成員轉向區域貿易合作，通過與周邊國家在小範圍內談判，迅速協調各方利益，緩解國內經濟困境，實現區域內貿易自由化，為成員帶來經濟

福利以及政治利益。

在世界貿易組織框架下，幾乎每個成員都參加了一個或多個區域貿易協定。截至 2017 年 8 月，在世界貿易組織備案的區域貿易協定達到 659 個，其中已生效的區域貿易協定數目已達到 400 多個，按照貿易自由化的程度分為部分貿易協定（PSA）、自由貿易協定（FTA）、經濟一體化協定（EIA）和關稅同盟（CU）（見圖 5—5）。區域貿易協定不僅數量眾多，而且區域分佈廣泛，已形成跨地區、跨大洲、跨大洋、跨越不同經濟發展程度和政治制度的區域貿易網路。美國經濟學家巴格瓦蒂用「義大利麵碗」來形象比喻縱橫交錯、複雜的區域貿易協定。

其中，中國參與生效的區域貿易協定達 15 個，包括與東盟、澳洲、智利、哥斯大黎加、韓國、紐西蘭、新加坡、冰島、巴基斯坦、祕魯和瑞士等在內的雙邊貿易協定以及《亞太貿易協定》（APTA）。大陸與臺灣的《海峽兩岸經濟合作框架協議》（ECFA）以及《中國—挪威雙邊貿易協定》已達成早期聲明。中國的區域貿易協定主要集中在亞洲周邊及太平洋沿岸國家，世界經濟最發達的歐美地區尚不在其中。

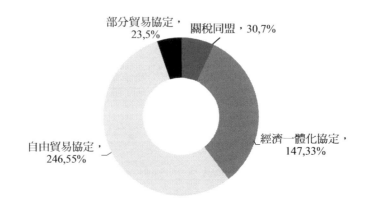

圖 5—5　世界貿易組織備案生效的區域貿易協定分類

資料來源：世界貿易組織網站，https://www.wto.org/english/tratop_e/region_e/rta_pta_e.htm.

3. 區域貿易協定對多邊貿易體制的促進作用

《關稅及貿易總協定》第24條針對區域貿易協定指出「締約方應意識到建立關稅同盟和自由貿易區的目標是促進成員之間的貿易而非阻礙貿易」，並且規定已簽訂關稅同盟或自由貿易區的締約方「對於非締約成員所實施的關稅或其他貿易規章，不得高於或嚴於締約前所實施的一般限制水準」，所簽訂的關稅同盟和自由貿易協定「應有在合理期限內的計畫和進程表」。上述規則表明，世界貿易組織努力將區域貿易協定納入其自身的框架結構，區域貿易協定對世界貿易組織多邊貿易體制具有積極的影響。

（1）有助於貿易壁壘的實質性削減。相比多邊貿易體系，區域性的貿易談判在廣度上不及世界貿易組織，但是在自由化貿易的深度方面則要超過多邊貿易體制，其規定的內部優惠稅率低於世界貿易組織的最惠國稅率，取消的非關稅貿易壁壘也在多邊的基礎上進一步增加，實現了貿易壁壘的實質性削減。

（2）對於規則的實施具有先行試驗效應。在區域貿易談判中，成員數量較少，利益關係相對簡化，更容易在內部率先實現更高程度的開放和自由化，使很多政策可得到實踐和試驗，對多邊談判和政策的推廣起到參照作用。

（3）形成區域經濟一體化帶動效應。區域經濟一體化的深入對於成員來說，會增加彼此的經濟往來，擴大內部貿易量。但是對於非成員而言，則有可能產生貿易替代。處在周邊一體化組織之外可能使非成員失去更大的潛在市場。在自身經濟利益和外部遊說的雙重作用下，非成員將尋求加入區域性經濟一體化集團。隨著加入的國家不斷增多，區域性經濟一體化組織不斷壯大，進一步促進自由貿易的發展。歐盟的東擴便是區域經濟一體化帶動效應的一個實例，游離於區域之外的國家在壓力推動下不得不考慮加入區域貿易合作體制，客觀上推動了全球貿易自由化進程。

4. 區域貿易協定對多邊貿易體制的消極影響和挑戰

（1）衝擊最惠國待遇原則。最惠國待遇原則是世界貿易組織多邊貿易體制的基本原則之一，規定「締約方現在和將來給予任何協力廠商的優惠，也將給予締約對方」。這一原則致力於取消締約國之間的特惠和差別待遇，降低國

際貿易中的不平等程度，使所有的締約方都能夠享受到公平的貿易機會和條件。區域貿易協定是最惠國待遇的一個例外，得到了世界貿易組織的認可。但是，在貿易實踐中，區域內貿易實行自由化，對於區域外的貿易則採取一系列的限制政策，構成貿易壁壘，違背了世界貿易組織的自由化精神。集團內的國家根據原產地規則，對內部成員實行優惠待遇，區外的國家則不能享受優惠，違背了最惠國待遇原則，扭曲了國際貿易的正常流向，嚴重背離了多邊貿易體制的約定，損害了非區域內貿易協定成員方的利益，削弱了多邊貿易體制規則。

（2）衝擊世界貿易組織的管轄權。《關稅及貿易總協定》對區域貿易爭端的解決有著明確的規定：「區域貿易實施過程中的任何事項均適用於世界貿易組織爭端解決機制。」但實施過程中，區域貿易的爭端解決往往自成一體，甚至凌駕於國際多邊體制的法律之上，在程序與細節上與世界貿易組織法律體制多有違背和衝突。而多邊貿易體系的法律約定又是軟弱和缺乏強制效力的，導致區域內部的爭端解決在多邊框架下不適用，進一步削弱了多邊貿易爭端解決機制和法律體系的權威和效力。

（3）成員方注意力的轉移。當今世界上絕大多數國家既加入了世界貿易組織多邊貿易協定，又是區域貿易協定的成員，而每個國家進行貿易談判的成本是有限的。多邊貿易協定成員方眾多，利益訴求差別巨大，經濟發展水準和意識形態分歧明顯，所達成的自由貿易協定是各方妥協的結果。隨著時間的推移，能夠進一步達成共識的空間不斷縮小，導致多邊貿易談判進展緩慢，甚至很難繼續推進。相反，區域貿易協定成員方存在一定的相似性和互補的利益訴求，在很多具體問題上容易達成一致意見，速度快而且效果好，在經濟貿易上能夠得到良好的發展，最終社會福利也能得到提高。因此，隨著多邊貿易談判受阻，多邊貿易協定成為區域貿易協定的「次優選擇」，各成員方青睞於轉向區域貿易談判，以儘快在貿易自由化方面取得進展，在多邊領域投入的精力和資源有所減少，這也導致多邊貿易合作的前途更加不確定。

5.1.4　中國需要進行多層次貿易政策國際協調

　　無論是世界貿易組織的多邊貿易協定還是國家或地區間的區域性貿易協定，宗旨都是服務於減少貿易壁壘，推動自由貿易，提高成員及全球貿易總量。對於中國而言，貿易是拉動經濟增長的三駕馬車之一，做大做強貿易，是中國實現經濟現代化、繁榮富強的必由之路，也是人民幣國際化的必由之路。因此，無論是多邊還是區域貿易協定，以及與主要交易夥伴的雙邊貿易協定，都具有重要意義。中國需要在多邊、區域貿易平臺上加強貿易政策協調，推動這兩大平臺的制度完善，同時善於抓住機遇，攻堅克難，為對外發展營造更好的國際環境，獲得更多的制度保障。

　　（1）平衡多邊和區域貿易體制。世界貿易組織的非歧視、公平貿易和透明度原則對中國的對外貿易發展起到了重要推動作用，使中國成為全球第一貿易大國和吸收外資最多的國家，極大地促進了中國經濟的快速發展。儘管中國在加入世界貿易組織時做出的讓步和市場開放度遠高於其他發展中國家，但是全球總體開放水準的提高，無疑對中國大有裨益。中國應該利用多邊爭端解決機制維護中國的貿易權益，借助多邊貿易平臺參與全球經濟治理，發揮發展中大國的作用和貢獻。與此同時。區域經濟合作已席捲全球，中國應該積極參與雙邊和區域經濟談判，避免被邊緣化。中國與周邊主要發達經濟體如日本尚未簽訂貿易協定，與美國、歐盟等重要經濟體也未能實現區域經濟合作。在尊重多邊貿易體制的基礎上，中國應繼續擴大區域經貿協作範圍，推動談判取得實質性進展。在進行區域貿易談判佈局時，應具有長遠規劃，慎重選擇合作夥伴，注重時機的選擇和國家或地區間的經濟互補與合作，由點及面地形成區域合作體系。在合作深度上，中國應繼續優化產業結構，促進出口結構的優化升級和經濟體制改革，提高國際競爭力，從出口大國向國際貿易強國轉變，獲得更多的發展機遇。

　　（2）促進多邊貿易體制的改革。在進行區域合作時，中國應儘量避免與多邊體制發生衝突，要積極與締約成員進行溝通與協調，努力促使規則優化，

與多邊體制接軌。對於不可避免的衝突，應通過友好協商，根據成員方的實際需求進行變通，可以借鑒其他成熟的區域協定經驗，推動多邊體制的改革，實現成員方利益最大化。中國曾經是受到反傾銷、反補貼調查最為頻繁的重災區，這一方面是由於中國不熟悉國際貿易法律規則，另一方面是源於對象國的貿易保護主義。隨著中國貿易地位的提高，中國在國際貿易組織中的話語權也在提升，中國應抓住這一有利契機，適當發揮大國作用，積極參與多邊規則制定，明確自己的主張，從源頭上化解矛盾與分歧。推動建立新的國際經貿規則，促進國際貿易向更加開放和平等的方向發展。

（3）抓住難得的機遇，推動和發展區域貿易協定。2009 年以來，美國主導推動《跨太平洋夥伴關係協定》，目標是建立高標準、全方位的貿易與投資協定，包括 12 個亞太地區經濟體，覆蓋全球經濟產值的 40%。2013 年，美國對歐洲啟動類似的《跨大西洋貿易與投資夥伴協定》，覆蓋的經濟體的總產值占世界產值的 50%。中國被故意排除在這兩個議題之外，其有效實施很可能架空世界貿易組織，產生貿易轉移效應，進而對中國的國際貿易與投資造成不小的衝擊。美國總統川普一上臺立即宣佈退出《跨太平洋夥伴關係協定》，《跨大西洋貿易與投資夥伴協定》也自然不了了之。雖然在日本的努力下，沒有美國參與的《跨太平洋夥伴關係協定》或者說《跨太平洋夥伴關係全面進展協定》（CPTPP）最近生效，但這個協議只覆蓋了 16% 的世界經濟總量，其貿易轉移效應大幅減小，對中國貿易發展不會產生重大威脅。當前，中國應該抓住川普提供的這個難得的機遇，發揮大國影響力，積極推動，爭取早日促成區域全面經濟夥伴關係（RCEP）。區域全面經濟夥伴關係由東盟發起，邀請中國、日本、韓國、澳洲、紐西蘭和印度參加，形成「10＋6」自由貿易區，約占世界人口總數的一半，約占全球生產總值的 1/3，如果協定達成，區域全面經濟夥伴關係將成為世界最大的自由貿易區。

（4）高舉全球化大旗，擴大自由貿易網路。美國川普總統制定了一系列反全球化和美國優先的政策，全面開花，不僅與中國，還與包括美國的傳統盟友在內的多個國家或地區，例如歐盟、加拿大、墨西哥挑起貿易糾紛，引起多

個國家的強烈不滿。在這樣的背景下，中國應該高舉全球化大旗，宣導自由貿易，運用中國巨大的消費市場優勢，進一步提高經濟開放度，擴大進口，建立更多更牢固的自貿紐帶和網路，尤其是爭取和歐盟進行自貿投資協議的談判，為中國對外貿易做大做強創造必要的國際環境和條件。

（5）完善國內相關法律和支持制度。在國內立法層面，中國應與多邊貿易體制保持一致，主動避免和減少區域與多邊合作的衝突與矛盾。尊重多邊體制的權威性，學習和借鑒他國外貿法律經驗，修訂我國外貿法律的漏洞，建立健全完整和詳細的對外貿易法律體系，提高政策透明度，促進貿易自由化發展。無論是多邊還是區域貿易法律的制定和協調方面，中國都是新興的參與者，還需要在實踐中不斷學習和調整，彌補經驗與能力的欠缺和不足。

5.2 匯率政策協調：為貿易和經濟穩定發展提供必要條件

匯率政策指一國政府利用本國貨幣匯率的升降來控制進出口及資本流動以達到國際收支均衡的手段，匯率政策的國際協調可以通過國際融資合作、外匯市場的聯合干預以及宏觀經濟政策的協調進行。匯率市場是各國之間貿易流動和資本流動的主要參考，匯率市場的大幅波動對國際貿易和國際資本流動會產生重要影響，並對一國的貨幣供應和消費需求產生影響，進而影響實體經濟增長。匯率政策有較強的外溢效應，且各國在制定本國匯率政策時存在一定的資訊不對稱，因此，加強全球匯率政策協調是當前全球治理結構和宏觀政策協調的重要組成部分。世界經濟的發展實踐表明，相對穩定的匯率水準，是發展國際貿易、穩定世界經濟秩序的必然要求，加強全球匯率政策協調對促進世界經濟增長有重要意義。

5.2.1　現有國際匯率協調機制的不足

現在的國際匯率運行機制處於以發達國家匯率為基準，發展中國家錨定發達國家匯率的框架當中，美元、歐元、日圓匯率仍是國際匯率的三大基準，其他國家通過掛鉤其中一種或者幾種貨幣以穩定本國匯率。當前世界處於多極化發展趨勢當中，但是發展中國家在國際匯率政策協調中往往處於邊緣化地位，是國際匯率政策協調結果的被動接受者。近年來雖然國際匯率政策的協調機制和平臺不斷發展完善，但是缺乏統一的國際匯率政策監督和執行機構，對協議參加國約束較弱；同時，國際匯率政策協調中也存在「一刀切」的情況，在對具體國情的合理性審定方面存在欠缺。因此，充分認識到國際匯率政策協調的局限性，才能更好地對國際匯率政策協調機制進行改進，充分發揮國際匯率政策協調機制的作用，使國際匯率政策協調的效果有利於全球經濟發展並縮小各國發展水準的差距。

第一，在國際匯率政策協調中發展中國家處於被動接受地位，不利於縮小發展中國家和發達國家的差距。由於各國之間存在的經濟實力差距，國際匯率政策協調往往在經濟實力接近的國家之間進行，發展中國家的現實需求容易被忽視，或者動輒被扣上「匯率操縱國」的帽子，嚴重影響了發展中國家根據自身資源稟賦和產業發展階段而採取相應匯率政策的靈活性，增加了發展中國家產業升級的困難。在當前的治理機制下，二十國集團是真正有新興市場國家參與的世界經濟和國際金融問題的溝通合作機制，二十國集團提供了一個就國際金融體系有關事項進行合作和磋商的平臺，通過這個平臺可以研究總結與國際金融穩定相關的政策問題，促進主要工業國和新興市場國家的意見交換。實際上，二十國集團是一個在布列敦森林體系框架內發達國家和新興市場國家進行非正式對話的機制，發達國家仍握有主要發言權。

第二，區域性匯率協調機制不健全，無法有效彌補現有國際匯率協調機制的不足。當前國際匯率協調機制和平臺主要以國際貨幣基金組織、國際清算銀行、世界銀行等組織為主導，以眾多的多邊或雙邊協調機制為補充。這些機

制大多以發達國家的訴求為主，不能很好地兼顧發展中國家的現實需求。推動建立區域性的、結構完整的匯率協調機制，對於區域內的國家尤其是發展中國家有重要意義，有利於避免區域內出口導向型國家由於缺乏有效匯率協調機制而陷入競爭性貶值的不利境地。儘管以發展中國家為主的區域性的匯率協調機制可以在一定範圍內發揮更大的作用，彌補現有國際匯率政策協調機制不足，但是當前世界經濟仍是以美國為主導，美國在國際貨幣基金組織擁有一票否決權，在世界銀行擁有行長提名權，其他國家很難繞開美國進行多邊政策協商。

第三，國家間匯率政策協調機制和對話平臺有效性較弱，公信力和監督執行力有待提升。當前國際協調機制主要為雙邊對話機制和多邊對話機制，例如，中國和美國之間最主要的幾個雙邊對話協調機制為中美戰略對話、中美戰略經濟對話和中美戰略與經濟對話。通過這些對話機制，中美雙方在促進國內經濟平衡和國際收支平衡、維護可持續經濟增長、建設強有力的金融體系和完善金融監管、協商貿易和投資政策、改革和加強國際金融機構合作等方面取得了豐碩成果。但是，與美歐、美日之間的協調機制相比，中美對話機制還有很大差距，尤其是在如何處理中國這個世界最大出口國和美國這個世界最大進口國之間的關係上，如何更加務實、有效地解決中美之間深層次的、結構性的矛盾，增強戰略互信等問題上，現有機制的有效性、執行力明顯不足。當前的國際匯率政策協調機制更多地是一種討論機制，較少有執行機構，因此缺乏監督問責和法定執行力，對協議國的約束不足。要創造更加有效的國家間協調機制，可以將匯率政策協調作為有效的切入點，進而帶動全方位多層次的合作。

5.2.2 改進國際匯率政策協調的建議

為促進世界經濟的穩定和國際貿易的發展，尤其是考慮到發展中國家經濟發展的實際情況和現實利益，國際社會應當對現有的匯率協調體系進行改革。改革的主要方向為進一步完善國際貨幣基金組織等現有國際組織的功能和架構，保證各國對匯率協調機制及規則的遵守；同時促進全球經濟失衡的有序調整，努力縮小發展中國家同發達國家的差距，提升發展中國家在建立國際匯率

政策協調機制方面的作用；加強區域匯率政策協調機制建設，推動建立共享、共治的國際匯率協調新機制，開創國際匯率協調新局面。

第一，完善現有國際組織在匯率協調中的作用，推動建設以國際貨幣基金組織為主的有國際公信力的匯率協調機制和對話平臺。現有的發達國家以會議為主的協調方式已經不能完全適應國際經濟發展的要求，需要進一步完善國際貨幣基金組織、國際清算銀行、世界銀行等國際組織的功能和架構，借鑒世界貿易組織的經驗，建立更加嚴密的組織架構以及爭端解決機制，設立執行機構開展常規的投訴、監測、調研等匯率協調工作，並利用自身權威對協定國是否執行匯率協定進行仲裁。各國在這個過程中需要讓渡部分匯率政策主權，同時加強資訊共享力度，對於匯率的調整進行統籌考慮，由世界性組織按照有關協定的統一規則、各國的共同利益來進行匯率調整，避免匯率調整根據個別國家需要而決定，實現全球利益最大化。

第二，利用匯率政策協調促進全球經濟失衡的有序調整，從各個國家發展階段和發展水準的現實情況出發制定匯率協調政策。匯率的變化直接影響各個國家的經濟利益，影響到貿易等方面的相對優勢，國際社會在進行匯率政策的國際協調時應充分考慮各國經濟狀況、經濟基礎以及發展階段的差異性，使匯率調整更加合理有序。一方面規定匯率調整的具體條件，如規定匯率政策調整國的人均收入、工業化水準、出口情況等最低指標，對在最低指標之下的國家予以匯率政策保護；另一方面規定匯率協調的合理物件和內容，只有當貿易雙方主要貿易產品具有相似性且不具備分工互補優勢，產生貿易摩擦，引起匯率糾紛時，國際社會才對各方的匯率政策進行協調，對於不合理要求應當排除在國際匯率協調政策之外。

第三，加強區域匯率政策協調機制建設，作為對全球匯率協調機制的重要補充。充分發揮多邊匯率政策協調機制和雙邊匯率政策機制的作用，發揮我國在區域性合作中的核心作用，提升資訊交換和政策交流力度，利用區域內國家相似的歷史文化背景和要素資源稟賦，建立外匯基金，加大貨幣互換力度，並在合適的時機推動區域性貨幣的創立，減少區域性貿易摩擦並避免競爭性匯率

政策，維護區域內匯率水準的大體穩定，推動全球治理結構的多極化發展。

5.2.3　中國在推動國際匯率政策協調中的重要作用

中國現在是世界第二大經濟體和世界第一大貿易國，應運用中國智慧、提出中國方案，為國際匯率政策協調做出貢獻。在世界經濟一體化、金融全球化的過程中，一國國內的宏觀經濟政策必然要與區域經濟體的宏觀政策或其他大國的宏觀經濟政策產生一定的相互作用，並帶來溢出和溢入效應，根據國際政策協調理論，區域經濟體之間或大國之間進行宏觀政策的溝通協調，對促進世界經濟增長有重要意義。廣義的國際政策協調，是指在國際範圍內能夠對各國國內宏觀政策產生一定程度制約的政策協調機制，國際匯率政策協調主要是指各國在制定本國匯率政策的過程中，通過各國間的磋商等方式來對匯率政策進行共同的設置，避免陷入以鄰為壑的博弈困境。

首先，積極推動國際匯率政策協調機制建設，增強大國之間的戰略互信。各國發展階段和經濟週期的差異是各國宏觀經濟政策出現錯配的根本原因，尤其是在全球經濟低迷、國際貿易量增長放緩的階段，為保護國內就業、增強本國產品競爭力，各國傾向於為本國匯率設置較低的水準，而當各國都開始競爭性貶值時，則將加速全球經濟的衰退，並導致其他領域矛盾的爆發。尤其是當前我國已經成為全球第二大經濟體，對外貿易量也處於前列，我國的產品出口在世界範圍內同多個國家，尤其是同我國出口市場較為相似、出口產品結構較為接近的國家競爭，面臨較大的競爭壓力，所謂的中國威脅論和國際輿論對人民幣的升值壓力也不時出現，給我國未來的發展帶來了很大的不確定性。因此匯率政策對我國經濟發展影響較大，加強多邊和雙邊的國際匯率政策協調機制和平臺建設，提升我國同美國、歐盟、日本等主要貿易對手的戰略互信，為我國經濟發展營造良好的國際環境有重要意義，也可以使更多國家獲得全球經濟開放帶來的機會。

其次，代表發展中國家參與國際匯率政策協調機制的規則制定，提升國際匯率政策協調效果。在當前全球化深入發展、各國不斷融入全球化分工合作體

系的大環境下，各主要國家的匯率政策對他國有較強的外溢效應，匯率政策同貨幣政策、產業政策、財政政策、貿易政策也有較為緊密的聯繫。鑒於各國處於不同發展階段和不同經濟週期的現實，國家在制定匯率政策時需要考慮到匯率政策同其他政策的聯動效應，避免各項政策效果相互抵消，如 2015 年匯改後我國面臨的貨幣政策同匯率政策的協調問題，便是這種聯繫的具體反映。鑒於美元匯率對國際匯率市場的重要影響，尤其是在美元指數出現階段性升值的階段，以出口導向為主的東亞國家由於缺乏有效匯率政策協調機制，使各國傾向於採取競爭性貶值的手段刺激本國出口，導致區域經濟受損，人民幣也多次在貿易順差沒有明顯好轉的情況下被動跟隨美元指數升值，最終使我國匯率政策效果受到了一定限制。因此，充分發揮國際性和區域性的匯率政策協調機制的作用，才能有效提升匯率政策效果，避免以鄰為壑的局面出現。

最後，統籌協調宏觀政策目標，平抑匯率市場的極端波動。相對穩定的匯率水準有助於降低國際貿易中的不確定性，減少貿易摩擦的出現，便利全球貿易的開展。由於各國央行在組織構成、政策目標等方面存在較大的差異，貨幣政策資訊披露內容和披露時間以及運作機制均有差異，容易形成資訊不對稱的局面，各自為政的匯率政策也會對市場預期造成混亂，引發市場的劇烈波動。另外，匯率政策和國際資本流動之間也存在較強的關聯性，在全球其他國家沒有完全走出經濟衰退時，美國的加息將導致美元匯率走強，吸引資本從全球市場回流美國，導致發展中國家被動實行緊縮貨幣的政策，加劇這些國家經濟形勢的惡化，加劇匯率市場的波動。因此，加強國際匯率政策協調對於防止市場極端波動，為全球貿易發展和資本正常流動創造穩定的外部條件有重要意義。

第六章

致力於金融穩定發展的
國際政策協調

　　人民幣國際化需要穩定的國際金融、經濟環境。貨幣政策、金融基礎設施建設和財政政策是維護金融穩定和經濟穩定的主要宏觀政策。各國經濟發展階段不同，經濟週期不同步，在國際上的地位強弱不等，加上政府管理的理念、模式千差萬別，客觀上容易出現宏觀政策分化，或者政策力度和效果不一致。在經濟全球化的過程中，宏觀政策的溢出效應日益增強，對國際經濟活動和國際環境產生直接的影響。因此，為了構建穩定的國際金融經濟環境，需要進行宏觀政策的國際協調，儘量減輕負面政策溢出的影響。在金融科技飛速發展的今天，面對數位貨幣、支付電子化挑戰，在支付清算這一關係國際金融未來安全和發展的基礎設施領域，更需要各國協調一致制定相關政策。

6.1　加強貨幣政策國際協調

6.1.1　國際貨幣政策協調的歷史

　　隨著全球化的加劇，國家之間的經濟聯繫不僅體現在規模龐大的對外貿易上，還體現在盤根錯節的金融聯動中。在這一背景下，各個國家，尤其是經濟

大國的貨幣政策在影響各自的宏觀經濟金融的同時，對其他國家也會產生政策溢出效應。為了避免貨幣政策溢出效應的負面影響，實現各國福利的最大化，在制定和執行貨幣政策的過程中，就需要各國貨幣當局以積極的資訊交流和共同設置政策目標為基礎進行政策協調。特別是 2008 年由美國次貸危機引發的全球金融危機和經濟衰退以來，各國貨幣當局應如何通過貨幣政策的國際協調來共同重振金融體系，走出經濟衰退，成為學術界和政府部門關注的焦點。

經濟學家將政府間的國際協作從高到低分為四個層次：協調、調和、合作、磋商。可見，協調是政府間協作的最高形式。具體到貨幣政策方面，國際協調指的是貨幣政策目標、貨幣政策行動方向、資訊溝通三個方面的協調。

從歷史角度來看，貨幣政策的國際協調不是新鮮事物。在國際經濟長期的發展過程中，貨幣政策的國際協調在不同時期，以不同方式被多次實踐過（刁節文，2006）。具體來說，在金本位時期，各國貨幣當局通常首要關注對外平衡，將維持匯率穩定放在第一位。這是因為在金本位體制之下，貨幣的兌換率是由各國單位貨幣含金量之比決定的，金本位制的核心國家，如英國，較大程度依賴國際貿易，只有維護匯率穩定才能使國際貿易和資本流動順利進行。在這一時期，內部經濟平衡屬於次要的經濟決策目標。因此，金本位制決定了主要貿易國家的貨幣政策不得不參與到以英國為主導的國際協調中來。二戰之後，隨著美國經濟的強大，形成了以美元為核心的布列敦森林體系，並建立了國際貨幣基金組織，以促使國際貨幣合作和政策協調。各參與國需要在遵守國際貨幣基金組織相關協定的前提下進行基於既有規則的貨幣政策的國際協調。與金本位制度類似的地方在於，各國為了履行固定匯率的承諾，必須把外部平衡目標放在首要位置。然而，隨著經濟的發展，各國政府逐漸意識到保持內部均衡的重要性，這就造成了布列敦森林體系之下的協調機制存在不可調和的矛盾。因此，該體系雖然延緩了固定匯率制度和這一制度帶來的貨幣政策的協調機制的崩潰，卻不能阻止國際貨幣制度向現代體系的演進。在現代國際貨幣體系下，各國貨幣政策當局的首要政策目標是維持通脹水準、促進充分就業和保持經濟穩定等國內均衡，外部均衡則交給市場機制進行調節。在這一體系下，

由於缺少了固定匯率的制度約束，並且政策目標轉向了國內，貨幣政策的國際協調的難度加大，各國政府參與到貨幣政策協調中的意願減弱。然而，隨著全球經濟一體化的加強、國家之間的經濟金融聯繫日趨緊密，各國政府參與國際協調的積極性也在增強。特別是 2008 年金融危機以來，世界主要經濟體的貨幣當局不約而同地執行寬鬆的甚至非常規的貨幣政策。進一步地，為了儘快從經濟衰退中復甦，各經濟體形成了全球性、地區性，以及國與國之間不同層次的貨幣協調和對話機制。

對各國貨幣當局來說，貨幣政策的國際協調是否能給本國帶來福利的改進，是否有助於本國貨幣政策目標的實現，是參與政策協調的關鍵考量。那麼，參與貨幣政策的國際協調是否有益於本國經濟呢？針對這一問題，理論界尚有部分爭議。一方面，傳統的基於蒙代爾—弗萊明模型的分析表明（Mundell，1961； McKibbin，1997），在浮動匯率制下，外國的政策波動會被充分吸收，從而不會對本國的就業和產出產生重大影響，進而貨幣政策協調的收益較小。基於新開放宏觀經濟模型的部分研究（如 Obstfeld and Rogoff，2002； Corsetti and Pesenti，2001）也表明，儘管貨幣政策協調可能給參與國帶來收益，但這一收益微乎其微。

另一方面，對基礎的新開放宏觀經濟學模型的拓展研究表明，在考慮了一系列市場不完善的因素後，貨幣政策的國際協調能夠存在可觀收益。例如，一些研究（Devereux and Engel，2003； Duarte，2003； Corsetti and Pesenti，2005；等等）表明，匯率傳遞的不完備性可能為貨幣政策協調創造了一定空間。甚至在匯率傳遞完備的前提下，政策協調仍然有可能帶來收益（如 Clarida et al.，2002； Benigno and Benigno，2003； Pappa，2004）。另外，在國際金融市場不完備、貨幣當局資訊不完全，或者國家之間貿易結構不對稱等情況下，貨幣政策的國際協調也能帶來參與國福利水準的改進（如 Sutherland，2002；Dellas，2006；Liu and Pappa，2008）。總結來看，當貨幣政策協調能夠矯正市場扭曲的時候，就能夠產生協調收益。具體的市場扭曲原因包括壟斷、貿易結構的不對稱、匯率傳遞的不完全性等。一國面臨的市場扭曲越嚴重，其通過

貨幣政策的國際協調所能夠獲得的收益也越大。當然，國家間的貨幣政策協調不是免費的午餐。當一國參與到貨幣政策國際協調中時，它就不可避免地喪失了部分貨幣政策的自主權，從而產生了一定的成本。因此，貨幣政策當局只有通盤考慮本國經濟特點，準確衡量參與貨幣政策協調的成本和收益，才能夠做出符合本國利益的決策。由於各國經濟是動態變化的過程，因此，參與貨幣政策國際協調的成本與收益也是動態變化的。這也造成了各國是否加入貨幣政策協調陣營中成為一個動態決策。一般來說，當各國遭受了全球性的金融經濟危機時，各國貨幣政策當局更有意願參與到國際政策協調中來。

6.1.2　國際貨幣政策協調的現狀

儘管理論上存在爭議，但在實踐中，各國政府逐漸意識到國際協調是宏觀貨幣與財政政策制定與執行過程中需要考慮的重要方面。在當前的國際協調中，可以將國際協調分為全球、區域間和國家間三個層面。

1. 全球層面的貨幣政策協調

全球層面的貨幣政策協調通常以金融危機為契機。2008 年 9 月，雷曼兄弟的破產引爆了大蕭條以來最大的一次金融危機。隨之而來的是歐美等國的股市大幅下跌、金融系統流動性匱乏。為了應對流動性匱乏，全球八大央行在 2018 年 10 月初聯合行動，紛紛降息。其中，澳洲儲備銀行（簡稱澳洲聯儲）降息 100 個基點，美聯儲、歐洲央行、英國央行、加拿大央行和瑞典央行下調利率 50 個基點，瑞士央行降息 25 個基點，中國人民銀行降息 27 個基點。除了降息之外，眾多國家的救市方案也紛紛出臺，美國國會通過了 7 000 億美元的問題資產救助計畫，英國也提出了 2 000 億英鎊的金融機構救助方案，日本央行則在 10 月初向貨幣市場注資 1 萬億日圓。2011 年 11 月 30 日，美聯儲發表聲明，決定與歐洲央行、英國央行、日本央行、加拿大央行和瑞士央行採取協調行動，向市場提供流動性。具體方案是，各大央行同意降低美元互換利率，同時延長互換協定的到期日。各國央行還同意，創立臨時性的雙邊流動性互換協議，這一臨時互換協議在 2013 年 10 月進一步轉換成了常態化協定，旨在作

為審慎流動性的支持措施。

2008 年之後，二十國集團逐漸成為國際貨幣政策協調的主導力量，二十國集團通過與國際貨幣基金組織的緊密合作，在各國共同關心的金融穩定等議題上，發揮了至關重要的作用。2008 年，華盛頓峰會達成了「建立更密切的國際宏觀經濟合作機制，以拉動經濟增長、避免負向溢出效應，同時給予新興市場經濟體和發展中國家更廣泛的支持」的共識。進一步地，二十國集團於 2009 年推動成立了金融穩定理事會，並在 2010 年首爾峰會上批准，於 2013 年正式發佈了《巴塞爾協議 III》，成為全球銀行業監管體系的標杆。2012 年的洛斯卡沃斯峰會上重申了二十國集團將增加國際貨幣基金組織 4 560 億美元的可用資源的承諾。2015 年安塔利亞峰會聲明以國際協作的形式繼續執行推動經濟復甦、挖掘潛在生產力的宏觀政策。2016 年杭州峰會的公告再次強調了要繼續加強國際政策協調，在貨幣、財政、結構性政策等多方面進行國際協調（見表 6—1）。

表 6—1　歷屆二十國集團峰會的政策協調成果

峰會時間	峰會地點	政策協調成果
2008 年 11 月	美國華盛頓	改革國際金融機構，建立更密切的國際宏觀經濟合作機制，增加發展中國家的代表權和話語權，強化國際貨幣基金組織的監管職能，反對貿易保護主義和投資及貿易壁壘。
2009 年 4 月	英國倫敦	成立金融穩定理事會以加強金融監管；為國際貨幣基金組織和世界銀行等國際機構提供 1.1 萬億美元資金；為區域性多邊金融機構提供至少 1 000 億美元貸款；繼續執行大規模貨幣政策刺激方案。
2009 年 9 月	美國匹茲堡	提高新興市場經濟國家在國際貨幣基金組織和世界銀行的投票權。
2010 年 6 月	加拿大多倫多	繼續加強合作，引入新的標準以加強銀行監管。
2010 年 11 月	韓國首爾	推動以市場為導向的匯率制度；克制競爭性貨幣貶值；繼續提高新興市場經濟國家在國際貨幣基金組織中的份額。

續前表

峰會時間	峰會地點	政策協調成果
2011 年 11 月	法國坎城	同意考慮在杜哈回合談判以外加入新的、平行的國際貿易談判;支持各國地方債券市場發展和深化。
2012 年 6 月	墨西哥洛斯卡沃斯	重申二十國集團增加國際貨幣基金組織 4 560 億美元可用資源的承諾。
2013 年 9 月	俄羅斯聖彼德堡	重申開展金融監管改革和國際貨幣基金組織改革的承諾。
2014 年 11 月	澳洲布里斯班	增加新興市場國家在金融穩定理事會中的代表;建立更加開放的全球貿易體系。
2015 年 11 月	土耳其安塔利亞	以國際協作的形式繼續執行推動經濟復甦、挖掘潛在生產力的宏觀政策;各國貨幣政策應一致,以保證價格穩定。
2016 年 9 月	中國杭州	進一步加強國際政策合作,在國際合作的基礎上制定和執行經濟增長策略。
2017 年 7 月	德國漢堡	加強和共享全球化福利。

此外,國際貨幣基金組織、世界銀行、國際清算銀行也是現有的進行全球層面的貨幣政策協調的機構,發揮著積極作用。

2. 區域經濟層面的貨幣政策協調

以新興市場經濟國家為代表的許多經濟體簽訂了一系列多邊框架協定。例如,2009 年 3 月,東盟與中、日、韓三國簽署了《清邁倡議多邊化協定》,從而建立了總值高達 1 200 億美元的外匯儲備庫。2014 年進一步將其規模擴大至 2 400 億美元,並建立了審慎貸款機制,以國際協作形式提升東盟國家抵抗金融風險的能力。2014 年,中國、印度、俄羅斯、南非、巴西五國共同發起設立了金磚國家新開發銀行,建立金磚國家應急儲備庫,並以此為基礎開展一系列貨幣金融合作。近年來,以中國為核心的「一帶一路」沿線國家和地區積極建立了多邊合作金融組織,在增強了沿線國家經濟增長動力的同時,為人民幣國際化在沿線國家的加強構築了一個堅實的載體。2015 年,跨境貿易人民幣結算占到了中國進出口總額的 29.4%,全年跨境人民幣結算業務累計發生 7.2 萬億

元（朱興龍，2017）。

3. 國家之間的雙邊貨幣政策協調

在國家與國家之間，常見的貨幣政策合作的形式是簽訂雙邊貨幣互換協議。貨幣互換是指具有相同的金額、期限和利率計算方式，但貨幣不同的兩筆債務資金之間的調換，目的在於降低籌資成本及防止匯率風險造成的損失。國家間的貨幣互換協定的主要目的是，通過降低貿易結算和其他跨境金融交易中的匯率風險，促進貿易，提高抵抗外部金融衝擊的能力。美聯儲在 2007—2008 年，與 14 家發達國家的中央銀行以及巴西、韓國、新加坡和墨西哥四個新興市場經濟體簽訂了金額達數千億美元的美元貨幣互換協定；2009 年又與五個國家簽訂了外幣互換協議。歐元區與非歐元區的歐洲國家也簽署了一系列貨幣互換協定。中國央行在 2008 年 12 月與韓國央行簽訂了一份額度為 260 億美元（約合 1 800 億元人民幣 /38 萬億韓元）的貨幣互換協定，從而開啟了與一系列國家簽署貨幣互換協定的歷程。截至 2017 年年中，中國也與超過 30 個國家簽訂了總額達 3 萬億元人民幣以上的貨幣互換協議。一系列貨幣互換協定的簽署提振了中國和協定國家的貿易，增強了金融穩定，有助於促進人民幣的國際化，並在國際舞臺上加強了中國的作用。

總結來說，現代國際貨幣制度下的貨幣政策的國際協調體現在全球、區域間和國家間三個層面。全球層面由二十國集團峰會、國際貨幣基金組織、世界銀行等主導，在頂層設計上為政策協調提供思路和機制。區域間由地區性多邊金融機構主導，主要目的是提高地區經濟體抵抗外部金融衝擊的能力，並加強經濟增長的動力。典型的代表是以中國為中心的「一帶一路」沿線國家的政策協調機制。國家間的政策協調手段是貨幣互換協定，目的在於規避匯率波動風險，促進貿易，增強雙邊抵禦外部金融衝擊的能力。

6.1.3 貨幣政策協調與人民幣國際化的關係

1. 貨幣政策協調是人民幣國際化的必要條件

第一，貨幣政策的國際協調有助於為人民幣國際化提供穩定的經濟環境。

一方面，多邊或雙邊的貨幣政策協調能夠提升參與國抗擊金融風險的能力；另一方面，貨幣政策協調本身的目標之一就是減少各國貨幣政策的負向溢出效應，從而使參與國較少受到外部政策衝擊的干擾。隨著抗風險能力的提升和外部衝擊的減少，各國宏觀經濟將會更加健康、可持續地發展，經濟環境也更加穩定，而經濟環境穩定是國際貿易與國際投資的基本保障，因此也是人民幣國際化進程的必要條件之一。

第二，貨幣政策的國際協調有助於為人民幣國際化提供穩定的匯率環境。Cohen（2012）、付敏和吳若伊（2014）等研究表明，一國能否實現貨幣國際化，其中一個關鍵因素是在貨幣國際化的初期階段，該國貨幣價值是否穩定。只有匯率穩定才能增進市場信心，從而產生對該國貨幣的額外需求。實證研究也發現，匯率風險在國際貿易中對結算貨幣的選擇有著顯著的影響。從這些研究結論中可以看出，穩定的匯率環境是人民幣國際化的另一個必要條件。貨幣政策的國際協調的目標之一就是創造一個相對穩定的匯率體系，降低各國貨幣政策對匯率的衝擊，同時也避免出現競爭性貨幣貶值的局面。

第三，區域間的貨幣政策協調為人民幣國際化搭建平臺。中國與周邊國家的區域間或國家間的貨幣政策協調，不僅為貨幣政策協調提供了平臺，也為人民幣國際化提供了空間。以「一帶一路」為例，中國與沿線國家的貨幣政策協調和金融合作，在促進沿線國家的經濟發展和中國企業「走出去」的同時，也為在國際貿易和國際投資中使用人民幣結算提供了項目載體。隨著中國與「一帶一路」沿線國家的國際貿易、國際投資和政策協調的進一步加深，人民幣作為交易媒介將得到更廣泛的運用。另一方面，中國與其他國家簽署的雙邊貨幣互換協議，不僅是國家間貨幣政策協調的具體體現，也是推進人民幣國際化的手段。

2. 人民幣國際化有助於推動貨幣政策的國際協調

貨幣政策的國際協調是人民幣國際化的必要條件，反過來，人民幣國際化也有助於推動國際貨幣政策協調。

第一，人民幣國際化是國際貨幣體系改革的必然要求，是國際貨幣體系的

科學治理的體現。隨著以中國為代表的新興市場經濟國家的經濟規模和國際貿易規模的不斷擴大，對當前以發達國家為中心的國際貨幣體系進行改革的必要性也逐漸加強。改革的方向之一就是提高新興市場國家貨幣在 SDR 中的比重，使國際儲備貨幣更加多元化，更加符合當前的國際貿易格局。人民幣加入 SDR後，客觀上需要其他國家與中國的貨幣政策相互協調，才能實現共贏。

第二，人民幣國際化有助於提高新興經濟體在國際貨幣政策協調中的話語權。由於發達國家經濟體量較大，且其貨幣在國際結算中的地位較高，在國際貨幣政策協調的過程中，發達國家相對於新興市場經濟國家往往占據著更有利的位置。這就導致在貨幣政策的國際協調中容易忽視新興市場經濟國家的利益，使這些國家參與國際協調的意願減弱。人民幣國際化的增強有助於削弱發達國家的強勢地位，提高新興經濟體在國際協調中的話語權，從而使新興經濟體更有意願參與國際協調，也有助於達成更加平衡的貨幣政策協調方案。

第三，人民幣國際化有助於全球經濟金融體系的進一步融合，從而增強各國參與國際貨幣政策協調的必要性。人民幣國際化過程也是中國與世界各國金融體系進一步融合的過程。中國作為人口第一大、經濟規模第二大的國家，其金融體系與世界金融體系融合的過程也是全球金融體系進一步緊密結合的過程。這一全球金融體系的大融合將使得單一國家的貨幣政策無法僅僅盯住本國內部的政策目標，而必須積極參與到國際協調中來。

6.1.4　加強貨幣政策協調的難點

第一，各國經濟週期不一致。雖然平滑經濟週期是各國貨幣當局共同的政策目標之一，但是由於各個國家的經濟週期不同步，各國央行通常無法在同一時間執行一致的貨幣政策。當一國經濟陷入衰退時，其他國家可能仍處在經濟過熱階段，這就導致當一些國家執行寬鬆的貨幣政策時，另外一些國家需要執行緊縮的貨幣政策，從而使匯率波動較大，國際資本異常流動。這也是多數國家在共同遭受了全球性經濟危機時表現出了更強的政策國際協調的意願，而在未爆發全球性危機的時期政策國際協調的意願減弱的原因。

就當前各國經濟形勢而言，美歐經濟已經從上一輪經濟衰退中走出，就業情況良好，通脹預期有所抬頭，貨幣政策將呈現逐漸從緊的態勢。我國正處在結構轉型的關鍵時期，在這一時期如何確保防範系統性金融風險，是我國貨幣政策的關注重點。美歐貨幣政策從緊從國際政策環境上有助於減緩系統性金融風險的進一步累積，但是也對我國金融市場的流動性造成了一定的壓力。因此，我國在防範系統性金融風險時，要充分關注市場流動性，在保持總體流動性適度的情況下，進行結構性調整，助力經濟結構轉型。

第二，傳統協調機制具有一定的不公平和不透明性。由於各國經濟實力的不對稱，國家之間的經濟實力差距往往導致了政策協調過程中的地位不一致。處於弱勢一方的發展中國家更容易受到大國政策外溢的影響，而發展中國家的貨幣政策很難對大國產生顯著的外溢性。這就導致大國由於處於強勢地位，很容易從自身利益出發而損害了發展中國家的利益。這一不對稱主要體現為傳統政策協調規則的不公平和不透明。例如，在國際貨幣基金組織的互評機制中，部分發達國家傾向於在互評機制之外形成利益同盟，然後利用互評機制壓縮發展中國家的合理利益。

例如，20 世紀 80 年代，為了解決美國財政赤字劇增、對外貿易逆差大幅增長的問題，美國政府聯合英國、法國、聯邦德國，對日本施壓，達成了《廣場協定》，開始聯合干預外匯市場。五國政府在外匯市場大量拋售美元，使美元迅速貶值，結果在不到 3 年的時間裡，日圓對美元升值了一倍。《廣場協定》對日本造成的後果是極為嚴重的，導致其國內經濟泡沫迅速擴大，最終由房地產市場崩盤導致了經濟增長的長期停滯。鑑於日本的這一教訓，發展中國家應該提高警惕，避免被動協調帶來的嚴重經濟後果。

第三，經濟主體的理性預期導致貨幣政策協調的低效。基於理性預期的經濟分析認為，市場主體能通過識別出政策意圖並做出相應的對策導致貨幣政策失效。當一國參與到國際貨幣政策協調中時，市場主體還可以通過其他國家的貨幣政策推斷本國的貨幣政策意圖，從而降低了政策協調效果。

第四，監督和懲罰機制的缺乏。「搭便車」行為可能促使協調參與國表面

上聲稱進行政策合作而實際上進行違反合作的操作。缺乏有效的監督和懲罰機制不能夠抑制這一行為，從而間接鼓勵了「搭便車」行為的發生。當協調參與者普遍採取「搭便車」行為時，自然會導致協調失敗。

第五，經濟的不確定性以及各國對經濟判斷的不一致。宏觀經濟是一個時刻變化的動態過程，它的不確定性使貨幣當局很難迅速做出判斷和調節。另外，基於不同理論和實證模型的對宏觀經濟形勢的判斷往往會產生很大分歧。對經濟形勢看法的分歧往往阻礙了各國貨幣政策的協調。然而，貨幣政策的國際協調往往需要較長的時間成本，這就導致政策協調趕不上經濟變化，從而使得達成的協調政策在實際運用中錯過政策時機，效率低下。我國正處在經濟結構性轉型和進一步開放的歷史時期，對經濟形勢做出正確判斷的難度更大，這就要求我國在制定貨幣政策和參與貨幣政策國際協調時要進行合理的動態調節。

總而言之，貨幣政策的國際協調存在多方面的障礙和難點。因此，在加強貨幣政策的國際協調方面應該從攻克障礙的角度出發，找到相對應的解決方案。

6.1.5　加強貨幣政策國際協調的重點

第一，加強各國央行資訊交流。資訊交流與溝通是國際貨幣政策協調的基礎。前述分析表明，各國對宏觀經濟形勢的判斷不同和宏觀經濟本身的不確定性等原因，都會導致貨幣政策協調效率低下甚至失敗。加強資訊交流和溝通有助於各國央行迅速、準確地認清經濟形勢，並且能夠對全球經濟形勢做出一致判斷。需要互相交流的資訊包括各個國家的宏觀經濟指標、宏觀經濟政策的態度和走向、各國對經濟決策的目標和預期等。經濟學界和政府部門越來越意識到貨幣政策的核心在於預期管理，充分有效的交流和溝通能夠快速對各國的分歧做出判斷，從而能夠幫助各國央行消除國外政策的不確定性，正確引導預期。

就中國而言，2018 年 4 月的中央財經委員會會議再一次明確強調了我國現階段維護金融穩定的重要措施——結構性去槓桿。會議指出，要以結構性去槓桿為基本思路，分部門、分債務類型提出不同要求。儘快降低地方政府和企

業，特別是國有企業的槓桿，努力實現宏觀槓桿率穩定和逐步下降。這一思路的公佈，明確了我國現階段的貨幣、金融政策的方針，不僅有助於正確引導國內市場預期，也開誠佈公地向其他國家表明了我國政策的方向，有助於國際政策的溝通和協調。

第二，改革國際協調平臺建設，完善監督機制。在全球協調層面，應該進一步完善二十國集團框架下的互評機制，並加入明確的硬性約束。一方面，要杜絕「搭便車」等行為，促進國際貨幣政策協調的有效性；另一方面，也要防止發達國家組成利益共同體，壓縮發展中國家的話語權。國際貨幣基金組織具有一套互評機制，然而，在這一互評機制中，容易在平臺外形成發達國家的利益同盟，轉而在平臺內聯合對其他國家施壓，從而侵蝕利益同盟外的發展中國家的利益。

針對這一問題，中國作為最大的發展中國家，應當聯合其他發展中國家，共同捍衛合理的利益，從協調機制設計和互評規則的制定入手，防止利益同盟的干預。在協調機制設計中，應當設立帕累托改進原則，即協調結果不應當以傷害一部分國家的利益為代價，來增加另一部分國家的利益。互評規則應該透明、公開，並且是事前決定，不能輕易更改，從而使得即使形成利益同盟，也無法人為操縱互評結果。進一步地，經過多年的經濟增長，中國在國際貨幣基金組織中的份額於 2016 年上升到了第三位。這一份額雖然有所提高，但仍然不能充分反映中國在國際經濟中的占比。因此，中國應該抓住國際貨幣基金組織份額調整的契機，主張按照經濟總量等指標進一步提高中國在國際貨幣基金組織中的投票權，使中國的經濟份額與國際協調份額得到更好的匹配。

另外，二十國集團框架下雖然已經具備一套互評機制，但缺少明確的懲罰措施。這就導致雖有評價結果，卻沒有措施強制各國政府進行改進。這一硬性約束的缺失使當前的互評機制只能起到道德層面的制約作用，而無法真正杜絕「搭便車」等行為。一個可能的解決方案是借助國際貨幣基金組織和世界銀行等機構的投票權，引入基於互評結果的動態權利調整機制，對評估結果不達標的國家實施降低投票權的懲罰措施，並將這些投票份額分配給評估結果較好的

國家。

　　第三，加強區域經濟體的政策協調。相比於在全球範圍內建立起一套行之有效的貨幣政策協調體系，在同一個區域內部，由於區域內各國經濟特徵的相似性，更容易建立起一套有效的貨幣政策協調機制。歐元區和北美自由貿易區的成功經驗表明，在區域內部，通過加強貨幣政策的協調不僅能有效減少區域內的經濟波動，也能夠提升區域經濟體在全球合作中的話語權。

　　就中國而言，與「一帶一路」沿線國家的政策協調一方面有助於推動區域整體經濟發展，另一方面也有助於加強人民幣在沿線國家貿易中的地位，推動人民幣國際化進程。黃憲和白德龍（2017）的研究表明，在人民幣國際化進程中，中國貨幣政策對「一帶一路」相關國家存在顯著的外溢效應，並且有逐漸擴大的趨勢。因此，中國可以借助對「一帶一路」沿線國家的影響力的擴大，推動區域政策協調，加強區域金融合作，從而提高整個區域的經濟穩定性和全球話語權。具體而言，以亞洲基礎建設投資銀行為主要合作平臺，鼓勵我國金融機構與境外金融機構合作，互設分支機構，鼓勵雙邊或多邊的股權合作，為沿線國家提供包括戰略規劃、融資、風險管理等在內的綜合性金融服務。

　　第四，進一步提升人民幣國際化水準，提高人民幣在國際結算業務中的比例，進而加強新興市場經濟國家在國際貨幣政策協調中的話語權。前述分析表明，一方面，由於各國經濟體量的不對稱，小國或發展中國家在國際貨幣政策協調中處於被動的弱勢地位，不能夠兼顧自身利益。另一方面，由於發達國家貨幣在目前國際貨幣體系中占據主導地位，新興市場經濟國家在政策協調中的主動性被進一步削弱了。因此，中國作為新興市場經濟國家的代表，通過提升人民幣國際化水準，逐漸提高人民幣在國際貨幣體系中的比例，將有利於為整個新興經濟體爭取到更多話語權，從而扭轉發展中國家在國際貨幣政策協調中的不利地位。

　　第五，在政策選擇方面，可以採取通脹目標的貨幣政策規則。Benigno 和 Benigno（2008）的研究發現，當兩國都採取基於通脹目標的貨幣政策規則時，即使各自的貨幣政策當局都只關注本國的通脹和產出缺口等政策目標，也能夠

達到兩國貨幣政策充分協調的效果。因此，推動各國採取基於通脹目標的貨幣政策規則，不失為達成國際貨幣政策協調效果的簡單方案。

6.2　加強金融基礎設施協調

6.2.1　我國跨境支付模式及存在的問題

目前廣泛使用的人民幣跨境支付模式主要包括三種：代理行模式、境外清算行模式、非居民人民幣帳戶模式。其中，清算行模式使用較為頻繁。清算行模式是中國央行與對方國家中央銀行簽訂協定，允許經批准的對方國家的特定商業銀行（一般是境內銀行海外分行）作為境外清算行遠端接入本國的即時全額結算系統，並在中國央行開立結算帳戶（見圖6—1）。兩國的其他銀行則可通過本國清算行代理，利用對方國家的即時全額結算系統辦理業務。

境外清算行是大額支付系統的直接參與者，其總行（母行）位於境內。對境外清算行，中國人民銀行會根據綜合評估給予一定的人民幣購售額度，以促進其資金流動，同時，境外清算行也可以通過境內拆借市場獲得更多的流動性。

雖然清算行制度對我國跨境資金的結算發揮了非常重要的作用，但是其弊端也是不容忽視的。首先，報文轉換麻煩，存在安全隱患。國內大額支付系統採用中文作為發報語言、與SWIFT格式不完全對應，而國外清算行則採用SWIFT發報，如此就會產生發報的轉換問題。迄今，一些銀行仍然需要人工進行報文轉換，無疑就會出現較大的操作風險。其次，在人民幣跨境交易規模不斷擴大的趨勢下，支付能力有限的境外清算行很容易因為超量的業務處理而引發支付危機。最後，境外清算行與國內大額支付系統直接相連，境外清算行自身風險及其他國外風險很容易通過該管道傳導到國內並形成交叉傳染。

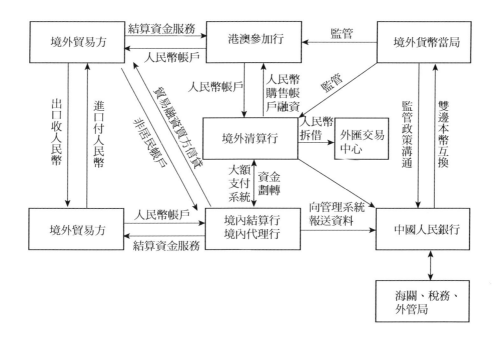

圖 6—1　清算行模式圖解

資料來源：王雪。人民幣跨境結算模式的比較與選擇。上海金融，2013（9）。

　　正是為了解決上述困境，人民幣跨境支付系統（Cross-border Interbank Payment System，簡稱 CIPS）應運而生。CIPS 是指為境內外金融機構人民幣跨境和離岸業務提供資金清算、結算服務的金融基礎設施。第一，CIPS 採用國際標準的報文格式，國際適用度更高，能夠與 SWIFT 的 MT 報文格式相容，減少了報文轉換的時間和費用成本，實現了業務直通式處理，提高了業務處理的效率。第二，CIPS 的直接參與者都是國際大銀行，參與支付有最低資金的保證，因而擁有更大的業務處理量。第三，CIPS 是獨立的、專屬的人民幣跨境支付清算通道，能夠初步實現境內與境外的風險隔離，有助於維護國內金融資訊的安全。

6.2.2　金融基礎設施協調現狀

　　金融基礎設施是指參與機構（包括系統運行機構）之間，用於清算、結

算或記錄支付、證券、衍生品或其他金融交易的多邊系統，主要包括支付系統（PS）、中央證券存管（CSD）、證券結算系統（SSS）、中央對手方（CCP）以及交易報告庫（TR）。

金融全球化背景下各國金融市場聯繫日益緊密，金融市場基礎設施之間依存度也越來越高，但是各國的金融基礎設施各有特色，不足以應對跨境傳遞的風險，因此需要對其進行協調。金融市場基礎設施協調不是今日才有，早在1989年由專家組成的國際三十人小組（The Group of 30，G—30）就提出了針對證券結算系統的「九條建議」，而後又於2001年提出了「新建議」。國際清算銀行下屬的國際支付結算體系委員會也在2001年發佈了《重要支付系統核心原則》（CPSIPS），同一年又和國際證監會組織技術委員會聯合發佈了《證券結算系統建議》（RSSS）。2004年11月，國際支付結算體系委員會和國際證監會組織技術委員會又聯合發佈了《中央對手方建議》（RCCP）。2008年金融危機後，國際支付結算體系委員會和國際證監會組織技術委員會對現有的金融市場基礎設施進行了反思和評估，並於2012年發佈了《金融市場基礎設施原則》（PFMI）。

這些建議和原則主要從資訊標準、風險管理、結算服務等方面來規範統一全球的金融基礎設施。首先，統一資訊標準。資訊標準包括證券編碼、資訊分類以及通信標準等，所有證券市場都應該採用國際標準組織（ISO）制定的證券資訊標準，比如證券代碼由國家代碼、基礎號碼和校驗碼三部分構成；資訊分類則通過三位數碼來界定交易品種、類別及交割方式。其次，注重風險管理。鼓勵各個市場採用DVP交割和中央交易對手方制度。同時，各個金融市場基礎設施都應該制定風險管理程序和措施，並具備足夠的資源來應對可能發生的風險事件。最後，在提供保證金和抵押品服務時，要注重保證金的有效性以及抵押品的高信用、高流動性。

針對這些建議和原則，我國也採取了相應的措施來實施以達到和國外金融市場基礎設施的進一步協調。比如2013年，中國人民銀行和證監會相繼發佈《關於實施＜金融市場基礎設施原則＞有關事項的通知》，引導金融機構充分

認識《金融市場基礎設施原則》的重要意義並積極推進該原則的實施。而後，中國人民銀行和證監會聯合下發《關於開展金融市場基礎設施評估工作的通知》，對包括中國結算、中債登等在內的金融基礎設施展開評估工作。

6.2.3 數字貨幣時代的國際協調

根據金融穩定理事會的定義，金融科技（FinTech）是技術帶來的金融創新，能創造新的業務模式、應用、流程或產品，從而對金融市場、金融機構或者金融服務的提供方式造成重大影響。

金融科技雖然於 20 世紀 80 年代就已經在美國開始使用，但直到最近才因為數字貨幣而大熱起來。以比特幣為例，其是一個全球性的加密貨幣和數位支付系統，該系統不依靠中央儲存庫或者管理員運作，是第一個去中心化的數字貨幣。

該數字貨幣已經不僅僅作為投資資產而存在，它甚至具備了貨幣的支付功能，比如某個比特幣玩家就用一萬個比特幣購買了一個漢堡。雖然比特幣採用了區塊鏈等加密技術，但是隱藏在其後的風險也不容忽視：首先，比特幣作為投資資產，價格如過山車般大起大落，具有非常大的不確定性；其次，有可能因比特幣平臺被駭客攻擊而遭受損失，如 2017 年 12 月加密貨幣市場 NiceHash 就因為受到駭客攻擊而導致 6 000 萬美元比特幣丟失；最後，比特幣可以被非法分子用於洗錢，實現了完全的地理跨越，對現有貨幣體系造成了很大的衝擊。

因此，各國都加大了對比特幣的關注和監管，如表 6—2 所示。以我國為例，中國人民銀行單獨或聯合其他部委先後出臺了《關於防範比特幣風險的通知》《關於進一步加強比特幣風險防範工作的通知》《關於防範代幣發行融資風險的公告》，從認定比特幣為虛擬商品、限制比特幣交易平臺的發展到要求比特幣交易平臺停止運營，可見監管措施逐漸趨嚴。中國人民銀行為此還提出了「三個堅持」：第一，堅持信用貨幣的基本職能，即賦予交易對象價格形態、充當購買和支付手段以及充當積累和保存價值的手段；第二，堅持電子錢的狹義貨幣屬性，即電子錢只能替代現金而不能替代信用，在這個狹義的範疇裡包

括我們信用卡、儲蓄卡上的帳戶餘額但不包括虛擬貨幣和數位貨幣；第三，堅持不去中心化。現有的貨幣體系是中心化的貨幣體系，即由各國央行發行貨幣，然後由銀行等中心機構進行帳簿登記，貨幣必須依賴中心；去中心化則是帳簿不由中心機構登記，而是分佈在網路中的眾多節點之中，不依賴於某個特定的中心。

表6—2　中國、日本、美國的比特幣監管政策

國家	時間	名稱	措施
中國	2013年12月	《關於防範比特幣風險的通知》	比特幣是一種虛擬資產，不是真正意義的法幣；要求金融機構和支付機構不得直接或間接為客戶提供與比特幣相關的服務。
	2014年3月	《關於進一步加強比特幣風險防範工作的通知》	禁止國內銀行和協力廠商支付機構替比特幣交易平臺提供開戶、充值、支付、提現等服務。
	2017年9月	《關於防範代幣發行融資風險的公告》	要求各類加密貨幣發行融資活動立即停止，相關加密貨幣交易平臺停止運營。
日本	2014年7月	《銀行法》《金融商品交易法》	日本政府依據這兩部法律認為比特幣不屬於貨幣或債券，禁止銀行和證券公司涉足比特幣，但是個人和合法實體可以進行比特幣交易和支付。
	2016年2月	—	日本金融監管部門提議將加密貨幣作為法定貨幣的類似品支付方式進行監管。
	2017年4月	《支付服務修正法案》	比特幣等虛擬貨幣在日本成為合法的支付方式。

續前表

國家	時間	名稱	措施
美國	2013 年 3 月	《虛擬貨幣個人管理條例》	比特幣交易所將與其他資金服務公司一樣，受到反洗錢法規的監管。
	2013 年	—	美國國稅局定義加密貨幣為財產，需要繳稅。
	2015 年 9 月	—	美國商品期貨貿易委員會（CTFC）將比特幣界定為商品。

資料來源：華爾街見聞（https://wallstreetcn.com）；朱思佳，崔建華。美國比特幣監管制度及啟示。合作經濟與科技，2016（2）；董錦。日本比特幣監管對我國的啟示。中國信用卡，2017（7）。

　　總之，金融基礎設施對於保衛金融市場的安全至關重要。在金融全球化的背景下，各國的金融基礎設施不再孤立存在，相互之間的依存度逐漸提高，因而協調機制非常重要。G—30 組織、國際支付結算體系委員會和國際證監會組織相繼出臺了諸多措施來促進全球金融基礎設施協調。

　　我國在金融基礎設施協調方面也不遺餘力，通過設立人民幣跨境支付系統來解決代理行制度的弊病；加強對金融科技尤其是對比特幣等加密貨幣的監管，要求堅持信用貨幣基本職能、電子錢狹義屬性以及不去中心化。

　　相信經過各國的不懈努力，全球的金融基礎設施一定能夠在更深的層次上實現互聯互通，全球金融市場也會因此更加安全。

6.3　加強財政政策國際協調

6.3.1　全球財政政策協調的歷史和現狀

　　在國際政策協調實踐中，單一的貨幣政策協調可能無法達到預期效果，這就需要財政政策的國際協調進行相應的補充。例如，國際貨幣基金組織向成員方提供貸款幫助其渡過國際收支逆差難關時，通常要求成員方進行政策調整，包括緊縮的貨幣政策和控制開支的財政政策。隨著國際貨幣體系和匯率制度的演進，財政與貨幣政策協調的側重點也會相應變化。在布列敦森林體系下，為

了維護固定匯率制度，各國需要保持國際收支平衡，進而要求各國不斷調整財政、貨幣政策；在固定匯率制度下，貨幣政策通常難以發揮政策效果，財政政策有更大的效力，所以財政政策協調是國際政策協調的關鍵；在浮動匯率制度下，貨幣政策在調節國際收支失衡方面有更大的效力，所以形成了貨幣政策對外、財政政策對內的政策組合。

相對於貨幣政策的國際協調，財政政策國際協調的經驗和例子較少，主要體現為歐元區財政政策協調的實踐、20世紀80年代美歐國家的減稅政策、金融危機之後以二十國集團集團為主導的國際財政政策協調，以及金磚國家的稅收協調和合作等。

1. 歐盟或歐元區財政政策協調的歷史和現狀

20世紀90年代，歐洲共同體（簡稱歐共體）逐漸發展成為歐洲統一市場。為了進一步消除歐洲經濟一體化的財政障礙，歐共體成員國進行了早期的財政政策協調的嘗試，主要內容有：改革成員國不同的稅收制度、財政補貼政策，消除成員國之間的非關稅貿易壁壘等。1992年2月，為了推動歐元區成立，擬申請加入歐元區的成員國簽署了《馬斯特里赫特條約》。該條約設定了加入歐元區的財政標準，成為歐元區財政政策協調的底線。條約規定，歐元區成員國應避免政府過度赤字，計畫或實際的廣義政府赤字與GDP之比不應持續超過3%，廣義政府債務與GDP之比不應超過60%，歐盟委員會應監督成員國預算形勢以及政府債務的變化情況，以確定是否存在與條約規定嚴重偏離的情況。進一步地，在1997年10月，歐共體成員國簽署了《穩定與增長公約》，進一步明確了各成員國政府在歐元過渡期內的財政紀律，並且建立了財政狀況預警機制。歐洲主權債務危機時期，除英國、捷克以外的25個歐盟成員國在2012年簽署了《財政契約》。該契約規定了簽署國需要嚴格執行預算平衡，並且將本國預算提交歐盟委員會審查，還賦予了歐盟法院對違反財政紀律的國家處以罰款的權力。該契約的簽署為歐盟各國走出主權債務危機提供了助力。

總體來看，歐盟或歐元區的財政政策協調實踐是在「改革—危機—再改革」的過程中逐漸完善的。這一財政政策國際協調實踐也為其他國家提供了很

有價值的借鑒，其主要成就主要表現在如下幾個方面。第一，建立了一套財政政策協調的制度框架。《馬斯特里赫特條約》《穩定與增長公約》《財政契約》的簽署，一步步搭建了整個區域內財政政策協調的法律框架，使各成員國在財政政策協調時有著共同的準則，從而極大地降低了協調成本。第二，建立超國家層次上的財政預算制度。《財政契約》規定，各簽約國需要將本國的預算提交歐盟委員會審查，並且歐盟法院擁有了懲罰違約國的權力。這就使得財政政策協調成果能夠獲得有效監督與執行。第三，初步統一了各成員國的稅收制度和政策，從而為打造區域共同市場奠定了重要基礎。

2. 20 世紀 80 年代西方國家減稅與國際財政政策協調

受 20 世紀 70 年代發達國家滯脹的影響，凱恩斯主義的宏觀經濟政策受到了越來越多的質疑與批評。隨之而來的是供給學派的興起，該學派認為，加大供給自然會提高需求，刺激供給的核心是減稅。因此，減稅成為供給學派的主要政策。1980 年年底，隨著深信供給學派理論的總統雷根上臺，美國開始了以大規模減稅為代表的供給學派政策改革歷程。

美國的減稅政策主要體現為 1981 年和 1986 年兩次重大的稅制調整。其中，在 1981 年，個人所得稅稅率從 14% 到 70% 的累進稅率調整為 11% 到 50% 的 14 級超額累進稅率；資本利得稅稅率則由 28% 降低到 20%。1986 年，個人所得稅稅率進一步簡化為 15%、25%、34% 的三檔稅率；公司所得稅稅率也調整為 15% ～ 34% 的四級超額累進稅率，資本利得稅稅率進一步由 20% 降低到 17%。

受自由主義思潮和美國減稅積極效果的影響，英國的柴契爾夫人、德國的科爾總理等相繼在本國進行了以減稅為代表的供給主義改革。可以說，這一輪減稅是美歐等發達經濟體的一次自發的財政政策協調。促使本次財政政策國際協調的原因在於，美歐經濟聯繫緊密，共同經歷了 20 世紀 70 年代的滯脹。冷戰時期，由於美蘇兩大集團之間存在壁壘，美國與西歐等國的經貿聯繫緊密，相互之間的依賴程度較大，在經歷了長時間的滯脹之後，美歐各國都面臨著類似的經濟困難。隨著拉弗曲線的提出和供給學派的興起，自由主義政府相繼上臺，從而發起了一場以減稅為代表的國際財政政策協調。從政策效果來看，

這次的財政政策協調在美歐等國起到了良好的效果，不僅使各國相繼走出了滯脹，還帶來了超過 20 年的經濟繁榮。

3. 二十國集團國際財政政策協調的現狀

2008 年全球金融危機之後，二十國集團成為國際政策協調的主導力量。在多次二十國集團領導人峰會的公報中，都提到了加強財政政策的國際協調，以幫助全球經濟復甦，增加就業。在 2008 年首次二十國集團領導人峰會上，就提出了各成員在必要時期，即經濟遭遇嚴重衰退時，應利用逆週期的財政政策進行經濟刺激。在 2009 年的倫敦峰會和匹茲堡峰會上，提出要共同繼續堅持史上最大規模的擴張性財政政策，以促使經濟復甦。由於歐洲主權債務危機的爆發，2010 年的多倫多峰會則首次提出要保證各國政府債務的可持續性，在同年的首爾峰會上也進一步強調了財政緊縮的必要性。在 2013 年的聖彼德堡峰會上，各成員都承諾將政府債務控制在穩定、可持續的範圍內。該次峰會還特別提出了加強財政可持續性的路徑和策略。2014 年的布里斯班峰會、2015 年的安塔利亞峰會、2016 年的杭州峰會和 2017 年的漢堡峰會都強調各國政府應積極運用財政政策促使經濟復甦，同時也要保持政府債務與 GDP 之比處於可持續的路徑之中。在 2016 年杭州領導人峰會公報中，還特別強調了要繼續加強政策的國際協調，在貨幣、財政、結構性政策等多方面進行有效的協調與合作，要執行更加有利於經濟增長的稅收和支出政策。

由歷屆二十國集團峰會成果可以看出，財政政策的國際協調基本遵從了逆週期調整的原則，即在經濟衰退時期實行擴張性的財政政策，同時也特別關注了財政的可持續性問題。需要指出的是，二十國集團峰會誕生於全球經濟危機時期，在這一時期全世界大多數國家都遭受了經濟衰退，也因此更容易對實行擴張性財政政策達成統一認識。二十國集團在經濟繁榮時期的財政政策如何協調還有待考驗。

4. 金磚國家稅收協調和合作的現狀

金磚五國人口占全球總人口的 42.58%，國內生產總值占全球的 22.53%。近年來，作為新興經濟體的典型代表，金磚國家在政策協調和合作方面也有著

突出的成果。在稅收政策方面，金磚國家在過去 20 年間都經歷了重大的稅制改革，近年來，以稅務局局長年度會議為標誌，5 國展開了全面的稅收政策協調。其中，在南非舉行的第一次會議上，各國稅務局局長就成立多個稅收領域的工作組達成了一致。2014 年後，歷屆金磚國家峰會的宣言也都將稅收作為全球經濟治理的重要組成部分，積極地推動了新興經濟體之間的稅收合作和協調。關於全球稅收政策協調現狀的更多解讀，我們將在本報告的專題部分予以闡述。

6.3.2 財政政策協調與人民幣國際化的關係

1. 財政政策協調是推動人民幣國際化的有益補充

第一，財政政策的國際協調有助於為人民幣國際化提供更加穩定的財政和經濟環境。一方面，財政政策協調能夠幫助降低各國財政政策的負向溢出效應，從而使參與國較少受到外部政策衝擊的干擾。另一方面，由財政政策協調帶來的財政透明度的提高和財政可持續性的加強，有助於提高市場對經濟長期發展的信心。再一方面，對財政政策態度的明確也能夠降低政策隨意性帶來的市場波動，幫助政府引導市場預期。伴隨著外部衝擊的減少、財政透明度和可持續性的加強以及可預期的政策走向，各國宏觀經濟將會更加健康、可持續地發展，創造出一個穩定的經濟環境。

第二，財政政策的國際協調有助於協助貨幣政策為人民幣國際化提供穩定的匯率環境。在上一節中提到，許多研究表明，在貨幣國際化的初期階段，該國貨幣價值是否穩定是能否成功推行貨幣國際化的關鍵因素。財政政策的一個主要政策溢出效應就是通過影響匯率來實現的。Corsetti 等（2012）的研究表明，當一國實施擴張性財政政策時，會使本幣貶值；實施緊縮性財政政策時，會使本幣升值。當缺乏財政政策的有效協調時，財政政策溢出效應會帶來匯率波動，從而不利於匯率穩定。

第三，財政政策的良好協調有助於促進中國經濟結構轉型，從而說明人民幣國際化。中國經濟正處在消費升級、產業轉型、勞動力結構轉型等經濟轉型

的關鍵時期。財政政策的國際協調有助於疏導產能，促進國內經濟結構轉型，以「一帶一路」為例，基礎設施建設是各國財政支出的重要組成部分，經過多年的技術累積，中國企業在基礎設施建設領域有著先進的技術和豐富的經驗。以財政政策協調形式幫助「一帶一路」沿線國家加強基礎設施建設，鼓勵中國企業發揮在這一領域的優勢，可以促進國內相關產業在國際競爭的環境中進一步加大技術投入，加快產業升級。隨著國內經濟結構的理順，人民幣國際化能夠得到更多的支撐。

2. 人民幣國際化有助於推動財政政策的國際協調

財政政策的國際協調是推動人民幣國際化的有益補充，反過來，人民幣國際化也有助於推動國際財政政策協調。

第一，人民幣國際化有助於提高新興市場經濟國家在國際財政政策協調中的話語權。在國際財政政策協調的過程中，發達國家相對於新興市場經濟國家往往占據著更有利的位置。這一方面是因為發達國家的經濟體量較大，其政策溢出效果顯著，另一方面是因為美元、歐元、日圓等貨幣在國際結算市場中的壟斷地位。人民幣國際化的增強為國際結算業務提供了新的選擇，從而為規避發達國家通過匯率波動傳導的財政政策負向溢出效應提供了可能的途徑。因此，人民幣國際化的增強也可以幫助提高新興經濟體在國際協調中的話語權，有助於達成更加平衡的財政政策協調方案。

第二，人民幣國際化有助於全球經濟金融體系的進一步融合，從而增強各國參與國際財政政策協調的必要性。二十國集團杭州峰會公報中指出，僅僅依靠貨幣政策自身，無法確保經濟的平衡增長，隨著全球金融經濟體系的進一步融合，財政政策協調也將成為各國政府積極參與的協調內容之一。人民幣國際化過程實際上是經濟規模第二大的中國與世界經濟體系進一步融合的過程，必然會推動全球經濟體系的大融合。這一全球經濟體系的大融合將使得單一國家的財政政策無法僅僅盯住本國內部的政策目標，而必須積極參與到國際協調中來。

6.3.3　加強財政政策協調的難點

　　儘管已經有歐盟和歐元區以及二十國集團的國際財政政策協調實踐，但在當前世界政治經濟形勢下進一步加強政策協調依舊困難重重，主要體現在以下幾個方面。

　　第一，經濟週期不一致以及各國應對經濟週期的政策態度不一致。在經濟發展的歷史長河中，各國經濟週期趨同的時期少，而經濟週期不同的時期多。財政政策的一個基本原則是實施逆週期的政策，要求政府在經濟衰退時期實施擴張性的財政政策，如擴大政府支出、降低稅率等；在經濟繁榮時期實施緊縮性財政政策，如削減政府支出、提高稅率等。一方面，當各國處於不同的經濟週期階段時，各國政府的首要目標是穩定國內經濟，力爭熨平內部經濟週期，這就導致各個國家很難就財政政策達成統一的行動，也很難顧及可能的負向政策溢出效果。另一方面，即使不同國家處在相同的經濟週期階段，各國對財政政策運用的態度的不一致也可能成為阻礙財政政策國際協調的障礙。

　　從當前的經濟形勢來看，我國正處在經濟結構轉型的歷史時期。在這一時期，財政政策的關注點是推動結構轉型、結構性去槓桿等問題。在這一過程中，地方政府和國有企業去槓桿是我國財政政策的重中之重。如何改革稅收體制，使地方政府擺脫對土地財政的依賴？如何化解地方政府的存量債務，使地方財政的可持續性增強？如何明確中央與地方的事權劃分，規範地方政府支出責任？這些問題是我國財政政策制定和國際協調的難點。

　　第二，金融危機後，各國政府債務問題凸顯。受到上一輪金融危機的直接衝擊，以及政府大規模救市行為的間接影響，各國政府的債務水準明顯上升。以美國為例，其總債務占 GDP 的比例從金融危機前（2007 年）的 62.8%，迅速攀升到了超過 100%（2012 年）。歐洲的希臘、愛爾蘭、西班牙、義大利、葡萄牙等國由於受到金融危機的影響，更是爆發了主權債務危機。主權債務危機的爆發或者一國政府債務水準的迅速攀升，其影響通常不會局限在本國市場內部，而是會擴散到國際金融市場中。在財政政策的國際協調中，如何避免發

生債務危機，以及如何降低債務危機對經濟金融體系的衝擊，也成了難點之一。

第三，稅制及社會保障體系不統一。財政政策很大程度上受到稅制和社會保障體系的影響。在這些方面的差異會導致各國在財政政策執行空間上有較大差距。例如，社保福利水準較高的國家其減稅空間和政府支出變化的空間較窄，這就使得這部分國家在經濟低谷時期較難通過擴張性財政政策來刺激經濟，在經濟繁榮時期也較難通過壓縮政府支出來給經濟降溫。

國際上，北歐國家的福利水準普遍較高，稅收收入占比也相應較大，財政政策靈活性較小；美國雖然經濟實力雄厚，但是其福利水準與歐洲國家相比較低，因此具有較大的財政政策靈活性。就我國而言，改革開放近 40 年使我國經濟發生了翻天覆地的變化，與此同時，人民群眾對醫療、教育、養老等問題的關切程度日益提高，這就要求我國在經濟發展的新時代改革中，逐步提高社會福利水準，這就對我國財政政策調整提出了更高的要求。

第四，現階段依然缺乏一個高效的協調機制，且現有的協調規則僵化。二十國集團近年來充當了國際財政政策協調的主要平臺。然而，我們不得不承認，二十國集團的成功一部分歸因於世界各國同時遭受了全球性金融經濟危機的衝擊。在這一共同危機的背景下，各國經濟週期趨同，政策目標趨同，也就使得二十國集團在國際財政政策協調中能夠迅速達成實施擴張性財政政策的共識。在危機的後半段，即主權債務危機大規模爆發時期，各國政府也能共同意識到保持財政可持續性的重要性。雖然經歷了「共患難」，但是能否享受「同富貴」是對二十國集團成員方的現實考驗。危機過後，各國逐漸走出經濟衰退，在不久的將來可能重新面臨各自的經濟週期，各國將從利益趨同時期走向利益分化時期，在這樣的情景下，二十國集團峰會是否依然能保持有效的政策協調有待觀察。

另一方面，現有的財政政策協調規則僵化，沒有考慮各國的異質性。例如，歐盟和歐元區成員國簽訂的有關財政政策國際協調規則的合約中，實行了「一刀切」的規定，沒有充分尊重各成員國之間的差異性。事實上，歐元區各成員國之間在諸如經濟結構、發展進程、經濟週期、稅收與社會福利政策等方面存

在較大差異，僵化的規則使部分國家（如希臘）在推進改革的過程中遭受了巨大阻力。一旦在改革過程中出現經濟動盪，就會反過來對其他成員國造成損失。因此，在制定新的國際財政政策協調規則時，應該在統一目標的基礎上，充分考慮各簽約國的個體差異，穩步推進。

第五，貿易保護主義的抬頭。貿易保護主義的手段除了提高關稅外，還包括過度的產業政策和對跨境資本和直接投資的徵稅。對優先發展的產業進行財政補貼，是很多國家產業政策的具體形式，適當的補貼有助於孕育期產業的迅速成長。然而，過度的產業政策成為貿易保護主義的一種手段，對跨境資本和直接投資徵稅則更不利於國際資本的最優配置，導致資源配置的扭曲。因此，在財政政策的國際協調中，貿易保護主義的抬頭成為一大障礙。

第六，各國經濟實力不對稱導致協調規則不公平和不透明。與貨幣政策國際協調面臨的困難類似，財政政策國際協調也面臨著協調方地位不一致的問題。一方面，由於小國受到大國財政政策外溢的影響較大，而大國幾乎不受到小國的財政政策外溢的影響，因此在國際協調中，小國處於弱勢地位，進而參與到協調中的意願降低。另一方面，即使在有著條約約束和監督懲罰機制的政策協調制度裡，大國依然可以依靠在其他方面的影響力脅迫小國。例如，在歐元區中，對成員國違反條約的情形需要以投票形式決定是否對其實施懲罰。那麼，條約中的大國可以利用其影響力，從其他方面進行利益交換或脅迫小國，使其在投票中不支持對違約大國進行懲罰。

6.3.4 加強國際財政政策協調的重點

第一，保證財政可持續性是財政政策國際協調的基礎。二十國集團峰會公告多次強調，要控制政府債務占 GDP 的比重，保證各國財政可持續性。這是因為，保證財政可持續性是不發生主權債務危機的基礎，在此基礎之上，政府才能夠通過合理運用財政政策熨平經濟週期。Nickel 和 Tudyka（2014）的研究表明，財政刺激政策的效果在高債務時期顯著下降。這是因為盲目地執行擴張性財政政策，而不顧政府債務水準的迅速攀升，不僅不能夠幫助經濟復甦，反

而有可能適得其反，產生新的經濟波動來源。

就我國而言，中央政府的財政可持續性較強，地方政府的土地財政依賴程度較高，債務水準也相對較高。我國供給側結構性改革提出了去槓桿的理念，重點是要降低地方政府和國有企業的槓桿率。其目的是在保障金融穩定的同時，加強地方政府的財政可持續性。因此在去槓桿的過程中，應該一方面疏導存量債務，另一方面加快稅制改革，為地方政府找到足夠支撐的稅收來源。

第二，提高財政透明度有助於對財政政策協調成果的監督。財政透明度是指政府向公眾公開公共部門的職能、帳戶和財政政策意向等資訊，以便於市場準確地估計政府財政情況和支出活動的成本和收益。事實上，財政透明本身不是目的，而是提高政府支出效率、監督財政政策執行的必要條件。因此，對國際財政政策協調成果的有效監督，也需要各國提高財政透明度。在財政透明的基礎上，可以借助國際貨幣基金組織，在必要時給予相關國家財政資助，以幫助其平穩度過財政困境。

就我國而言，財政透明度還有待提高，尤其在地方政府的預算執行方面，如 2017 年地方政府一般公共預算支出實際執行較預算安排超出了 8 700 多億元，相當於預算的 5.28%，這凸顯了我國財政預算的約束職能較弱。產生這一問題的原因之一就是財政透明度不高，社會監督能力偏弱。針對這一問題，我國政府已經在近年來採取了大量措施，一步步做到政務公開、財務公開，逐漸提高財政透明度。

第三，各國就資訊和政策態度充分溝通，堅持開放，反對貿易保護主義。與貨幣政策的國際協調類似，財政政策協調也需要各國政府就本國經濟形勢和政府政策態度進行充分溝通。充分的資訊溝通能夠說明消除各方誤解，為進一步的政策協調鋪平道路。另一方面，充分的資訊溝通也能說明各國政府更加準確地判斷世界經濟形勢，制定更加符合當前經濟狀況的財政政策。

中國政府近年來一直強調，中國開放的大門不會關上，要堅持全方位對外開放，繼續推動貿易和投資自由化、便利化。習近平主席反復強調，要以更寬廣的視野、更高的目標要求、更有力的舉措推動全面開放，加快發展更高層次

的開放型經濟，加快培育貿易新業態新模式，積極參與「一帶一路」建設，加強創新能力開放合作。中國的這一倡議，得到了大多數國家的認同和歡迎。在2016年達沃斯論壇上，習近平主席旗幟鮮明地表達了中國反對貿易保護主義的態度，受到了國際社會廣泛關注和好評，是對近年來貿易保護主義抬頭的一個鮮明、有力的回應。

第四，加強與新興經濟體的合作，搭建區域間財政政策協調平臺。相較於全球層面的財政政策協調，相鄰國家組成的區域經濟體由於有著更緊密的經濟關聯和較為同步的經濟週期，更容易建立起國際財政政策協調的平臺，典型的例子就是歐盟和歐元區的財政政策協調機制。基礎設施建設是財政支出的重要組成部分，在當前時期，中國應該積極參與「一帶一路」的建設，以加強沿線國家基礎設施建設為契機，推動「一帶一路」沿線國家的財政政策協調，建立一個長效的協調機制，並完善監督和懲罰措施。鼓勵中國企業利用基礎設施方面的技術優勢，深度參與到沿線國家的基礎設施建設項目中去，並借機推動國際項目投資領域的人民幣結算業務，將有助於達成人民幣國際化目標。

6.3.5　加強財政政策與貨幣政策的協調

研究者和政府部門都意識到，僅靠貨幣政策，或者僅靠財政政策都不能夠很好地將經濟穩定在平衡增長路徑上，在政策實踐中，只有二者配合才能發揮良好的效果。因此，除了財政政策與貨幣政策的國際協調之外，在一國之內的財政政策與貨幣政策的協調也尤為重要。

在學術界，財政政策與貨幣政策的相互作用一直是宏觀經濟政策的熱點問題。例如，Leith 和 Wren-Lewis（2000）發現，當貨幣政策試圖提高實際利率以抑制通脹時，財政政策需要保持穩定，以確保經濟穩定。另外，Ahrend 等（2006）的研究發現財政重整的效果取決於貨幣政策是否處於寬鬆階段。金融危機之後，以 Woodford（2011）和 Christiano 等（2011）為代表的研究表明，財政刺激政策的經濟效果取決於貨幣政策的配合程度。就我國而言，莊芳等（2014）發現，當財政政策與貨幣政策共同擴張時，其疊加效應要大於各自單

獨實施的效應之和。張志棟和靳玉英（2011）也發現我國互補的財政政策與貨幣政策在穩定物價方面十分有效。陳小亮和馬嘯（2016）發現，在高債務和通縮並存的背景下，單獨使用貨幣政策或財政政策（單一寬鬆）應對「債務—通縮」所需的政策力度較大，而且容易陷入政策不可持續的困境，貨幣政策與財政政策協調（雙寬鬆）可以為財政政策創造空間並為貨幣政策節省空間，增強政策的可持續性。

從二十國集團杭州峰會的公報中我們可以發現，在政策制定者看來，單純的貨幣政策有一定局限性，在促進經濟復甦的過程中，需要財政政策和貨幣政策的共同作用。由此可見，學術界和政策制定者的共識是，一國之內的財政政策和貨幣政策需要緊密配合，以達到理想的政策效果。那麼，如何加強財政政策與貨幣政策協調？人民幣國際化與二者協調之間的關係如何？我們將從如下幾點來回答上述兩個問題。

第一，加強央行與財政部門的資訊溝通和資料共享。及時、準確的資料是判斷宏觀經濟形勢的關鍵。一方面，央行與財政部都有著各自的資料獲取管道和經濟分析部門，在使用各自經濟分析方法的情況下，不同研究部門對經濟形勢的判斷可能會出現分歧。如果雙方不能充分溝通，那麼各自對經濟形勢的判斷容易出現不一致的情況，這就導致政策協調無從談起。另一方面，央行購買國債也通常被視為貨幣政策支持財政擴張政策的手段。這一支持在經濟危機時期尤為重要，例如，2008年年底的金融危機時期，就是靠著美聯儲與美國財政部的緊密配合，才使得美國金融體系快速從危機中走出。這樣的政策配合往往需要雙方的快速反應和行動，因為在緊急情況之下，任何遲疑的政策都可能使政策效果大打折扣。央行和財政部的資訊溝通管道是保證雙方快速反應的基礎之一。

第二，加強地方政府廣義債務的監管，保證財政可持續性和金融穩定。在我國，財政與貨幣政策的協調不應僅僅局限於宏觀政策的相互配合，更應該關注地方政府債務問題。地方政府債務問題一方面關係著我國財政可持續性，另一方面也是影響金融穩定的重要因素。由於歷史原因，我國地方政府的大量債

務以城投債或者地方政府擔保的銀行貸款的形式表現出來。因此，對地方政府債務的監管和控制，不僅需要財政部發揮自身的作用，也需要央行進行監督和預警。

第三，人民幣國際化需要財政政策與貨幣政策的充分協調。前面已經提到，研究表明財政政策與貨幣政策的充分協調有助於二者發揮更強的政策效果，幫助經濟快速從衰退中復甦，或者從過熱中降溫。穩定的經濟形勢一方面是人民幣國際化的必要條件，另一方面也可以通過維護匯率的穩定來助推人民幣國際化。進一步來說，在「一帶一路」的進程中，在中國政府說明國內企業「走出去」，幫助沿線國家加強基礎設施建設的過程中，需要我國財政與貨幣當局共同努力。

第四，人民幣國際化為財政政策與貨幣政策協調創造了更大的空間。2018年1月，境外機構持有人民幣債券逾 983 億元，創下歷史新高。隨著人民幣國際化，財政政策的融資管道也將有更多選擇，既可以在境內發行國債，也可以在境外發行以人民幣計價的債券。融資管道的靈活性使財政政策在執行時，不必過度依賴央行，從而能夠為貨幣政策創造更大的作用空間。另外，當人民幣越來越多地成為國外儲備貨幣時，可以有效解決貨幣錯配問題，避免外匯儲備規模過大帶來的國內基礎貨幣投放過多的問題。當貨幣政策不再受制於匯率波動時，其與財政政策協調配合的空間也就相應擴大。

AA101009

人民幣國際化報告 2018〈上冊〉：
結構變遷中的宏觀政策國際協調

作　　者 中國人民大學國際貨幣研究所
版權策劃 李換芹

發 行 人 陳滿銘
總 經 理 梁錦興
總 編 輯 陳滿銘
副總編輯 張晏瑞
編 輯 所 萬卷樓圖書 (股) 公司
特約編輯 吳　旻
內頁編排 林樂娟
封面設計 小　草
印　　刷 百通科技 (股) 公司

出　　版 昌明文化有限公司
　　　　　桃園市龜山區中原街 32 號
電　　話 (02)23216565
發　　行 萬卷樓圖書 (股) 公司
　　　　　臺北市羅斯福路二段 41 號 6 樓之 3
電　　話 (02)23216565
傳　　真 (02)23218698
電　　郵 SERVICEWANJUAN.COM.TW
大陸經銷
廈門外圖臺灣書店有限公司
電　　郵 JKB188188.COM

ISBN 978-986-496-139-9
2019 年 7 月初版一刷
定價：新臺幣 440 元

如何購買本書：
1. 劃撥購書，請透過以下帳號
　 帳號：15624015
　 戶名：萬卷樓圖書股份有限公司
2. 轉帳購書，請透過以下帳戶
　 合作金庫銀行古亭分行
　 戶名：萬卷樓圖書股份有限公司
　 帳號：0877717092596
3. 網路購書，請透過萬卷樓網站
　 網址 WWW.WANJUAN.COM.TW
　 大量購書，請直接聯繫，將有專人
　 為您服務。(02)23216565 分機 10
如有缺頁、破損或裝訂錯誤，請寄回
更換

國家圖書館出版品預行編目資料

人民幣國際化報告 . 2018：結構變遷中的宏
觀政策國際協調 / 中國人民大學國際貨幣
研究所著 . – 初版 . – 桃園市：昌明文化出
版；臺北市：萬卷樓發行, 2019.07
　冊；　公分
ISBN 978-986-496-139-9(上冊：平裝). –
ISBN 978-986-496-143-6(下冊：平裝)
1. 人民幣 2. 貨幣政策 3. 中國

561.52　　　　　　　　　　108010094